你的人生就是藝術

喚醒心中的藝術家精神,
活出你最想要的人生版本

YOUR LIFE
AS ART

羅勃・弗利慈 Robert Fritz —— 著　　蔡孟璇 —— 譯

Contents

引　言　創造一個沒有遺憾的人生　*004*

PART ONE
你的人生畫布

01　創造過程的實踐 *020*
02　畫家的啟示 *034*

PART TWO
創造你的人生

03　人生的真愛與渴望 *052*
04　深入探索自我 *084*
05　認識現實的框架 *094*
06　行動：通往目標之路 *108*
07　創造你的長期人生 *128*
08　一年期和五年期計畫 *156*

PART THREE
結構印記

09　影響人生的結構模式 ⋯⋯⋯⋯⋯⋯⋯⋯⋯⋯⋯⋯⋯⋯ *179*
10　概念框架的力量 ⋯⋯⋯⋯⋯⋯⋯⋯⋯⋯⋯⋯⋯⋯⋯ *215*
11　分析生活的結構 ⋯⋯⋯⋯⋯⋯⋯⋯⋯⋯⋯⋯⋯⋯⋯ *236*
12　重新解讀：無概念的結構 ⋯⋯⋯⋯⋯⋯⋯⋯⋯⋯⋯⋯ *249*

PART FOUR
行動中的藝術性

13　你的生活載體 ⋯⋯⋯⋯⋯⋯⋯⋯⋯⋯⋯⋯⋯⋯⋯⋯ *268*
14　成為學習者 ⋯⋯⋯⋯⋯⋯⋯⋯⋯⋯⋯⋯⋯⋯⋯⋯⋯ *272*
15　健康是一切的基礎 ⋯⋯⋯⋯⋯⋯⋯⋯⋯⋯⋯⋯⋯⋯⋯ *279*
16　你這一生所遇到的人 ⋯⋯⋯⋯⋯⋯⋯⋯⋯⋯⋯⋯⋯⋯ *299*
17　將生活當成藝術來創造 ⋯⋯⋯⋯⋯⋯⋯⋯⋯⋯⋯⋯⋯ *310*

致謝　*322*

引言
創造一個沒有遺憾的人生

本書的基本概念就在書名中：你可以像藝術家創作藝術作品一樣，創造你的生活。當你開始以這種角度看待自己的生活時，將徹底改變你的世界，你會直接參與自己人生的建構過程，創造更多真正想要的事物，並大幅拓展人生體驗的品質。

你可以像藝術家構思一幅畫作那樣，構思你想實現的生活。也可以像藝術家為了創作畫作傾注心力，採取策略性的行動建構理想的人生。並如同藝術家完成創作後會把畫作掛上牆、細細體會一般，盡情體驗感受自己所創造的生活風景。

換個方式說，你既可以是劇作家，也是主演，同時是自己人生戲劇的觀眾。

你的生活可以是你的作品，而你就是那個創作者。就像藝術家、作家、劇作家、電影製片人和作曲家一樣，創造過程也可以成為你的日常運作模式。

創造的過程

藝術是創造過程的產物，而創造過程是歷史上最強大的成就之

道。然而，我們大多數的人並未學會創造過程的基本原理，更遑論掌握它，讓它成為我們**生活中最主要的運作方式**。

採用最有效的方法，當然是明智合理的選擇。這正是本書所探討的重點：練習讓創造過程成為你人生的主要行動模式。

你將學習如何去思考自己真正想創造的是什麼，學會認清自己的現狀與位置，以及學會激發內在能量與動力，踏上這段奇妙的創造之旅。

你將學習如何學習——從你的錯誤和成功中學習，從你的經驗和他人的經驗中學習。你將學習如何將更多生命的精神注入到生活中。你將學會關於時間、選擇、專注和投入的智慧，並學會如何運用你個人獨有的節奏與模式。

你將學習創造過程的基本知識，包括「操作機制」（mechanics）、「取向」（orientation）與「精神」（spirit）這三大面向。也將有機會進行內在深層探索，做出關鍵的人生決定，並以客觀且富有成效的方式評估自己。

藝術教我們的事

自從住在洞穴裡的史前人類開始在牆上作畫後，創造過程就成為人類本質中不可或缺的特徵。許多人認為，這是使我們成為人類的要素之一。

尼安德塔人與早期現代人生活在同一個史前時期。研究物種的專家在討論兩者的關係時，常用來區分他們的其中一個差異就是藝

術。最早的智人創造了藝術,而尼安德塔人沒有。

在文明的歷史中,藝術一直以各式各樣的形式存在著。每一種文化都有繪畫、音樂、建築、時尚理念、故事、詩歌、美食等等。一個文化的精髓通常會體現在藝術之中。是什麼定義了一個文明?沒錯,是政治、權力結構和制度體系,但是還有另一股力量是來自那些創造的人。

藝術與科學常成為文明的遺產被傳承下來,而其他事物多半隨著時間過去被遺忘。我們如今很少談論拿破崙,卻仍會聆聽貝多芬的音樂,因為他觸及了更深遠且持久的層次。除了學術殿堂裡的歷史學家,現在很少人會再提及伊莉莎白一世的影響,但莎士比亞對世界依然有強大的影響力——作為劇作家,他的作品至今仍不斷被搬上舞台;作為思想家,他的語言與觀點也持續被世人引用、研究與珍視。

你可以像創造藝術一樣創造你的生活。只要你願意嘗試,未來將展現出更多嶄新而美好的可能。你的人生,也能具備如同偉大藝術作品般的品質、力量與格局。

激發我們的最佳潛能

藝術經常會面對真相,探討基本的人性衝突、普遍的結構形式、關於諷刺的問題、愛與失落的問題,以及死亡的問題。

藝術具有從混亂中理出秩序的能力。它既能讓我們更深刻地參與生活,同時也能讓我們保持客觀的距離,使我們得以用更廣闊的

視角看待世界。

藝術也能探討生命的偉大奧祕。然而，有別於哲學的是，藝術面對這些奧祕的方式十分不同。藝術不會試圖給出像是「我們為何存在？」或「我們來自何處？」這類問題的答案，而是反映出那無法解釋、自相矛盾的特質。藝術能同時探索人類想與廣闊宇宙連結的渴望，以及阻礙我們自身無法滿足這種渴望的深層局限。

那道特別的火花

藝術表達的形式多樣，並非全是崇高而深奧的。有一天，我在電視上隨意瀏覽著三百六十二個頻道，先是停留在 CNN 的壞消息報導上，再來是 CNBC 的壞消息報導、FOX 新聞的壞消息，然後又看了三、四個類似的節目。突然，我拿著遙控器切換到某個青少年舞蹈節目。一群青少年單純隨著搖滾樂的旋律起舞，那並不是我們會在 MTV 頻道上看到的專業搖滾樂影片，沒有那種女舞者演出精心編排的舞蹈，他們只是一群天真可愛的孩子，用自己的方式在手舞足蹈。他們散發的喜悅無比動人，某種意義上，這與當天新聞頻道所報導的種種嚴肅新聞一樣真實地反映了人類的處境。

有一個常見模式是這樣的：隨著年齡增長，我們變得越來越嚴肅刻板，逐漸喪失對生活的熱情。我們可能失去了年輕時候那道火花（而且我們常覺得那很愚蠢）。年紀越大，我們感受到更多的財務責任壓力、對健康問題的擔憂增加、感到所剩時間不多，彷彿人生的一切不是變得更糟，就是停滯不前。但我們內心深處其實一直

知道，這世界有更多值得自己與人生去體驗的東西。

在薩繆爾・貝克特（Samuel Beckett）的劇作《克拉普的最後一捲錄音帶》（*Krapp's Last Tape*）中，一位老人坐在錄音機前，錄下口述日記，記錄他的生活事件。他是一個脾氣暴躁的老人，心中充滿苦澀，而且為人挑剔、憤世嫉俗、無禮且蠻橫。當他對著錄音機錄下自己的獨白時，我們可以明顯感受到他生活的不愉快。

在劇中的某個時刻，他開始播放這一生中錄下的其他錄音片段。我們看到了他曾經的模樣，也開始慢慢了解為什麼他會變成現在這樣。

其中一段錄音日記談到了他年輕時候的戀情。我們聽到了他曾是多麼溫柔且充滿愛意的一個人，聽到了他是多麼深愛著一名特別的女子。聽完這段錄音後，這位老人嘲笑自己年輕時的荒唐愚蠢。

這是克拉普最後的錄音。他即將死去，而這段錄音是他對漫長一生所做的最後陳述。在劇情的戲劇性高潮中，他停止錄音，拿起了在年少戀愛時光錄下的那卷錄音，再次播放。逝去時，他緊緊抱著錄音機，機器正播放著那段他陷入愛河的聲音。作為一名老人，他的憤世嫉俗使他與生活隔絕。但他最直覺的本能仍然是渴望抓住生命與愛。他的遺憾，不在於曾擁有年輕時的關懷與希望，而是懊悔自己將太多歲月耗費在孤立與疏離之中。

當你將人生當作藝術去生活時，你將重新喚醒年輕時曾經擁有的那道火花，那道你曾深深愛過、或許現在無比懷念的火花。

有一部後來被改編成電影的劇作，非常貼切地反映了這份理解，那就是《第二春》（*Shirley Valentine*）。這部劇作的主角是雪

莉‧布拉德蕭（Shirley Bradshaw），她是一個住在英格蘭北部的中年婦女，日子非常無聊又平庸，過著循規蹈矩的家庭主婦生活。透過倒敘的場景，我們看到了雪莉年輕時的模樣。那時的她是一個活得很精彩、反傳統的叛逆分子，擁有獨特非凡的能力與特質，能夠以機智、幽默和諷刺的方式洞悉虛偽與偽裝。雪莉納悶著，過去那個女孩是如何消失不見的。我們看到，隨著時間的流逝，過去的她也漸漸遠去了。

在故事的關鍵時刻，雪莉獲得一個前往希臘旅行的機會。她的丈夫隨著年齡增長，也變得越來越一成不變且乏味，早已對生活漠不關心，完全無法了解雪莉。雪上加霜的是，雪莉的女兒對她說，她太老了，根本不適合冒險。種種因素的不如意，雪莉幾乎都要相信自己人生最美好的時光已經結束了。然而，隨著劇情的發展，她最終決定去希臘度假。

在那裡，雪莉再一次重新探索自己。過去的那個女孩，終於蛻變為成熟的女人，徹底綻放盛開。她重新找回了生命曾經擁有的那道火花，而且現在這道成熟的火花比過往人生的任何一個時期都更加燦爛、耀眼。

如果你無法與內在的火花保持連結，你可能會迷失自己。你或許能夠安逸生活，輕鬆過日子，並覺得一切似乎都還不錯，但內心深處總會覺得人生缺少了某些重要的東西。

通常，那些感覺到好像少了什麼的人會試圖藉由尋求外在事物來彌補，例如購物、冒險旅行、娛樂活動和職場野心等，都可能被用來作為補償。但是，這些東西帶來的滿足感往往無法持久。順帶

一提，我並不認為享受購物、冒險旅行等這些事有什麼錯，關鍵在於，這些事無法彌補失去火花的缺憾。

有一個方法能讓你與真實的自我重新建立連結，那就是**創造**。我們可以說，創造者這個族群似乎擁有一種具備生產力的特殊 X 因子。他們總是全心投入於自己的創作。當我們成為創造者，並將生活變成一件藝術品時，就會開始體驗到深刻的參與感，以及我們一直在說的那道火花。

人生的另一個機會

在坎娣絲‧卡本特（Candice Carpenter）的著作《生命的下一章》（Chapters）中，她探討了人生常會經歷到的深刻變化循環。人生旅途通常不會是直線進行的。坎娣絲利用一條美麗的曲線來生動地說明這一點：這條曲線在逐漸上升的過程中會突然環繞成一個圓圈，然後再次回到原本的軌跡上。這位作者是一位才華洋溢的商界女性和大企業高管，曾共同創辦了 iVillage.com 公司，領導美國運通（American Express）的新興業務，還曾在擔任時代華納（Time Warner）的高級經理人期間，因製作紀錄片系列而榮獲艾美獎。她的生活經歷過許多變化循環。在《生命的下一章》這本書中，她描述了一種人們在過渡時期最常見的模式。她將第一個階段稱為「一切都完了」，這是當你知道你一直在做的事情已經結束的時刻。也許你憑直覺知道，也許你清楚意識到，但無論如何，你就是知道一切都結束了，而且這種感覺非常深刻。曾經構成你生活的那些事

物，現在已經無法繼續下去了，在某種根本的層面上來說，這一切已開始搖搖欲墜，瀕臨瓦解。

當你試圖緊抓住一份工作、職業發展、人際關係、生活狀況，或是你的人生方向，用坎娣絲的話來說，就是「一切都完了」的時刻已經來臨，朝你撲面而來的變化力量將會越來越大，直到你放手為止。你抓得越緊，那股想要把你從僵局中拉出來的龍捲風力道就會越強。

該模式的下一個階段是「墜落」。坎娣絲將「墜落」描述為：對凡事不感興趣、失去身分認同，幻想破滅，整個人進入迷失方向、不知所措的狀態。這是整個循環中最讓人感到恐懼的環節。

接著是「沙漠漫步」階段。在這個階段，你有機會開始反思自己人生中存在性的核心本質問題。

再來是「萌發」階段。坎娣絲描述它為：過去所有的線索最終會被編織在一起，引導你成為一位成熟且成功的創造者。

在這之後是「立下目標」，這個階段你會開始聚焦，並全心投入新的生活方式。

坎娣絲還描述了更多循環中的階段，這些階段都能幫助你建構新生活。她對變化本質的觀察蘊含了極大的智慧與真相。變化常常就是一種死亡，緊接而來的則是重生。

要創造一些新東西，有時舊事物必須結束。這是人生建構過程的本質。《易經》將這一原理描述為「革掛」（象徵變革和改變），即動物為了能在新的一年成長而褪去舊毛或舊皮。變化的進行有其節奏。當我們理解這些滲入生活節奏的韻律時，就像音樂家說的那

樣,我們便可以「找到律動的節奏」。一旦找到節奏,一切運行是如此自然又順利。而當我們不在節奏中時,生活就像是陷入一片難以動彈的泥淖,凡事都行不通。本書將幫助你找到屬於自己的生活節奏與韻律,以及能完美契合你人生的正確改變模式。

當藝術家完成一幅畫作時,這幅畫就完成了。接下來就是創造下一幅新畫作的時刻。這一瞬間正是「超越」的精華所在。無論過去如何,我們都可以重新開始,**擁有一個嶄新的起點**。即使我們曾深陷那些根深柢固的限制模式中,依然可以被賦予全新的、美好的可能性。這是恩典,是一份讓我們遠遠超越過去,**翻開新篇章的人生禮物**。

你的創造性角色

身為創造者,你的角色是具有生產性的。你創造出的形式與內容都具有自身存在的理由、自身的生命、獨特的意義與內在固有的價值。

成為一名創造者,是參與生命本質最真實、最有活力也最有意義的存在方式,世上沒有比成為一個創造者更美好的事了。

生活本身就是一種創造,一個正在進行中的作品,隨著創造的過程而不斷開展、揭露自身樣貌。我們是這創造的一部分,而最終極創造過程的奧祕會帶著它自身的節奏、和諧與情感,逐漸滲入我們的生活。我們未必總是能敏銳覺察到這首生活的樂曲,但它始終存在,隨時準備被聽見。不僅如此,我們還可以加入自己的聲音,

在生活的創造過程中從被動的觀眾轉變為主動的表演者。

你一直在創造，而且無法避免創造。無論是刮鬍剃毛、化妝、挑選衣服、在餐廳看菜單點餐、開車、工作、經營家庭，還是做其他大部分的普通人都會做的事，你一直在做各種影響生活的決定。或許你並未將這些行為視為創造過程的一部分，但它們的確是。當我們更深入探討如何將生活當作藝術品來創造時，你會學到，你所做的決定對於你最終製造出來的結果至關重要。你越是善於做出策略性決定，就越能像藝術家創作藝術作品那樣創造你的人生。你可以從漫不經心的選擇轉向有意識的創造，從隨意的混亂改為刻意的精心設計。

結構動力學

過去二十五年來，我最重要的其中一個研究成果是在「結構領域」。**你的生活結構將決定你的成功程度。**「結構」這個詞彙在我們的生活中被用在許多不同的情境，因此，有必要快速定義一下我們在這裡的用法。

結構是一個完整的東西。一輛汽車是一個結構。一張搖椅是一個結構。一棟建築是一個結構，一具人體也是。關於結構，需要了解的第一個重點是：它是一個不可分割、完整且完全的實體。你的生活是一個結構，而正如所有的結構，它將會以某些特定的方式來行事、表現並發揮作用。當然，汽車的運作方式不同於搖椅，建築物的運作方式和人體十分不同，你的生活或許也和他人生活的運作

方式大相徑庭。那麼，你的生活結構是為你帶來優勢，還是以某種方式正在對抗、破壞你的努力？

人們的生活結構基本上有兩種模式：**前進型結構**（**advancing**）和**擺盪型結構**（**oscillating**）。

在「前進型結構」裡，你取得的每個成功都會成為未來成功的基石。隨著時間的推進，你可以持續累積正向的動能，生活過往所有加總的經驗都會不斷引導你向前，形成前進的力量。

在「擺盪型結構」中，你創造的成功總會被抵消。每前進一步，就後退一步。在這種結構中，成功無法長期持續。

如果你試圖改變生活，卻身處擺盪型結構中，那麼改變只會是暫時的。每一種新的可能最終都會導致不利的逆轉，你的努力將化為烏有。在探索如何實踐生活即藝術的過程中，我們需要處理你所在的底層結構。如果它是自我挫敗的，我們就必須改變它。我們必須建構全新的優良結構才能夠進步。

僅是成功設定目標並非本書的目的。許多人都能創造出重要的人生目標，但之後卻失去他們想盡辦法取得的成功。你必須學會如何保住成功，並在其基礎上持續建設，最終讓它隨著時間的累積帶來更多成功。

除了創造目標之外，我們還必須探究你人生的品質、精神與意義。我們需要回答關於自由、控制、自我認同，以及抱負和價值觀的問題。我們也要檢視什麼是你內心真正的渴望，哪些不是。

創造過程的三重奏

藝術的創作，依賴的不僅僅是操作機制，還取決於藝術家的深層心態取向，以及他的精神層面。藝術家不是在單一維度上工作，藝術也不是單一維度的。試想你的人生如同運用「對位法」的音樂，有多條主題同時進行。一件藝術作品往往不會在第一次觀看時就被充分理解。大多時候，同一件作品的存在和意義似乎會隨著時間的過去而有所改變，觀者會開始看見並理解新的關聯、新的見解、新的意義。這些新發現都來自於同一件作品，而帶來新體驗的這些內容其實一直都在那裡。重點在於，我們不見得就能一下子全然領悟。我們需要花一點時間與藝術作品相處。有時，我們的感知能力會隨著時間而成長，因為作品的內涵非常豐富，而我們一次只能吸收其中的一小部分。那裡有著不易被你一眼看穿的深度，而隨著你更深入探究自己的人生，你會有新的發現，產生新的洞見、價值觀、抱負和深度，這些事對於那件最終的藝術品來說極為重要，因為那件藝術品就是你。

你需要學習創造過程的操作機制及其原理，因為如果不學習，你所有的渴望、希望和夢想都將難以實現。但你也必須超越技術，你必須設法表達你存在本質中最深刻、最美好的面向。在創造的過程中，你會不斷學習，而隨著學習的精進，你的精神層面和維度也會因此拓展與成長。

生活即藝術的四大部分

本書分為四個明確的主題：**你的人生畫布**、**創造你的人生**、**結構印記**，以及**行動中的藝術性**。「你的人生畫布」主題將會介紹創造過程的基本原則，並探討如何發展操作機制、取向與精神等層面，從而幫助你投入人生建構的過程。「創造你的人生」這一部分會深入探索你內心真實的渴望，以及如何以我們最有意義的抱負為中心來將創造過程結構化。「結構印記」探討的是我們該如何從一個容易導致失敗的底層擺盪模式，**轉變**為可以取得實質進展與結構強化的前進型模式，這個部分將會挑戰一些我們對自我與現實世界所習以為常的普遍看法與觀念。「行動中的藝術性」這個主題則是將創造過程擴展到學習和創造健康等層面，探討生活中親友夥伴的存在如何形塑我們的環境，並進一步探索人際關係的動力學。

那些熟悉我過去著作的讀者會發現，我在這裡回顧了一些其他作品中提過的基本原則。即使你已經熟悉某些理念，也會發現它們在此是以全新的方式獲得進一步的發展、擴展與提升。對於那些首次接觸這個方法的讀者，你將會獲得足夠的基礎，來了解我與夥伴在過去三十年來所探索的工作成果。

「你的人生就是藝術」是一場關於生活建構過程的探索，而這種探索奠基於創造者在其領域中所擁有的獨特理解。如果還有其他思考生命的更好方法，那麼目前我還沒有找到。創造的過程融合了智慧、精神深度、實用與策略性思維、學習、追求、探索、發現、想像力、結構性、自發性與熱情，形成一種充滿豐富的可能性與經

驗的完整生活方式。這是面對生命起伏的浪潮,最具吸引力且最令人興奮的方法。它既是和宇宙力量的協作,同時也規畫出一條自主決定的道路。這是一場力量的遊戲,其中有些力量我們能掌控,而某些則是我們無法控制的。這是一場冒險,一趟旅程,是一種存在的狀態,也是一場逐漸開展的過程,既是人性的也是神性的,既關乎當下也超越時間。

PART ONE
你的人生畫布

CHAPTER 01
創造過程的實踐

　　羅瑟琳（Rosalind）和我有個共同主持的電視節目名為《創造》（Creating）。這個節目主要會邀請在各個領域的創作大師作為嘉賓，包括畫家、作曲家、作家與電影製作人等。另外也有些善於創造美食甜點的嘉賓，還有一些擅長幫助人們獲得健康和幸福的專家。從這些節目中，我們得到一個非常有趣的洞見：儘管這些創作者有許多共通的做法，但是每位創作者在創造自己的作品時都有其獨特的過程。

　　有些創作者仰賴即興和自發性的發揮，例如畫家沃爾夫・卡恩（Wolf Kahn）、蘇珊・奧斯古德（Susan Osgood）和路易絲・賈爾伯特（Louise Jalbert）。而有一些創作者，例如服裝設計師路易絲・達奧斯特（Louise Daoust）、攝影師吉爾斯・德利勒（Gilles Delisle）和指揮家伊萬・愛德華茲（Iwan Edwards），則在明確的形式和視覺構想脈絡內，融入自發性。偉大的海報藝術家維托里奧・

費奧魯奇（Vittorio Fiorucci）將創作過程比喻為一種組裝行為。一些表演家，例如男高音丹尼爾・泰勒（Daniel Taylor）與鋼琴家阿朗・勒菲弗（Alain Lefevre）將他們的創作過程視為他們所演奏音樂的延伸，如此觀眾便能真切感受到作曲家寄託在作品中最深刻的情感表達。艾美獎獲獎編劇歐內斯特・基諾伊（Ernest Kinoy），作品包括《根》（*Roots*）與戈爾・維達爾（Gore Vidal）原著小說翻拍的《林肯》（*Lincoln*），他談到了自己多年來培養技藝的經驗，以及發生了某些無法解釋之事的特殊時刻。作家彼得・摩爾・史密斯（Peter Moore Smith）著有《纏繞》（*Raveling*），他曾談及自己的寫作時間表，從早上七點開始寫作到九點，一週七天都這樣安排。作家查爾斯・西吉斯蒙德（Charles Sigismund）著有《矽谷群俠傳》（*Champions of Silicon Valley*），他訪問了主要的科技先驅，例如創辦網景（Netscape）和視算科技（Silicon Graphics）的吉姆・克拉克（Jim Clark），還有雅虎（Yahoo!）的提姆・庫格（Tim Koogle）等人，發現這群人成功的關鍵在於清晰的願景，以及有能力發明出有利於實現該願景的方法。

我們發現，通常那些進行長期創作（例如撰寫小說或劇本、電影製作、歌劇創作、事業發展等等）的創作者，會偏向使用更具結構化和正式的創作過程。而那些進行短期創作（例如風景畫、素描、寫詩或歌曲等）的創作者則傾向使用較不正式的過程，更加仰賴自發性和即興創作。創作時間越長且複雜，過程就越需要結構化並正式；而創作的時間越短、範疇越小，過程對正式化的需要也就越少。

在你的人生中，既有短期目標，也有長期目標。人生的整體方向，往往是一項長期的創作工程，因此，要在這條路上有所成就，便需要一個比較正式和結構化的規劃。至於生活品質的某些層面，則更適合由自發性與即興創作來加以豐富。在我們探索「生活即藝術」這一主題的過程中，我們需要培養出即興創作的技能，也要強化形式與結構的紀律。這兩種看似對立的方法，實際上可相輔相成，使彼此更加豐富。如果你是一個非常有條理的人，那麼偶爾來點異想天開的奇思妙想也無妨。而如果你是一個衝動、隨興且憑直覺行事的人，那麼多一些條理結構亦不會扼殺你的自由精神，這個美好的精神反而會因為有了焦點與方向而獲得提升。

因此，像創作藝術一樣來創造生活，對每個人而言都是一段個人的獨特旅程。你無法遵循一套公式，因為根本沒有固定規則。你必須創造出適合自己的發展過程，你必須創造出一套專屬於自己的創造流程。一組最適合你的系統。

雖然沒有規則可以遵循，但是有一些原則可以成為你工具箱裡的工具。你可以將這些原則視為大多數創作者在工作中所採用的共同做法。其中一些原則與創作過程中的實際操作機制有關，有一些原則與你身為創造者的思維取向有關，還有一些原則，主要與那股指引你找出人生行動方向的內在精神有關。

在音樂中，節奏、旋律與和聲是不可分割的。我們在聆聽音樂時，所感受到的是節奏、旋律與和聲三者交織而成、不可單獨分割的聽覺體驗。但作曲家有能力在創作音樂時將這些因素分別處理。他們可能在某一刻先創造出節奏動機，接著思考和聲內容，然後構

建旋律、主題和對位法，最終呈現出和諧完整的聽覺體驗。然而，要製造出這種效果，作曲家必須先將各個元素分開處理。

同樣地，創造過程中的操作機制、取向和精神雖然在其影響上密不可分，但我們在構築自己的人生時，還是可以分別去發展這三個面向。每一項都需要用心培養並發展純熟，才能讓創造的力量在人生發揮最大的效能。

操作機制：巧妙設計與良好執行

創造過程的操作機制層面分為兩大類：**設計**與**執行**。

要建造一棟房屋或建築，如果沒有藍圖來指導施工團隊的行動，要完成整個工程就會非常困難。缺乏適當的設計，我們可能會反覆自我矛盾，白白浪費能量和努力，甚至陷入無法解決的困境中。我們的設計可以是有策略的精心布局，也可以是順其自然的逐步發展。

如果我們有長期的目標與抱負，策略性設計是比較好的選擇。一個好的策略可以這樣測試：因為你採取了某些步驟，接下來的步驟就會變得更容易。

一個好的策略通常有個容易的步驟作為起手式，好讓你一開始便能迅速取得進展。接著才是引導你進一步投入的步驟，以便計畫進行得更深入、範圍更大。最後是複雜度較高的步驟，在前面的簡單步驟完成之前不可能做到的事情，都將在這個階段達成目標。因此，從簡單易行的步驟開始吧，讓它們逐步引導你走向更深入、更

複雜的過程。

有時候，有機的方法可能更適合幫助我們達到追求的特定目標。在有機的過程中，一件事情的發生會自然引發出另一件事情的出現。

一個有機發展的好例子是典型的農舍。農戶家庭建造房屋時，最初房子通常很小，可能只有一個客廳、一間臥室和一個廚房。隨著家庭的成長，新的房間會不斷加蓋延伸。這些新增的房間與原有的房屋相連，但外觀可能與最初的房舍不同。隨著家中孩子越來越多，房舍不斷擴建，有時甚至會擴建到最後與穀倉相連。

由於北美的土地資源非常豐富，我們在各地都能看到這種類型的房舍。這些房舍散發出某種特殊的美感，人們透過外觀就可以想像得到在房屋不斷擴建的過程中，其家庭生活的演變。

有些人的人生就像這些農舍。做了一件事情後，連帶影響另一件事情的發生，隨著時間的累積，慢慢建構起人生的樣貌。儘管這是一種有機的發展，但它並非無意識的發展。每一個成長階段都包含著有意識的思考、決策、建造、紀律、努力和承諾。

在創造過程裡，策略性發展與有機發展的差異主要在於時間長度。你的抱負是什麼？如果你專注長期成就，你就需要採取策略性方法。如果你更關注生活的品質，也許有機的方法比較適合你。

以都市規畫為例，這就是一個需要採取策略性方法而非有機方法的例子。最近，我為一群都市規劃師發表一場演講，過程中他們討論了各自的城市發展情況。有些都市正在經歷快速增長期，對都市的水資源和電力供應等系統造成了巨大的壓力。如果採用有機方

法，很快就會引起混亂。系統的不完善不只會限制正常發展的潛力，還會給既存的系統帶來沉重的負擔。這就是為何當今都市規劃師的工作如此重要的原因。他們能夠採取策略性視角，協助設計公共政策，為整個城市提供最好的服務。因此，雖然有機的發展方式非常適合農戶家庭，卻無法轉而應用在更複雜的都市設計問題上。

在個人的生活中，有些抱負需要一個清楚的策略。若沒有設計出一個全面性的方案，就很難達成目標。但有時候，有機的方法會更好，像是煮一頓飯、週末去鄉下度假、開個玩笑、寫封電子郵件、裝飾房間、拍攝一張照片等等。在這些情況裡，隨性而為可能就是當天的主題。

有機思考和策略性思考，其實只是設計上的差異。然而，即使是世界上最好的設計，若沒有付諸行動，也是毫無用處的。許多人制定了計畫，卻不去執行。

行動的重要性

人們經常會計畫半天，卻不付諸行動，因為他們認為計畫必須完美無瑕才能行動。「完美」的概念令他們陷入無所作為的困境。然而，在創作者的實際生活中，「剛剛好」就夠了。不完美的計畫依然能夠拍攝電影、蓋大樓、開發技術、銷售產品、種植花園，甚至將火箭送上月球。

計畫確實是需要的，但行動同樣必要。許多時候，行動的時機應該是在計畫尚未完全發展成熟時，因為第一次行動會讓你接觸到

真正的現實世界，行動和計畫將會自然形成一個回饋系統。你先做出計畫的初稿，然後採取一些初步行動，這些行動會讓你獲得新的洞見，重新審視計畫是否實際可行。計畫中假設的前提是否成立？如果不成立，你便需要對計畫做出相應的改變與調整。

至於行動，即使你往錯誤的方向行動，行動本身也會產生動能。人在行動的狀態下，絕對會比站著不動更容易改變方向。因此，採取行動吧。即使這些行動並不會直接引領你走向目標，它們仍會帶來動能，推動你持續向前。

要設計並執行一個計畫，你必須發展許多技能，包括：

- 設定目標和發展願景的技能
- 評估當前處境的技能
- 發想合適策略和戰術的技能
- 利用回饋來調整後續行動的技能
- 產生動能和持續推進的技能

以上每種技能都將在本書中一一探討。各項技能對創造過程的操作機制層面都是不可或缺的。結合這些技能，能幫助你良好發展並掌握屬於自己的創造過程。

取向：你活在哪個世界

多年來，我們研究的最大發現之一就是，一個人的取向是很重要的。那麼，在創作過程的脈絡下，這個詞彙究竟是什麼意思？描述「取向」的其中一個解釋就是——我們活在哪個世界。

假設我們有很高的抱負，但在潛意識中有股強烈的恐懼，擔心如果自己成功了，就會發生什麼不好的事情。許多人常有的既定印象是，好事總會伴隨一些代價，如果他們在某些重要的事情上獲得成功，就會有股反作用力，為生活帶來麻煩或損失。因此，當事情一切順利時，有些人就會開始陷入緊張。我有個朋友經常在這種情況下說：「這真是太好了，好到讓人受不了！」

這種人活在一個有自己規則的世界中，其中一條規則是：「**不要太成功，否則會受到懲罰。**」這就是一個心態取向的例子，在這裡，成功並不完全被覺得是件好事，因為它可能會帶來意想不到的負面後果。結果是，這個人會追求重要的目標，但內心卻暗自害怕實現這些目標。

這只是眾多取向例子之一。我們會在本書後續進一步探討取向的問題，但現在先讓你有初步概念，即使你擁有正確的操作機制和精神，但若你的心態取向不合適，就算一開始達成了目標，成功也不會持久。所以你必須了解自己當前的取向，如果它不適合創造，那就改變它吧。

擺脫環境的束縛

當人們掌握了自己的創造過程，並開始將它應用在個人生活中時，他們會經歷一個重要的心態取向轉變：從「被動地對環境產生反應或應對」，轉變為「有能力主動生產、創造，並且不再受限於外在環境」。

我們從小就被教導，環境是生活的主導力量，我們要做的就是學會如何處理應對。在這種框架下，「對你而言，什麼事才是真正重要的？」這類問題就變得無關緊要。那些不願接受「應該學會適當的回應」說法的人，通常會選擇反抗和強烈反應。在我們的社會中，如果你從「衝動反應」轉向「理性應對」，人們就會認為你有所進步。然而，在這兩種情況下，主導你人生的依然是外在環境，而不是你自己。

在主動生產的創造取向中，環境並不是主導的力量，你這個人才是。沒有錯，環境在你的創造過程中是一個因素，但那只是你的起點。你需要去理解它，就像你在任何旅程都必須知道自己此時身在何處。如果你要去紐約，知道你的出發點在波士頓，這個資訊不重要嗎？如果你人在波士頓，卻以為自己在亞特蘭大，你又如何到達紐約呢？

如果你想把人生當成藝術來創造，從被動的環境取向轉變到主動的創造取向是至關重要的。現今，成為環境的受害者似乎蔚為潮流。有些人整個成年生活都圍繞著他們童年遭受的虐待打轉。

許多人有悲慘的過去，但不是每個有不幸經歷的人都會受過去

的創傷所困。我認識一些人，長年生活在憤怒中，因為他們對童年遭受的虐待無法釋懷，因此也無法往前走，人生似乎就這樣被困住了。他們想要這樣嗎？當然不想。但只要他們仍置身在受害者取向裡，就無法過上他們想要的生活。然而，他們可以學會放下過去，活在當下。這通常是一個令人充滿困惑的轉變，因為他們希望解決的問題依然沒有解決，過去的事件將永遠是過去的事件。正如「現實治療法和選擇理論」（Reality Therapy and Choice Theory）的提出者，精神科醫師威廉・格拉瑟博士（Dr. William Glasser）多次說過的：「你無法透過回顧過去那些未曾被滿足的經驗，來學習如何滿足自己現在的需求。」

當這樣的評論被提出時，處於受害者取向中的人往往會感到強烈的被誤解感、無辜的委屈和沒人傾聽心聲的無助。他們要知道的是，問題並非是別人對他們的悲慘過去缺乏同情心。如果我們能會揮一揮魔杖就讓那些可怕的事件消失，我們一定會這麼做。但過去就是過去，過去的事已經結束了。「現在」才是你唯一真正擁有的時刻，是你創造新未來的時刻。

穆舍謝（Mwalimu Musheshe）是「烏干達鄉村發展與培訓計畫」的執行主席，因支持自由和民主，而在烏干達獨裁者奧博特（Obote）統治時期遭到囚禁與酷刑折磨。有一天晚上，守衛試圖偷偷將他從牢房裡帶走並殺害，但其他囚犯得知了這個陰謀，開始大聲呼喊他的名字，接著眾人引起一陣騷亂，直到穆舍謝被帶回牢房才停止，當時他被打得遍體鱗傷，但還活著。在多年監禁之後，奧博特被推翻，穆舍謝終於獲釋。他將餘生奉獻在建設這個國家，

不是以政客的身分，而是成為鄉村發展的領袖。我是在認識穆舍謝許多年之後，才了解到他在奧博特統治下所遭受的磨難。我曾注意到他臉上有深深的傷疤，但某種程度上，我其實並沒有真正注意到，因為他的笑容如此美麗，舉止從容自在，還有一顆開放的心胸，而且笑聲充滿感染力。當我聽說他在獄中的經歷，一方面我並不感到驚訝，因為我對烏干達近代歷史有些許了解，但另一方面，很難將穆舍謝的過去與他現在的為人處事方式聯想在一起。聽到這些故事時（順便一提，這並不是他本人告訴我的），我的第一個想法就是——這是一個偉大的人。

我們的朋友安德蕾·賈爾伯特（Andrée Jalbert）幾年前罹患了癌症，等同被宣判死刑。她很努力過好每一天，盡其所能活出意義。然而，該來的還是來了。在她去世的前一天，我和羅瑟琳在醫院陪著她。她知道自己即將離世，但仍保持一貫的機智、幽默，以及對生活的熱情。我們問她：「我們能為你做些什麼嗎？」她輕聲回答：「可以。」於是我們靠近她一些，然後她突然用洪亮的聲音說：「帶我離開這裡！」她笑出來，我們也笑了，不過我們眼中噙著淚水。這位瀕死的女子始終保持最佳狀態，不讓死亡這種小事影響到她的精神。後來，她的前夫也來探望她了，那男人情緒激動，失控地在病床前淚如雨下。「幫我一個忙吧。」安德蕾對他說。「什麼事？」他問道。「把眼淚留到葬禮上吧。」在醫院裡，安德蕾為前來道別的朋友們帶來的安慰，甚至比他們給她的還要多。我們最後一次見到她是在去世當天。她心情平靜，已經準備好邁向下一個新階段，就算到了生命的最後一刻，她依然盡力且盡情地活著。

即使在最艱難的環境中,也存在著一股追求生命的強大動能。我們要如何理解穆舍謝和安德蕾這樣的人呢?我們只能藉由觀察得出結論:「人類擁有超越環境、創造非凡之事的能力。」

有時候,人們會活在過去,不是因為痛苦,而是因為勝利。亞瑟‧米勒(Arthur Miller)的經典劇作《推銷員之死》(*Death of a Salesman*)中的兒子畢甫(Biff),高中時曾是橄欖球明星,但他後來並未延續那輝煌的開端。他的父親威利‧羅曼(Willy Loman)也活在兒子過去的輝煌當中,試圖忽視畢甫當前生活的失敗。羅曼是一個悲劇人物,他活在自己過去的榮耀裡,無論那是真實的或想像的。該劇最悲傷的其中一件事就是,他沒有能力活在現實裡,而這個致命的缺陷導致了黑暗的後果。

時間自有它的行進節奏,無論你願不願意,它都會一再前進。今天很快會成為過去,你無法緊握不放。然而,創造的過程是當下這一刻的事實,你無法回到過去進行創造。雖然你可以為未來做好準備,但你無法直接跑到未來創造。創造的過程只能在真實的此刻發生。我們需要的心態,是能夠活在當下的能力。

精神:更深層的探究

創造過程的第三個層面涉及人類的最深層面向。這個領域通常被視為哲學、形而上學或宗教的範疇。然而,還有另一種視角可以看待人類這個層面的本質,這種視角不受信仰、教條、信條、教義或信念的局限,只以純粹探索的方式來進行,不會預設任何結果。

這種真正的探索，能開啟一扇大門，通往創造過程最深處的精神源泉。要讓你的生活成為藝術，你就不能忽視自身的深度，以及生命力的泉源。透過創造過程，你這個人真實的精神與本質將會貫穿其中，在生命展現出來。當你與這份精神保持連結，你會在許多方面產生轉變。它會影響你的人生方向、你對重要事物的理解，以及你的生活品質。這將成為你的立足根基，引導你形塑核心價值觀與最高理想，也是內在力量的來源，以及喚醒驚人創造能量的源頭。

創造的本質在於，我們在過程中與內在深處的精神連結。雖然這種精神體驗往往是自然而然、無意間發生的，但這種連結也可以有意識地培養。這股潛藏在內心深處的精神可以在生活中占據主導地位，若能夠如此，它會以最奇妙的方式豐富你的生命。

大多數人都會察覺到，自我內在深處還潛藏某些東西。極度渴望表達出來。如果我們無法為這些潛藏的因子找到安身之處與出口，我們就會感到人生似乎缺少了某些東西。而事實上，確實缺少了某些東西。在我們探索「生活即藝術」這個主題時，你將面對的挑戰是去發掘屬於你個人的深度，而你所獲得的體驗可能會讓你感到驚訝、愉悅、備受啟發、打開心扉，開闊視野並深受感動。

創造過程的三個面向

操作機制、**取向**和**精神**，每一個面向都需要我們深入探索與發展。這三個面向關係密不可分，缺一不可。如果你掌握了創造過程的操作機制，卻缺乏合適的取向或精神，你會發現自己只是敷衍地

做完整個過程,創造結果將無法觸及你真正渴望的高度與深度。

如果你有最理想的取向,卻不了解創造的操作機制,你也無法獲得太多成就。

如果你擁有理想精神,卻缺乏合適的取向或對操作機制的掌握,你會感到沮喪,因為你精神上的深層呼喚與智慧無法在現實世界體現出來。

在下一章,我們將從畫家身上學習非常重要的課題:創造過程中的操作機制、取向與精神,是如何逐漸具體化並結構化。該章節將聚焦於創造過程內部最強大的動力。

CHAPTER 02
畫家的啟示

　　正如我們所說，並非所有的創造者都遵循相同的途徑，也並非所有的領域都是一樣模式。作家的創造過程在許多方面都與作曲家的過程不同，電影製作人的過程又與發明家或軟體工程師的過程有所差異。你的創造過程將有別於我的，也有別於你朋友的，更與其他任何人都不同。

　　但是，在你像個參加「戶外體驗教育推廣計畫」（Outward Bound）的新手那樣，被丟在荒島上面對第一次單人過夜的生存訓練之前，你可以建立一些背景知識來做好準備。參加該計畫的學員在開始冒險之前，會先接受如何在荒野中生存的實用訓練，而你也應該如此。

　　雖然沒有明確的規則可以遵循，但有一些原則值得你去了解。一旦你掌握事物的運作原則，就可以開始制定自己的規則，甚至在適當時機修改這些規則。

快速探索創造過程之主要原則，其中一個好方法就是思考畫家如何工作。畫家所運用的原則，正是你將生活當作藝術來創造時所需要了解的原則。

創造你的願景

暫且想像你是個畫家，你的生活正是你在創造的那幅畫。

你站在工作室的中央，四周安靜無聲，從北方窗戶透進來的光線十分柔和、完美，溫潤而飽滿。你的面前有一幅空白畫布，右手邊是調色盤，上面擺滿了顏料。畫筆按大小與種類整齊排列著。你可以聞到顏料的濃烈氣味，聽見寂靜的聲音，此刻只有你獨自一人。你已經準備就緒。

那麼接下來呢？

關於創造過程的第一個問題是：「**我想創造什麼？**」

這個問題將產生一個決定。你應該會從心中的畫面開始。此時，你的腦海裡會浮現出某個景象，也許是一個靜物、一張面孔、一場運動場景，或是一片風景。（畫家往往非常清楚自己想在畫布上重現什麼樣的畫面。）或者，你的畫面重點可能著重在顏色與質感，而非具體畫面。（有些畫家並不十分在意畫作的實際相似度，而是對其視覺衝擊力的抽象表達更感興趣。）

無論是具體還是抽象，作為畫家的你，心中總有一個畫面。在將生活當成藝術來創造時，你要運用的原則是：**對於你想要獲得的結果，有個明確概念與想法。清楚自己想要建構什麼樣的生活。**

為你想要的生活打草稿

有些人會突然靈光一閃，瞬間想明白自己要的是什麼，他們的願景從開始到結束都清晰如一。這種情況極為罕見，尤其創造主題是一個人的生活。

我們更常見的情況是，起初想法只是一顆小小的種子，然後才開始萌芽、成長，最後發展為你渴望的結果、一個完整的願景。這樣的願景，是隨著時間逐步形成的。你對自己的想法投入越多精力，你對它們的認識也就越深。

畫家們發展想法的另外一種方法是透過草稿或草圖來完成。在他們正式動筆前，通常會繪製大量草稿來深入了解自己的願景。因此，當你開始構思自己的生活時，也可以進行一些類似藝術家畫草稿的小實驗。例如，你想成為一名專業的時尚攝影師，那麼你可以選擇參加專業課程，或者練習為朋友拍攝，假裝是在替時尚雜誌拍攝專題。你甚至可以詢問當地服飾店，是否能拍攝他們最新的展示品。你所採取的每一個行動，都是在試水溫、練習、累積經驗，並且進一步了解你想要的生活體驗。每一次行動就像畫一幅草稿，幫助你研究、探索正在醞釀的未來願景。

或者，也許你想移居法國，那麼與其貿然放棄現有的生活，做出重大的搬家決定，你可以先去那裡度個假，學習法語，加入法語社團練習語言。先研究法國的文化、歷史、就業市場、生活成本等。藉由不斷試驗這個想法的可行性，反覆「試穿」你的願景，看看它是否合身。這就像是在打草稿，讓你的願景慢慢成型、逐步建

構起來。隨著每一次的行動嘗試或打草稿的過程，都會讓你對內心真實的渴望有更深刻的理解。

藝術家珍妮特·費什（Janet Fish）在描述她為一幅畫構思的過程時說：「我最感興趣的，是發現自己到底會看見什麼東西。但在開始動筆之前，我真的不知道它是什麼。」

透過草稿和研究，畫家腦海中的願景或意象會逐漸成形。同樣地，你想要創造的生活願景也會隨著時間不斷發展、變化。雖然有時它會以靈光乍現的方式出現，但通常情況並非如此。你會先產生一部分的想法，然後再產生另一部分，接著這些片段會以各種方式排列組合，直到某個時刻，你才會開始看見，原來這就是你渴望的理想生活樣貌。

認識願景

畫家經常是透過階段性的堆疊方式，來逐步推展他們的創意與想法。同樣地，你對於生活的願景也可以分階段來建構。

畫家威廉·貝克曼（William Beckman）曾說：「如果我現在畫一幅你的畫，第三次或第四次的草稿可能會比第一次更有力量，因為每畫一次，我對你的面容都會有更深入的了解。」

藝術家透過草稿與素描，反覆細思、琢磨心中的構想。最終的理想畫面往往是隨著時間與經驗逐漸發展成形的，而非一瞬間的靈感迸發。

米開朗基羅有一個知名的故事，是跟他的雕塑傑作《大衛像》有關。有一天，米開朗基羅正在雕刻一塊巨型大理石。有個路人問

他,怎麼知道該在何處下手鑿刻。據說米開朗基羅停下來回答他說:「我只是將這塊大理石中的大衛釋放出來。」

這個故事試圖傳達的重點是,創造的過程在於剔除不必要的部分。如果你運用這個理念,就能去除掉生活中一切不必要的事物。這種創造過程的觀點認為,最終的願景原本就以某種完美狀態存在著,我們的工作只是去發現它。這和「發明願景」的概念十分不同。儘管有時候願景會以靈光乍現的方式出現,但更常見的是逐漸發展、成長、進化和成熟。

讓我們換個場景。從米開朗基羅換到貝多芬。有一天,貝多芬坐在桌子前,面前擺著一張很大的黑色紙張。他手裡拿著一瓶立可白修正液。他在黑紙上點了一些修正液。一位訪客問這位偉大的音樂大師在做什麼。貝多芬回答:「我正在釋放《第九號交響曲》。」

事實上,上述那個米開朗基羅的故事是虛構的,他並非是以這種方式發展出這個偉大傑作的願景。故事中的米開朗基羅鑿刻掉所有不屬於「大衛」的部分,而故事中沒有提到的是,米開朗基羅在正式開始雕刻《大衛像》之前,畫了各種草稿。此外,故事也忽略了米開朗基羅在創作最終且最大的《大衛像》之前,還雕刻了幾個較小的大衛像。

米開朗基羅經歷了其他藝術家也會經歷的同樣過程,亦即隨著時間和經驗發展出最終作品的過程。他的天賦不只是單靠靈感,而是透過實際可行的工作方法來支撐,讓創意能在整個創作過程逐步發展成熟。大多數的時候,你會發現自己是在「發明」願景,而不是「發現」願景。就像畫家會為了最終作品畫出無數草稿,並反覆

鑽研琢磨，或許你也需要勾勒出你的想法，並慢慢探索、思考理想願景的各個面向。**盡量創造出多個不同的畫面，幫助你更具體想像未來願景的最終模樣，以及更貼近的感受。**

願景即指引

畫家在創作時，心中早就有一幅想完成的畫面。他們不能迷失在細節裡，也不能在其他方面偏離初衷，因為一旦如此，他們可能會做出錯誤的決定，毀掉整幅畫作。畫家心中那幅理想畫面，就是所謂的願景，即是持續的指引與目標，它是創作過程中必須瞄準的對象，也是衡量創作進展的標準。

對畫家來說，願景既存在於他們的內心深處，也位於專注力的最前線。同樣地，當你將人生視為藝術來創造時，這份願景也會潛藏在你的心中。不過，有時候你也必須以雷射般的超強專注力直接面對它。這能幫助你激發力量，並提高自我激勵的動能。

張力的力量

讓我們回到你的工作室，現在你對自己的畫作有了一個想像的畫面，或至少有一個足以讓你開始的輪廓。接下來你要做什麼呢？

你看著眼前的空白畫布。它一片雪白，空無一物。當你盯著畫布，開始在腦海中勾勒你心目中的畫作如何呈現在這張畫布上，此時此刻，你正在建立創造過程其中一個最重要的動態——**張力**。

在這裡，張力這個詞的意思指的不是壓力、焦慮、緊張或負

擔。相反地，它描述的是一種結構中一個元素與另一個元素之間的**對比關係**。第一個元素是畫作成品的願景，第二個元素是畫作的當前狀態，此刻指的就是一張空白畫布。

張力是一種力量或動力，它能產生能量和運動變化。張力本身會尋求解決方式。張力的存在會驅動現狀產生改變，當兩個元素之間存在差異或矛盾，張力就會推動改變，直到兩者趨於一致的平衡狀態。

在創造過程剛開始時，空白畫布與你對畫作成品的預想畫面並不相同。直到整個過程完成，此刻畫布才真正與你心中的畫面合而為一。畫家簽名落款的那一刻，其實就是在宣告：「這幅畫已經與我的願景完全一致了。」

在我們生活的創造過程開始時，心中願景（想創造的成果）與當下所處的現況（目前狀態）也不相同，兩者之間存在對比關係而形成張力。如果創造過程成功，起初預設的願景與最後的實際現況相符，對比關係便宣告結束，張力獲得解決。

要說明「張力—解決」系統，還有一個很好的例子，那就是我們每天都會體驗到的飢餓。此時，張力由兩個元素之間的對比關係形成，那就是「身體所需的食物量」與「實際攝取的食物量」。當兩者間有所差異，就會產生「進食」的行為傾向。當我們感到飢餓，自然就會進食，直到身體所需與實際攝取量達到一致，張力就消除了。

在藝術中，張力是推動作品前進的主要動力。想想電影中英雄與壞蛋之間的戲劇性對比。在音樂中，風格與律動是由對比創造出

來的，例如音量大小、高低音、節奏快慢，以及織體（texture）的密集與鬆散等。在繪畫中，對比包括明與暗、鮮豔與暗淡，以及暖色與冷色等。所有類型的創作者都會學習在創作過程中運用對比關係。而主導整個過程最主要的對比，就是「最終成果的願景」與「當前狀態」之間的差異。當他們這麼做時，不僅創造出張力，**也建立了一個結構。**

結構如何決定行為

在將生活視為藝術來創造的過程中，你有個重要的工作就是建立支持這個過程的結構。結構是對你的生活方式和成功機率影響最深遠的一大因素，但是「結構」這個詞彙往往受到很大的誤解。

有部分的原因是，「結構」這個詞在許多不同的語境中都會使用，而且具有很多不同的含義。但是當我們精確定義它的意思時，我們就能開始了解結構的動態或動力學——結構是什麼，它如何運作，以及為什麼會以這種方式運作。以下是結構的運作定義：

結構是一個整體，是完整的存在，一種建構。我們對結構的初步概念是，它具有組織化的統一性。結構是單一形式的，而非複數形式的多元存在。然而，在這個單一的整體中，還存在著各種組成部分，稱為結構的元素或因素，而且各個結構元素之間具有特殊的關聯性。它們彼此連結，並相互影響整個結構的其他元素。

下面以經典電影《北非諜影》（Casablanca）為例，迅速簡單說

明故事結構的各個部分如何相互影響。

電影的故事主軸是一場三角戀情。兩個男人（瑞克與維克多）愛著同一個女人（伊莎）。而女人也同時愛著這兩個男人。

這是一個戲劇性十足的衝突（對一部電影來說），我們作為觀眾，會想知道這個衝突將如何解決。她最後會和瑞克在一起嗎？還是與維克多相守？輸掉的那一方發生了什麼事？她會如何決定？她又如何面對那個被她拋下的男人，以及他們之間的愛？這份張力在電影的高潮中得到了解決，這是電影史上最著名且最受觀眾喜愛的場景之一，因為伊莎的最終選擇在那一刻有了答案。這部電影的故事結構非常強大，以至於即使我已經看過這部電影至少四百次，每次重看時，我還是會想，也許這一次伊莎會留在卡薩布蘭卡和瑞克在一起，而不是登上飛機隨著維克多去里斯本。

在電影的開頭，瑞克從他所經營的酒吧「瑞克美式咖啡」出場。我們了解到很多關於他的事：他是個孤獨的人，他曾是酒鬼但戒了酒，他悲傷而神祕。（畢竟，他是由亨弗萊・鮑嘉〔Humphrey Bogart〕飾演的。）

某天，伊莎和維克多走進了他的酒吧。

當瑞克被邀請加入他們的聚會時，電影的劇情開始變得緊張，我們可以明顯看出，他和伊莎過去曾是情人。

在這種情境中，每個角色都會對其他人產生影響。所以，如果我們將其中一個角色移除，整個結構就會改變，他們的行為也會隨之改變。

想像一下，某晚瑞克在他的酒吧裡，而伊莎走了進來……但**沒**

有維克多。這會改變兩人的行為嗎？絕對會。（畢竟，伊莎是由英格麗‧褒曼〔Ingrid Bergman〕飾演。）

現在再想像一下，瑞克一樣在他的酒吧，而維克多走了進來……但沒有伊莎。這會改變兩人的行為嗎？當然會。

再想像一下，伊莎和維克多來到了瑞克的酒吧，但瑞克一個月前已經去了紐約。這會改變三個人的後續發展嗎？會的。

所以，結構的元素彼此之間具有特殊的關聯性，如果有個部分改變了，整個結構本身也會跟著變動。

有些結構非常適合創造過程，有些則不適合。正如我們會在本書中看到的，若將正確的意圖、抱負、願景與價值觀放在錯誤的結構之中，結果往往會造成擺盪模式：你一開始可能會達成了目標，但隨後卻像鐘擺一樣搖擺不定，起初的成功最終化為烏有。創造過程的一個重要面向就是建立起足夠穩固的結構，引領你走向堅如磐石的成功，而不是一觸即潰。當你將這個原則銘記在心，並應用在個人的生活中，你的成功機率將大大提高。

因此，將生活當成藝術來創造的過程中，你會運用到的張力是結構性的——換句話說，即**結構性張力（structural tension）**。

結構性張力是創造過程中最出色且最強大的結構形式。把生活當成藝術來創造的過程中，你有一項重要任務，就是建立並管理結構性張力，而要做到這點的關鍵在於要培養出一種能力：能夠清楚預先設想到結果，並同時觀察出當下的現實處境與目標結果之間的關係。

畫家一直在使用這種能力，隨時掌握兩個明確的資料點，也就

是他們心中的畫作構想和實際的畫布成品。這是將生活當成藝術來創造的重要關鍵——同時在心中保有兩幅畫面，理想的生活狀態與實際的生活現況。

就像弓箭手拉開弓箭，拉緊弓弦，我們也可以運用「結構性張力」瞄準所選定的目標。弓箭手明白張力的原理，並懂得掌控它。要放箭，得先拉弓。在我們放弓射箭之前，要先創造關鍵的張力，如此行動才有最大機會命中目標。

藉由結構性張力，你可以完成任何厲害瘋狂的事情。有了它，等同有個引擎在推動你，就像離弦之箭一樣堅定地往目標前進。運用結構性張力時，你是在順應自然的力量，而非呈現對抗之勢。以結構性張力為行動前提，你可以建立一個模式，讓成功接續而來，並在此基礎上不斷累積與強化。

建立結構性張力

在操作機制的層面上，你可以採取兩個行動來建立結構性張力。第一，定義你想要實現的結果、階段性目標、最終目標、和成果。第二，觀察當前現況與願景之間的關係。

要做到這一點需要兩種技能：**想像你想要的結果，以及客觀評估自己的現況**。這些技能可以透過練習來培養，稍後會在本書中探討培養這些技能的方法。

創造過程的操作機制層面是不可或缺的，而「取向」與「精神」同樣重要。

從取向的層面上看，**結構性張力是一種生活方式，而不僅僅是**

你所選用的某種形式或方法。

　　取向可以用來描述你大部分時間花在哪裡或重心所在。另一種說法是：你住在哪裡？或者你如何生活？如果結構性張力是你人生主要的運作方式，你就能夠清楚看見理想願景與現實情況之間的落差。你不會只是偶爾才有這種清晰的洞見，而是持續保有這樣敏銳的覺察。

　　對畫家而言，結構性張力不僅是一種技術層面的應用，更是深刻融入他們內心的生活方式。就像衝浪者追上一波完美的海浪，或是滑翔機駕駛員掌握住完美的氣流，畫家在創造過程中駕馭的是結構性張力。結構性張力已經被內化，並成為他們意識的一部分了。內化的程度越深，他們就越能夠駕馭這股力量。

　　即便只是技術性的採用結構性張力，也能帶來相當顯著的成效。多年來，我們與數萬人以及上千個機構合作，親身見證了「清楚知道目標、追蹤當下現況，以及據此組織策略性行動」所創造的巨大成功。這種結構性張力的基礎應用是良好的起點。雖然創造不僅僅是操作機制的工作，但操作機制本身的重要性也不可低估。它們是創造過程的重要基礎。而當你開始內化結構性張力時，操作機制與取向會相互餵養，促使你一步步更接近最終目標。

　　良好的操作機制固然重要，但還有更多探索的空間！當你開始內化願景和當下現況，結構性張力會成為你生活中強大的動能。你的行動將變得越來越有動力，在過程中也會變得富有創意。你的創造力與才能開始綻放，彷彿整個人身心協調一致，呈現極好的平衡狀態，專心致力於願景的實現。結構性張力逐漸成為你取向的核

心。而這種時候,通常有一些額外的驚喜會開始出現。

內化結構性張力與超常現象

此時會發生的另一件事有點難以解釋。內化結構性張力的影響似乎帶有某種神祕的力量,生活中開始會頻繁發生一些巧合。例如,你可能會剛好遇到可以加速進展的完美機會。你在翻閱某本平時根本不看的雜誌時,竟然發現其中有一段文章,正好是你行動計畫所需要的關鍵資訊。你參加聚會時,恰好遇到能幫助你實現心中想法的關鍵人物。一切似乎都自然而然拼湊成型,彷彿整個宇宙都站在你這一邊,齊心協助你邁向目標。

從理性層面或現實角度來看,這些事件都是不合邏輯的,但無論你對超常現象(extra-normal)抱持多麼懷疑的態度,這些事情依舊會發生。這種現象如此常見,以至於很多人都有豐富的經驗故事可以證明這一點。當結構性張力被內化時,那些奇妙到不可思議的事情就有可能發生在你身上,幫助你實現理想生活(創造願景)。

雖然這是一種普遍的常見經驗,但是單靠超常現象,並不足以實現你想要的結果。對於更複雜的目標,努力工作、學習、技能、能力、才華、精力、深思熟慮的決策、謹慎的評估、策略性的調整,以及一系列的實際行動,都是成功不可或缺的要素。

如果你所做的只是待在家裡一心專注於結構性張力,許多重要的目標你很可能都無法達成。然而,值得高興的是,在你採取所有行動的同時,還能獲得一些額外的幫助,增加你獲得更多成功的機

會,而非僅限於操作機制的層面。

如果你在內化結構性張力的過程中開始體驗到這種超常現象,在此提醒你:**不要過度美化這種經驗**。因為一旦你這麼做,你的注意力就會從創造過程轉移到其他地方。

一個創造過程的好壞取決於它所實現的結果。過程不應該被刻意推崇、戲劇化、讚美、誇大或過度渲染。一個優良過程的唯一檢驗標準是,在你的價值體系中發揮了多少效果。一個良好過程可以包含超常的方法與正常的手段,但真正重要的是,以幫助你實現目標的層面來看,這個過程運作得多成功。

我見過許多人陷入了「神奇思維」的陷阱,變得越來越迷信,因為他們把發生在自己身上的超常現象過度美化、神化了。他們越來越不切實際,並熱衷於追求象徵性和隱喻的東西。「現實情況」這個關鍵資料點失去了實際的意義。他們不再客觀地評估現實,而是為現實賦予心靈層面的意義,將它變成一種徵兆、象徵或預言。

如果你是一個畫家,而且內化了結構性張力,那麼在繪畫過程中你可能會體驗到許多超常現象。不經意的小意外所創造出的效果可能比你刻意設計的效果還要好。一道光線可能突然照射在你正在繪製的人物臉上,呈現出的效果比你對它的第一印象更富戲劇性、更有趣。顏料不小心潑濺到畫布上,卻剛好強化了你想要達到的表現效果。這些超常事件只是整個過程的一部分,它們的發生固然令人欣喜,你卻不能將整個職業生涯奠基於此。你不必神化這些奇妙的徵兆,但你可以張手歡迎它們,視為工作策略的一部分。**重點不在於你使用的是哪一種過程,而是你能否善用一切可運用的資源來**

創造你想要的人生。

先睡一覺再決定

對許多創造者來說，睡眠與做夢是進一步推動創造過程的時刻。一旦結構性張力被內化，你的潛意識就會開始解決你所建立的張力。當我投入長時間的工作專案時，無論是創作一首樂曲、撰寫一篇雜誌文章、開發電視劇的節目構想，還是撰寫一本書，我時常會在夜晚獲得解答關鍵問題的想法或靈感。

有些人會在床邊放筆記本，我從不那樣做（當然，這麼做並沒有什麼不對）。我已經訓練好自己的頭腦去記住那些靈感。我可能做了一場夢，或是萌生一個點子。有時翻個身，在半夢半醒之間就突然領悟了什麼。等我早晨醒來，睡夢中產生的洞見通常都還是相當清晰。

如果在起床後的四到五小時內，我對這個新想法做點什麼，我就會牢牢記住它，若是我沒有採取任何行動，它就會漸漸消散而去。然而，我發現如果這個想法消失了，內在的結構性張力依然會繼續運作，推動我去尋求解決方案，那麼這個想法就會再次浮現，也許是下一晚，也許是某人說的一句話，也許是在看電視的時候。我不需要緊緊抓住這些夜晚出現的洞見，好像它們供貨短缺似的。因為在我需要它們時，它們總是會出現，一向是如此。

精神

操作機制和取向是創造過程的兩大支柱，第三個支柱則是精

神。結構性張力的精神來自生命中最強大的兩股力量：愛與真理。

你之所以渴望創造某個結果，是因為你深愛它，那份愛多到希望它能真實存在。這種愛並非只是回應式（responsive）的愛。在回應式的愛當中，是先有情境，才有愛的出現——你遇見了某個人，然後墜入愛河。

創造者在創作存在之前，就已經愛上自己的創作。如同詩人羅伯特・佛羅斯特（Robert Frost）對詩的形容，一首詩始於喉嚨的一個哽咽。畫家在尚未落筆前，便已愛上了那幅畫。電影導演在劇組拍攝開始之前，甚至在演員選角之前，便已愛上了電影。作曲家在旋律尚未演奏之前，便已愛上了那首樂曲。藝術家在創作過程中所體驗的這種愛，是生成性的（generative），而非回應性的。

藝術家通常不會談論他們對自己正在創造的作品所懷抱的那份愛。一方面，這種愛難以形容，另一方面，這份愛雖然特殊，卻又非常普通，幾乎成了一種稀鬆平常的日常經驗。

愛有各式各樣的形式，但並非所有形式的愛都充滿精彩豐富的靈感。愛是一種存在的狀態，其中蘊含著許多各種不同的經歷。藝術家所感受到那種生成性的愛，無論日子好壞、順境或逆境，還有勝利與挫敗的時刻，始終存在。生成性的愛自始至終都貫穿著整個創作過程。

將生活當成藝術來創造的精神，激發了這種生成性的愛。當你掌握創作過程的操控機制（執行與設計）、探索自己的創作取向（心態與方向）時，你也同時處於一種愛的狀態，這種愛會讓你充滿決心、滿懷熱情。

結構性張力所激發的另一種力量是「真實」(truth)。當我們描繪出想要的結果時,同時也必須誠實且客觀看見當下的現況。藝術家觀察現實時,態度往往如鋼鐵般堅定。無論是將其美化或貶低,他們都無法扭曲現實。因為一旦他們這麼做,就無法獲得調整過程所需的真實回饋。畫家對於自身作品的現狀從不自欺欺人,他們會帶著極為冷靜的客觀性去檢視作品。不了解畫家的人時常會感到驚訝,他們對作品的真實性竟如此不妥協。

這種真實屬於操作機制的範疇,因為藝術家需要準確的回饋。同時,它也部分屬於取向的範疇,因為他們重視真實性,想要確切知道自己作品的真實狀態是什麼。而真實性也有它的精神面,有句話「為真實本身而追求真實」美妙地表達了這一點。

結構性張力的精神,便是生成性的愛與純粹為真實本身而追求真實。人性中還有什麼比這個更壯麗的呢?

PART TWO
創造你的人生

CHAPTER 03
人生的真愛與渴望

☺ ☻ ☺

　　她漂浮在水面上轉向鏡頭，穿著時尚的泳裝，她的肌膚曬成古銅色，柔滑、年輕且健康。她那誘人又自信的雙眼與輕鬆自然的態度，似乎在低聲說著：「沒錯，就是這樣！」她是魅力與性感的化身。他們在販賣什麼呢？或許是一款新上市的商業香水、一趟加勒比海假期，也可能是汽車保險。

　　他們真正在兜售的，其實是一種渴望的形象。重點不是我們渴望什麼東西，而是我們如何渴望。在這個形象中，渴望是從「看見」到「想要」的過程。渴望來得快如一道閃電，它源於誘惑，就像個禁忌的果實，隨之而來的是迫切且無法抗拒的需要，接著便是急於獲得滿足感的行動。

　　市場行銷人的操作手法其實也情有可原。他們只有短短三十秒到六十秒的廣告時間來吸引我們的注意力，又怎能怪他們用浮誇絢麗的方式來說服我們買單呢？

在此聲明，我覺得這類廣告很好玩，但我無法說它們對我有什麼影響。我可能會看看這些廣告，特別是如果配樂很棒的話，但我幾乎不知道它們在賣什麼。我想，大多數人對這類廣告的印象也差不多。

透過這種《廣告時代》(*Ad Age*) 的形象，渴望變成了一個奇怪的象徵。這太可惜了，因為渴望原本是如此美好的東西。

如果你不知道自己想去哪裡，你怎麼到達目的地呢？目標由渴望而生。我們必須認知到自我的真實渴望，才能確立目標。

我知道有些人主張過一個「無目標」的生活，隨波逐流、隨興而為、放下執著、跟著感覺走……對一些人來說，這確實是個好主意。有些人可以自在地四處漂泊，享受旅程。有時候，這些人會說旅程本身就是目標。無論到哪裡，「抵達某個地方」本身就是目標。

這就是傑克・凱魯亞克（Jack Kerouac）在其經典著作《在路上》(*On the Road*) 一書中所體現的形象。書中，主角旅行、觀察，從人生各種不同階段發現生命的價值。但凱魯亞克無法用同樣隨心所欲的方式來寫書，就像他虛構的反英雄角色一樣。首先，他必須有一個渴望，那就是寫書。因此，儘管我們作為讀者可以跟著這本書所描述的經歷去感受生活，但凱魯亞克在創作這本書時，採用的卻是一個截然不同的過程。對凱魯亞克來說，第一步要做的就像大部分的創作者一樣，是根據他對這本書的渴望來確立目標。

事實是，我們總會想要某些東西。我們天生就被設計成會產生各種欲望。有時候，我們想要的東西非常簡單且即時，像是食物、愉悅、開懷大笑、睡個好覺。有時這些渴望則是著眼於長期，例

如：創立一份事業、組一個家庭、打造一個家園或發展個人職涯。

有些我們想要的東西是源於對情境的反應，比方說，想要頭痛消失、想順利支付這個月的帳單、想趕上飛機、想在截止日之前完成報稅。

對有些人來說，他們最直接的渴望並不是他們「想要什麼」，而是「不想要什麼」，也就是讓他們想避開的事物。對他們來說，規劃人生的力量不是來自渴望，而是來自問題、障礙和困難。

你的渴望很重要，因為這可以成為你行動的核心主軸。若缺乏真實的渴望，將很難創造，因為你缺乏投入其中的關鍵動機。

你在等待「完美救星」嗎？

什麼是渴望？

從基本層面來說，渴望就是一種欲求。人類的本能就是會想要某些東西。我們想要活下去，因此我們想要空氣、食物和溫暖。我們有些渴望是因基本生理需求所產生，也有些渴望源自純粹的利他主義與對他人的愛。我們的渴望有簡單的，也有複雜的，例如野心、貪婪、慈善、仁慈或崇高的使命感等。

我們需要了解的是：**並非所有的渴望都生而平等。**

有些渴望可以成為建造人生的堅實基礎，而有一些渴望則可能成為通往毀滅、衰敗與失望的流沙。

那些能幫助我們建構人生的渴望，是從內心自然產生的。也就是說，它們不受我們所處的外在情境影響。

這些渴望可以稱為「真正的渴望」，因為它們不是由外在環境所塑造，而是來自我們內心更深層、更本質的部分。它們與「看到就想要」那類的渴望不一樣。有時候，我在帶領以「創造人生」為主題的工作坊時，會問大家一個問題：「有多少人真的知道自己想要什麼？」

通常，大約有三分之一到二分之一的人會舉手。接著我會再問，「那麼，有多少人不知道自己想要什麼？」剩下的人都會舉手。這意味著，至少有一半，甚至有時是三分之二的人似乎不知道自己的人生想要什麼。這個比例真的那麼高嗎？

事實上，當我們開始探索什麼是真正的渴望時，這個比例並沒有那麼高。最終，幾乎每個人都還是能找到自己內心真正的渴望。那麼，為什麼有些人起初很難回答創造過程中最基本的第一個問題——你想要創造什麼？換言之，你渴望什麼？

許多人都犯了一個錯誤，他們認為只要找到「正確的渴望」，就是獲得成功、幸福與滿足的關鍵。對這些人來說，渴望的對象本身無關緊要，只要這個東西是「行得通」即可。而所謂「行得通」，指的是這個渴望能激勵、推動、啟發人心，並刺激他們採取行動，最終引領他們邁向勝利。

他們這種思維的基本缺陷，就在於取向上出了問題。這些人認為，某些外在事物可以幫他們做到一切。他們潛意識裡總覺得，世界上某個地方藏有一把神奇的鑰匙，只要找到它，就能打開一扇通往夢想之境的大門。有時，我喜歡把這個幻想稱為「完美救星情結」。就像白雪公主唱的那首歌：「總有一天我的王子會來……」

這些人彷彿也能聽到:「總有一天我的完美救星會來……」救星將帶領他們抵達那片「應許之地」。

如果你真的認為某個外在事物可以改變你的人生,給予你目標、方向、能量和動力,那麼你當然會出發去尋找那個特別的東西,誰不會這麼做呢?

問題在於,「那個東西」並不存在。它是一個海市蜃樓。它根本不存在。

單憑外在事物,無法真正帶來幸福快樂。任何東西都一樣。所以,如果你還在尋找那個理想的「完美救星」,那你可能會等到天荒地老。

有時人們認為金錢能帶給他們幸福快樂。多年前,朋友帶我去參加一場「安麗」(Amway)的演講。講者一開始就問大家:「你的夢想是什麼?」眾人紛紛搶答:「一艘遊艇!一座佛羅里達的小島!一棟豪宅!財務自由!」講者將這些答案全寫在一張活動白板上,然後把它們圈起來。

「那麼,你要如何實現夢想呢?」講者接著問。他隨後提出充分理由告訴大家,實現這些夢想的方法就是銷售安麗產品。

現在,我並不是在反對人們透過銷售安麗產品來賺錢。我反對的是鼓勵這種錯覺,相信金錢可以滿足你的真正渴望。雖然設立財務目標並沒有錯,甚至富有到超乎你的想像也沒有錯,但不要指望實現這些目標會讓你感到幸福快樂。如果真能如此,世上就不會有那麼多不快樂的富人了。看看那些突然暴富的樂透得主,他們承受的痛苦往往遠多於發財的好處與快樂。(許多研究已經充分證實了

這一點。）

世界上確實也有非常快樂的富人,但他們的快樂並非來自財富本身,而是來自其他東西。

認為某種外在事物能帶來幸福快樂的概念,並不僅限於金錢。對一些人來說,是找到他們的「人生使命」。這種人認為,世界上有一些他們「應該要去做的事」,而且不是隨便什麼事情都可以,而是一件極其重要的工作。一旦找到,將會為他們帶來極大的滿足感。因此,這些人不斷尋找,卻從未找到他們的「人生使命」,因為像這種「我的使命就在某個地方等著我」的概念,只是一種幻覺。又是另一個「完美救星情結」。

內在的完美救星

還有一種變體,那就是認為「內在」深處有某樣東西,一旦找到了,就能從此幸福快樂。這個內在的東西,其功能幾乎與外在事物一樣,都有相同的運作形式:感覺到生活不完整,假設自己需要找到某個東西,然後開始尋找,並希望能找到它。通常,這種模式會帶你找到許多看起來不錯的候選對象,但最後都會大失所望。

對於那些向內尋找渴望的人,有許多方法和世界觀會告訴你該找些什麼,例如宗教、心理體驗,以及關於紀律或自我約束的概念。但是當你開啟尋找之旅後,你會發現那個「完美救星」根本不是你要找的東西。然後,你會開始質疑自己的判斷,變得猶豫不決,感到越來越不安和迷茫。即便如此,你仍然覺得那個「完美救星」就在轉角處⋯⋯那個美妙的救星。但到底是哪個轉角呢?

有些人則走向了與安麗夥伴相反的方向。他們不問「你的夢想是什麼？」而是說：「放下你的夢想。不要執著。不要有任何欲望。無欲無求。」

這個概念很簡單。如果你認為痛苦的根源是欲望，那麼如果你放下欲望，你便不會再受苦。然而，諷刺的是，渴望放下欲望本身也是一種欲望。而且，你期待這種行為帶來的結果，例如克服痛苦、達到精神上的圓滿等，它們本身也是一種欲望。

把生活當成藝術來創造的過程中，如果你試圖找到那個「正確的渴望」或欲求，其實是錯誤的做法。你不會找到它，你也無法以它為中心來建構出真正屬於你的生活。這麼做，只會讓你不斷掉入猶豫不決的陷阱。

所謂「正確的渴望」並不存在於外界，也不存在於內在。這個事實並非針對個人而言，而是其本質就是如此。

真正的渴望與選擇

你是否曾試圖去愛一個你不愛的人？結果行不通，對吧？無論你多麼希望能愛上那個人，事實就是你並不愛他。在創造過程中，有許多環節都與選擇的力量有關，而「愛」恰巧不是其中之一。

如果我們能選擇要去愛誰，那世上就永遠不會有單戀這回事，我們只會選擇去愛那些也愛我們的人。

我們無法選擇我們要愛誰或去愛什麼。真正的渴望是一種愛。同理類推，我們也無法選擇自己要渴望什麼。我們可能會察覺到自

己的渴望，也可能渾然不知，但有一件事是肯定的：我們無法捏造渴望。如同我們無法勉強自己去愛一個不愛的人，我們也無法強迫自己去渴望一個不想要的東西。

反之亦然。我們無法不去愛自己所愛的人，也無法不去渴望我們所渴望的。我們要麼擁有這種渴望，要麼沒有。就是這麼簡單。

一旦我們了解自己的渴望，或許會以此為重心做出一些選擇，但「渴望本身」並不是我們能選擇的對象。你之所以想要某樣東西，因為那就是你想要的。而且，如果要你圍繞著根本不在乎的事情，或是那些無法引領你走向在意的事物，來安排你的選擇，真的困難重重。

如果我們真正理解渴望的本質，還會浪費時間試圖去尋找它嗎？不會。我們還會浪費時間試圖去消滅它嗎？也不會。

這裡還有一點要補充。如果你一心認為必須找到自己渴望的東西，並因此踏上了一場「尋找與發現」的旅程，**那麼你內心真正的渴望反而會無法被看見**。如果你總是用「完美救星」的衡量標準去看，你又怎麼可能辨識出你的真正渴望？你無法辨識。真正的渴望很可能就在你面前，但你認不出來，因為你此刻追尋的是一個錯誤的理想。

知道自己想要什麼，並非像是一種天啟，人生不會突然打開一道神奇大門，帶你通往成功、幸福快樂、勝利或其他任何美好結果。它只是讓你了解，什麼對你而言才是最重要的。你可以決定是否要以這些真正的渴望為中心來安排生活，但至少在某種更深的層次上，你會清楚知道自己究竟想要什麼。

不要讓渴望做錯誤的工作，它的任務不是看**它**能為**你**做什麼，而是**你**能為**它**做什麼。它不是你的「完美救星」。情況恰好相反，你才是渴望的「救星」。

如果你尚未以內在真正渴望為中心來安排生活，我建議你現在就這麼做。讓這些渴望成為你建構人生的基石。

短暫的熱情與真正的渴望

現今，人們談論熱情的方式常常令人困惑。「找到你熱愛的事物吧！」這類建議屢見不鮮。「為你的生活和工作注入熱情！」我們常聽見有人這樣提倡。「找到你的熱情！」有人如此宣揚。「追隨你的熱情！」也有人這麼喊口號。聽到這些說法，人們很容易會產生一種印象，認為熱情是一種可以找到、採納並追隨的東西。這個詞彙的用法暗示著某種興奮的狀態，如電光火石般點燃我們，能讓我們充滿狂喜與靈感。在這種語境下，熱情與情緒、火花、生命力和感受緊密相關。

這種熱情或激情，就像靈感一樣，其實是一種短暫的現象。所有的藝術家都知道，靈感和熱情自有它們出現的時刻，然而那些時刻總會消逝。如果你只靠靈感維持創作，那麼在沒有靈感的日子該怎麼辦？如果你只在熱情湧現時才有所行動，那麼當熱情不再的時候，又該怎麼辦？

在將生活視為藝術來創造的過程中，我們可以向藝術家、作家、作曲家、編舞家和電影製作人學到的是：靈感其實相當罕見，

創作過程的重點並不是靈感。

創作者非常清楚該如何在那些既沒有靈感、又缺乏滿懷熱情的漫長日子中，繼續保持創作的腳步。**他們創作的動力來源，並非來自於當下正經歷的某種特定情感體驗，而是想要將作品完成的真正渴望。**

「追隨你的熱情」這樣的建議，在熱情消退的日子裡便會失去效力。

此外還必須記住，一味追隨熱情有時也會導致可怕的後果——例如激情犯罪（crimes of passion）。激情犯罪常被視為一種短暫的瘋狂狀態，用來解釋為何一個平時理性的人會突然做出駭人聽聞的事情。

也就是說，激情或熱情並不是真實渴望的必要因素，至少在它被視為情緒或靈感反應時便不是。

我雖說了這樣一番話，但我其實認為熱情是不可或缺的。讓我分享一些我所熱愛的事情，藉此看看是否可以明確區分這兩種截然不同的東西，一種是瞬間爆發的短暫激情，生活偶爾會經歷的情感觸動；另一種則是人類擁有的豐富而穩定的熱情。後者的熱情更像是一種「存在的狀態」，不像靈感或情緒反應那樣稍縱即逝。

我一直對音樂充滿熱情，從小就是如此。我還記得，大約九歲的時候，我和一些朋友在鎮上的藥局門口聊天，剛好聊到音樂的話題。我的朋友說了類似這樣的話，「音樂？呢……」還有類似「你喜歡音……樂？真是怪人！」我理所當然地回答：「對啊，我喜歡音樂。」對於一個九歲男孩而言，這並不是那種說了會顯得很有男

子氣概的話,但我不在乎。對我來說,音樂就是個好東西,這件事再清楚不過了,它酷不酷根本無關緊要⋯⋯無論如何我都熱愛它。在我記憶中,這是我第一次表達出與其他人意見相左的立場。

我一向熱愛音樂,而我必須承認,我也不知道為什麼。

多年以後,當我在波士頓音樂學院(Boston Conservatory)學習作曲時,作曲老師問了我一個很有意思的問題:「你為什麼想作曲?」我仔細思考後,老實給了一個答案:「我不知道。」他帶著極具批判性的銳利眼神望著我,那目光彷彿能直接穿透人心般,然後說道:「弗利慈先生,那你最好弄清楚。」

這些年來,我一直以為自己最好要弄清楚這個問題。我對於自己為什麼想作曲提出了無數種的理論,卻沒有一個能真正讓我自己信服。然而,經過多年的思索之後,我最終明白,答案仍然是:「我不知道為什麼自己想作曲,而且,我也不需要知道。」

當年作曲老師給我的印象是,好像我總得知道自己為什麼想作曲。一開始我以為,若我知道原因,或許能寫出更好的音樂。但是到最後,我才想通,「愛」這件事要怎麼解釋呢?你無法,真的無法。你愛,就是因為你愛,而不是因為其他原因。

伊麗莎白・巴雷特・白朗寧(Elizabeth Barrett Browning)在她與丈夫羅伯特・白朗寧(Robert Browning)寫給彼此的信件中,捕捉到了這個概念的精髓,後來更在《葡萄牙十四行詩集》(*Sonnets from the Portuguese*)的詩句深刻詮釋出了這份情感。

羅伯特於一八四五年十月二十三日寫給伊麗莎白的信中寫道:

「我愛你,因為我愛你……」

而伊麗莎白於一八四五年十月二十四日的回信是這樣的:

「我……曾以為你之所以呵護我,只是因為你的騎士精神觸動了它們(我的體弱多病),發出銀色的聲響——而若非如此,你便會從另一邊走過。」

在一八四六年五月十一日的另一封信中,她寫信給羅伯特道:

「沒有什麼好的理由來愛我……但如果非得要有什麼理由,任何理由都可以……你甚至可以因為我的鞋子而愛我,如果你願意……除了它們終會穿破。」

而這首十四行詩進一步闡述了這個觀點:

如果你必須愛我,那麼不要有任何理由,
請只為了愛而愛。不要說
我愛她的微笑,她的容顏,
她溫柔的說話方式,或是她思想中某個特點
剛好與我契合,而且它的確曾在某日
帶來愉快舒適的撫慰——
因為這些特質本身,親愛的,可能會改變,

或是因你而改變。而由此而生的愛,
也可能因此崩解。
也不要因為你的憐憫,因你曾為我拭去臉頰的淚水而愛我——
一個接受你長期安慰的靈魂,
有一天可能會不再哭泣,卻失去你的愛!
但請只為了愛而愛,如此一來,
你便能在愛的永恆裡,永遠愛我如初。

只為愛而愛。這些詩句的表達如此真實,它不僅對真愛而言是真實的,對真正的渴望來說也是如此。然而,這種熱情存在於某種生命狀態之中,而非一時的靈感或情緒體驗。這是持久不變的熱情,不會輕易隨著心情感受的起伏而動搖,即使我們身處的情勢變化多端,這份熱情也依然堅定不移。

另一件會讓我充滿熱情的事是天賦。每每看到歌手、作家、電影製作人、喜劇演員、畫家、詩人、音樂家、指揮家、演員、舞者等等展現才華時,我總會為了那個人的天賦感到興奮激動。我無法解釋為什麼。我永遠無法成為電影評論家或任何類型的評論家,所以我對有才華洋溢之人所展現的創造行為,只有由衷的讚歎。而如今這個時代,有天賦的人處處可見,實在令人驚艷。

對我而言,這些人就類似聖人。他們不是宗教的聖人,而是靈魂的聖人。如果上帝有一座藝術家的教堂,祂肯定會指著每一個人說:「他們都是獲得祝福的孩子,我為他們感到驕傲。」

我對我的家庭也充滿熱情。我摯愛的妻子羅瑟琳、兒子伊凡、

女兒伊芙——他們是如此特別。我不需要別人來告訴我要去愛他們。我也不需要去探測自己對他們的愛有多深。我更無法寫下一份使命宣言，理性去解釋我為何或如何深愛這三個人。這超出了言語表達的範疇，但並非無法理解或體會，我確定的是，每一天我都無比感激他們出現在我的生命中。

你的熱情不是某種情緒表現，也不是某種反應，更不是一時點燃的火焰。如果它存在，它就只是存在。如果你不對它提出任何要求，比如強迫它扮演救世主的角色，你就能真正認識它。但前提是，你必須在正確的地方用正確的方式去尋找它。

動態衝動

你下定決心飲食要健康一點，頭幾天你做得很好。你拒絕了親切鄰居送來的餅乾，午餐點了一份冷雞胸沙拉，而不是大家都點的義式肉丸潛艇堡特餐。在超級盃派對上，你喝的是聖沛黎洛（Pellegrino）氣泡礦泉水，而不是啤酒。你已經減了快兩公斤，感覺整個人更強壯、更高大，也更好看了。你甚至開始為自己的意志力感到驕傲。

但隨後，災難發生了。你開車經過一家麥當勞，油炸的香味飄進了車裡。你的腦袋開始出現大麥克配薯條的畫面。不過，你決定不要輕易屈服，成功往前開了五公里的路。然後，就在前方出現了一個標誌⋯⋯一個符號。在右前方大約八百公尺處，兩道金色拱門在地平線上醒目矗立。象徵文明世界的其中一個標誌就是，五公里

內總會有另一家麥當勞。那道金色拱門正在呼喚你，彷彿在說：「你做得不錯，今天值得獎勵一下了。」你似乎正被鼻子牽著走，開始有點動搖了。

更多誘人的炸物香氣不斷刺激感官，讓你充滿渴望。更多大麥克和美味細長的酥脆薯條畫面浮現在腦海中。你開始聽見心中的低語：「偶爾稿賞一下自己，應該沒關係吧？生活不就是要保持平衡嗎？」經過一段長時間的冷雞胸饑荒後，是時候來一場富含油脂、白麵粉、糖、澱粉和鹽的短暫盛宴了。

就在這個想法一閃而過的瞬間，你發現車子已經開到得來速的點餐窗口前，然後聽到自己的聲音正熟練點餐，「兩份」大麥克和一份超大薯條。一旦食物放進車裡，那就非吃不可了。想想那些飢餓的孩子吧，可不能隨意浪費食物。

我們是人類，而人類有一個很有趣的特點，那就是我們經常前後不一。我們很常在這一刻想做某件事，下一秒卻又想要另一個完全不一樣的東西。大多數人都堅信他們不應該這樣反反覆覆，因為「前後不一致」意味著你是個搖擺不定的人、偽君子，或是意志薄弱的笨蛋。但事實是，我們本來就是這樣。

某些時候這種前後不一的行為沒什麼關係。有時候喜歡搖滾樂，過一陣子又迷上古典樂，那又怎樣呢？有時候想看最新上映的史詩電影，有時候卻突然想看個浪漫喜劇，這有什麼關係呢？人們常說，變化就是生活的調味料，我們若能享受多種不同的體驗，是一種幸運。

但是一旦牽涉到「創造自己的人生」，這種前後不一的特性可

能就會成為計畫的災難根源。我們不能在執行健康計畫的中途,突然跑去麥當勞大吃特吃。

那麼,我們該如何看待這些不斷變化的渴望呢?

有些渴望根本不是真正的渴望,而是一個人補償策略的產物。假設你相信自己毫無價值,那麼你可能會因此產生「必須創造自身價值感」的需求。一旦這種用來平衡心理狀態的補償式理想成為一個因素,你可能就會想做一些你認為有價值的事情。

由於這種結構以及它所產生的補償,你可能會體驗到一種渴望──在這種情況下,就是渴望成為一個有價值的人。也許你會開始做志工,或是捐款給慈善機構,或者花時間陪伴需要幫助的朋友。這些行為看起來是由幫助他人的渴望所驅動,但它們並非真正的渴望,而是內在結構所生成的合成式渴望。

衡量「真實渴望」的關鍵,在於它是否為「自我生成」。它並非任何外在事物的產物。真正的渴望是獨立於你身處的環境。即使環境改變,你依然會有這種渴望。我將這種人類特性稱為**「動態衝動」**(Dynamic Urge),來自於個人自身產生的渴望,而非任何其他因素的結果。

在動態衝動裡,渴望會以不同的形式或框架(frame)出現。描述這些框架的最佳方式是想像一台攝影機的運作。如果攝影機正在拍**極特寫**的鏡頭,螢幕上將充滿細節。如果將攝影機拉遠,拍攝畫面就是所謂的**中景**,我們將看到形狀輪廓和結構模式,並理解畫面中各個元素之間的關係。如果把鏡頭再拉得更遠,拉到**極遠景**,細節就會幾乎消失,我們可能甚至不知道自己到底在看什麼東

西。你可以將這三種攝影機的位置,當成思考某件事情的不同框架方式。

特寫框架:本能與衝動

以這個比喻來看,動態衝動的極特寫鏡頭對應的是食慾、本能和衝動。

> 食慾、本能、衝動

我們都認識一些人,他們的生活全圍繞著食慾和衝動運轉。羅瑟琳和我曾經認識一位非常胖的英國紳士,他的生活幾乎只有美食和美酒。他是我們的鄰居,我們很幸運經常獲邀參加他所舉辦的各種盛宴。他會提供最美味的烤肉、禽類大餐、魚類食物,還有各種充滿異國情調的餐點和稀奇古怪的甜點。當然,這些都得配上他巨大酒窖私藏的頂級葡萄酒。

我提過這位先生很胖嗎?他的體重超過一百三十公斤。某天宴會結束後,他告訴我們夫妻,醫生警告他一定要戒掉這種飲食和飲酒習慣,也勸他要戒煙。他坦言自己還辦不到,但他也透露,醫生已經明確告訴他,再不改變生活方式,他的生命將會受到嚴重威脅。他才三十多歲,但看起來卻比實際年齡大了許多。他對滿足眼前口腹之欲的執著,遠遠超過了對長壽健康生活的期望。

對於專注於食慾、衝動和本能的人來說,時間似乎是以一段一段的短暫片段在流逝的,長期的時間框架對這些人而言,根本難以

想像。

前陣子我看了一部悲傷的紀錄片，主角是一群街頭青少年，這部片也正好說明了這一點。片中許多青少年感染了愛滋病，他們吸毒、賣淫，營養不良，也沒有地方睡覺。被問到對未來的想法時，沒有一個人認為自己有未來。他們大多無法想像自己能活過二十歲。對於這些孩子來說，時間快速流逝而且非常壓縮。他們的生活只剩下食欲的本能和衝動，所謂長期規畫人生的概念，對他們來說根本難以想像。缺乏長期的時間概念、對未來的想像，這群悲慘的年輕人幾乎沒有動力去改變他們自我毀滅的習慣。

在這種動態衝動的特寫視角下，渴望必須馬上獲得滿足。凡是無法在短時間內迅速解決的事情，便很難完成。以結構性張力的概念來看，這些人無法忍受長期目標與當前情況之間的巨大落差。因此，他們無法投入需要耐心長期發展的計畫。一個聚焦於特寫框架視角的人，很難建立事業、譜寫交響曲、拍攝電影、開發產品、管理一個團隊、種植花園或寫一本小說。凡是需要長時間持續發展與耕耘的計畫，對這些人來說都是相對吃力的。

但我們可以改變框架。就像攝影機可以從特寫移到中景，我們也可以後退一步，從更廣闊的視角來看待事物，動態衝動也能被重新聚焦。在動態衝動裡，對我們作為創造者而言，有兩個最重要的因素會占據主導地位，亦即抱負和價值觀。

中景框架：抱負與價值觀

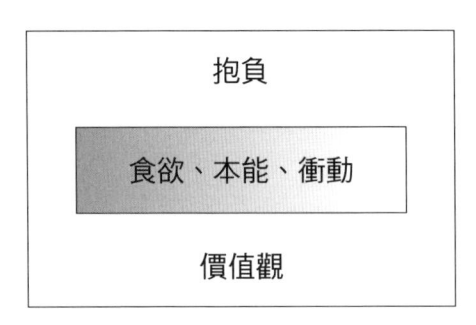

```
┌─────────────────────────┐
│         抱負            │
│  ┌───────────────────┐  │
│  │  食欲、本能、衝動  │  │
│  └───────────────────┘  │
│         價值觀          │
└─────────────────────────┘
```

　　隨著把畫面拉遠到中景鏡頭，我們的時間感會跟著擴大，這時就能夠以更長遠的時間框架來思考：數週、數個月、數年，甚至數十年或更久。最遠大的抱負往往需要時間去創造和耕耘。不僅羅馬不是一天造成的，職涯的累積、組織的發展、技能的精通，甚至人際關係的經營，都不是兩三天就能一蹴可幾。如果人們對生活中的結構性張力缺乏容忍度，而且對於快速滿足渴望的需求很高，那麼他們根本無法開始思考那些需要時間醞釀的未來抱負。但是，一旦我們開始思考長期目標，便能夠理解，許多美好的事物都需要時間，明白這點後，就會有動力更願意投入時間去實現它們。這時，就不會再輕易被那些無助於我們實現長期目標的短暫快感所動搖。

抱負

　　許多教育者都會遇到一個困擾，那就是他們教授的科目對學生來說在當下並無用處。如果學生的動態衝動處於特寫框架中，他們會認為現在學的東西與自己的生活無關。然而，學習本身就是需要

花時間逐漸累積的過程，無法快速滿足即時的渴望。

對這些學生來說，最好的方法就是，幫助他們把動態衝動的框架從特寫鏡頭拉遠到中景鏡頭。如此一來，他們便能將渴望重新聚焦在更長期的抱負上。我們可以教導並鼓勵學生，以未來幾個月甚至幾年的時間為單位來思考，而不是侷限在明後幾天或接下來幾週。這不僅僅只是問一句「你的人生要用來做什麼？」，而是真正的探索，引導學生從更長遠的宏觀角度來思考時間與人生。從這個視角來看，他們將會看到自己真正的抱負。一旦了解到某些目標需要付出大量時間和努力，他們就會開始產生動力，願意付諸行動長期奮戰。

有時，人們會如此形容這樣的轉變：「他覺醒了。」或者「她是個大器晚成的人。」這些學生原本對自己的生活漠不關心，突然全副身心投入學習，只因他們渴望實現內心的抱負與理想。

價值觀

價值觀（values）是動態衝動中景框架的另一個重要面向。這是人生中最重要的組織原則之一。

什麼是價值觀？價值觀可能包括真理、公正、善良等特質，也可能涵蓋舒適、樂趣、避免衝突和參與感等。

要如何認識自己的價值觀呢？我們可以藉由價值觀之間的衝突來了解它們。價值觀是相對的，這個詞本身就帶有「衡量」的意味。在藝術學校裡，學生作畫時會進行所謂的「明暗值研究」（values studies）。這些畫作只用單一顏色來練習，譬如藍色或棕

褐色。透過這個方式，學生探索色彩明暗之間的關係，因為明暗的層次變化能在平面上創造出立體的錯覺。藉由這項訓練，學生會學習到如何判定哪些元素是主要的，哪些是次要的。

同理，我們在決定什麼事比較重要、什麼事比較不重要時，也是類似做法。例如，假設你有兩個價值觀，一個是真實，另一個是善良。某天，你前去探望病危的祖母，如果「真實」是你更看重的價值觀，你可能會說：「天啊，奶奶你看起來糟透了。」但如果「善良」對你來說更重要，你可能會說：「天啊，奶奶你看起來好極了。」你所選擇說的話，實際上已經決定了哪個價值觀是更優先的，哪個是可以暫時放一旁的。當價值觀產生衝突時（這種情況經常發生），你就需要做出選擇。如果你不做選擇，很可能會說出像是「天啊，奶奶，以一個快死的人來說，你看起來真是好極了！」這樣荒謬的話。

在動態衝動中，價值觀並不是由情境所塑造的，不過在不同的情境中，可能會有不同的價值觀在相互競爭，使其重要性呈階層排列，讓某些價值觀在特定情境下顯得更重要。真實與善良可能都是你所擁有的價值觀，這些價值觀是內在生成的，沒有人需要教你這些東西。

關於「價值觀可以被教導」的說法，教師兼音樂家諾瑪・凱爾西（Norma Kelsey）曾說道：「我在菲德里克的學校任職二十多年，那裡有一門名為『品格重要性』的課程。當地所有的政治人物都大力支持這個課程。教導誠實、關懷等良善的價值觀成了所有老師的責任。當然，這實在是太荒謬了。孩子們本來就有他們自己的良好

價值觀！」

教導價值觀，最近成了一個浮誇的政治主題，卻根本無法執行。因此，雖然那些選舉候選人高呼：「我們必須教導孩子們家庭的價值！」但事實是，孩子們本來就會形成自己的價值觀，而且通常是非常正直良善的價值觀。**他們需要學習的是，如何善用自己真實的價值觀，並以此為基礎做出好的決策。**

讓我們調整一下政治候選人的論點，改為：「我們需要教導孩子如何以**自己的價值觀**來過生活！」雖然這聽起來不太適合競選演說，候選人可能會因此慘敗出局、輸掉選舉，但至少這位政治人物是誠實的。

你內心最崇高的抱負與最重要的價值觀，就是你最真實的渴望。當你的行為舉止與這些信念背道而馳時，就會感到自己不像真實的自我。

動態衝動的中景框架，是規劃人生最強大的視角。羅馬不是一天造成的，你的抱負也並非在一天內就能快速實現，但是從這個框架出發，你會走在正確的道路上。

遠景框架：模糊的夢想與憧憬

當我們把畫面拉遠至遠景鏡頭，焦點就會變得柔和且模糊。這時我們很難看清想注視的事物。在動態衝動的框架中，我們進入了一片模糊夢想與憧憬的領域。

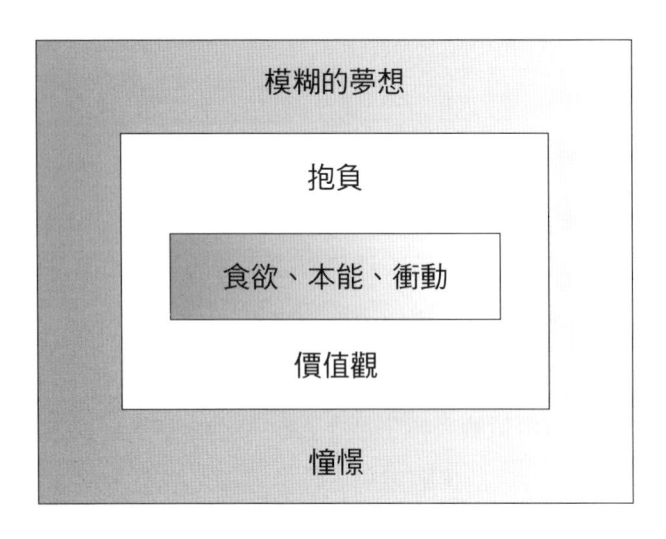

```
┌─────────────────────────────────┐
│         模糊的夢想                │
│   ┌─────────────────────────┐   │
│   │        抱負              │   │
│   │  ┌───────────────────┐  │   │
│   │  │  食欲、本能、衝動  │  │   │
│   │  └───────────────────┘  │   │
│   │        價值觀            │   │
│   └─────────────────────────┘   │
│          憧憬                    │
└─────────────────────────────────┘
```

　　我們在生活中都認識這樣的人,他們對未來總有一天要做的事抱著模糊的夢想或希望——譬如寫一本偉大的小說、去大溪地畫畫、發明一套會徹底改變我們理解數學思路的電腦程式、搬到鄉下過簡單的生活等。

　　對這些人來說,時間確實是無比漫長的,漫長到他們的目標還處於遙遠的未來。漫長到他們難以根據這些美好的想法來規畫實際行動。這些夢想和憧憬是如此不清不楚,以至於他們無法知道自己到底確切想要什麼。

　　這些渴求是真實存在的,但是缺乏足夠清晰的聚焦。當目標過於遙遠,就很難對準靶心直直前進。

改變框架：選擇的問題

幸運的是，我們可以改變框架。當你把模糊的夢想和憧憬，轉為具體的抱負與價值觀時，你會突然看到一些有機會發展的方向。

以下是有助於改變框架的幾個小建議：

- **改變時間框架**：不要總是停留在「總有一天」這種模糊的未來，而是開始思考一些可以在接下來數週或數個月內完成的具體目標。
- **將創造具體目標的第一階段視為練習**：選擇一些相對簡單、在能力範圍內的目標，並列出一系列能顯示進展的步驟。
- **選擇你想實現的結果，但不必是你人生最重要的目標**。在練習過程中，不要給自己太大壓力。

當你開始要創造了，卻不知道自己想要什麼，該怎麼辦呢？很簡單，**從小事開始**。

每個人都有很多想要的東西、想做的事情，包括那些生活中的小願望——與朋友在晚餐派對同歡、重新布置房間、安排一趟主題樂園的週末旅行，或是種一棵番茄樹，讓它整個夏天都能結出新鮮的番茄等等。

對於那些抱有「完美救星」情結的人，也就是那些似乎無法明確思考自己想要什麼的人，以下是一些忠告：如果你總是從投資回報的角度來看待目標（也就是「它能為我帶來什麼」），你可能無法

體會那種「單純因為某件事物本身有趣,所以想要得到它」的快樂。在你開始思考人生最崇高的抱負之前,先想想一些比較不那麼雄心勃勃的事。還記得那個古老的故事嗎?一九四〇年代有個人來到紐約,想找卡內基音樂廳(Carnegie Hall)卻迷路了。於是他攔下一位路人問道:「請問卡內基音樂廳該怎麼去?」而那個人正好是著名的指揮家阿圖羅・托斯卡尼尼(Arturo Toscanini),這名大師回答:「練習!」

就是這麼簡單,練習!

如果你不習慣思考自己真正想要什麼,那就先練習,在嘗試全力以赴之前,多多練習。其實你心中有很多想要的東西,但它們未必都是那種驚天動地的偉大事物。人們經常以為,自己追求的東西必須志向遠大、超級重要、意義深遠、有深度,而且要閃閃發光。如果你也這樣認為,那麼請拋開這種印象。你可能擁有一些渴望,而它們不屬於「人類最偉大的雄心壯志」這類範疇。

如果那是一個**真實的**渴望,你永遠不必去尋找它,它自然就會在那裡,你不可能錯過它。如果你一心執著於尋找一個宏大的目標,那麼你就踏入了某種純粹理想化或虛構的領域。你被嚴重誤導了,因為你認為自己想要的東西必須具備某種特定的規模。你正在用錯誤的標準來衡量自己的目標,你並非在與自己真正的渴望建立連結,而是執著於一個你自以為「**應該渴望的**」的理想形象中。

如果你正處於這種情況,讓我幫你省去多年挫折、失望和失敗的冤枉路吧。**放棄吧!**停止努力尋找那些輝煌的渴望,試著放低眼光,直到你能看見自己真正的、真實的渴望。不要再尋找所謂的人

生使命，或是傻傻相信命運應該引領你前往何處。也不要再執迷於那些能帶來人生意義的渴望。

從小事開始吧，從那些你知道自己**真心想要**的東西開始。如此一來，你將會慢慢體驗到，創造出所謂你真心想要的事物是什麼感覺。這種經驗的累積多了，能幫助你逐漸培養出一種直覺，了解真實的渴望如何運作。

這種直覺會在你開始思考人生的長遠抱負時派上用場。唯有經過一段時間的練習和實際體驗之後，你才會真的準備好探索更廣闊的領域。

到那時，你不會再抱著過去那種錯覺，認為所謂的抱負是你必須找到的「完美救星」，只要有了它，就能成就人生的一切。相反的，你會發現那些真正對你深具意義的目標，你之所以在乎，不是因為它們能為你帶來什麼，而是因為你願意為此付出。

你愛你所愛的，因為那是你所愛的。你渴望你所渴望的，因為那是你所渴望。你可以選擇讓這些愛與渴望成為生活的重心，以此為基礎來組織建構，也可以選擇不這麼做。

選擇意味著你可以去做，也可以不去做。所以，如果你選擇讓真正的渴望成為生活的核心，那是你主動選擇的一條路，但不是非走不可的路。沒有任何保證，也沒有任何幸福或讓人滿意的承諾，只有一種體驗，那就是你走了一條正確的路，一條終於讓你覺得真實的道路。

生命奔流不息、奮力前行，一路隨著時間河流不斷推進。這是生命本身在努力主張、開展，並呈現其存在的深刻動力。而渴望，

就是人類對這種動力的表達。渴望是一種創造性的火花，一份神聖的禮物，讓心靈和靈魂能夠超越當下，展望一個帶著過去無法想像之可能性的宇宙。它是創造過程的靈魂和精神，它是真正屬於你的。沒有人能將它給予你，也沒有人能把它從你身上奪走。但是，有時候，我們卻會自己選擇放棄。

將生命的精神帶入你的生活

在卡洛‧金（Carole King）的經典歌曲《你有個好朋友》（You've Got A Friend）中，有一句很棒的歌詞令人難以忘懷：

如果你允許的話，他們會奪走你的靈魂，
但不要讓他們得逞，絕對不要。

生活中，有太多事情彷彿都在消磨我們生命的靈性。有時，我們可能會感覺靈魂好像被抽走了，或者不得不將靈魂深藏起來，好讓它得以生存。

造成此現象的其中一個原因是，社會在某些非常基本的層面上，要求我們必須從眾。當然，學會與人相處、適度自我調整去配合他人，以及融入社會體系正常運作等，確實有其價值。但我們不能讓社會、他人，或是自身的恐懼與自滿，掩蓋掉我們性格中最有趣和最核心的那部分——真正的精神。

你那份真正的精神，始終鮮活存在，它一直在等待可以好好表

達的方式與機會。它是你動態衝動潛在的一股力量。它渴望發聲，也渴望被聽見。

你的精神是自由的、美好的、善良的、正直的。同時，它也帶著一絲惡魔的成分。它是聖者，也是小妖精。它聰明傑出，輕拍翅膀就能飛翔到最高之境，也喜歡戲弄人，常會調皮地指出國王沒有穿衣服。它是頑皮與善良、冷酷與熱情、酸楚與甜美的結合，不只可以像閃電般迅捷，也可以如禪宗大師般極具耐心地引導學生走向開悟。它是你的內在智慧、你的老師、你的燈塔、你的朋友、你的真理基石、你的崇高德行，以及你的盟友。問題是：它是否在你的生活中占有一席之地？

如果沒有，你可能會覺得與自己的靈魂有某種程度的脫節。你可能會感到不太真實，有些迷失、孤立，甚至要被擊敗了。

若是沒有這份精神的存在，你的人生怎麼成為藝術呢？那將會如同食之無味的食物、沒有觸感的撫摸，或是一個沒有笑點的無聊笑話。

在約翰・法蘭克海默（John Frankenheimer）執導的電影《諜網迷魂》（*The Manchurian Candidate*）中，勞倫斯・哈維（Laurence Harvey）飾演一個不討人喜歡、拘謹、神經質且充滿悲劇色彩的角色。然而，電影中最令人動容的一幕，是他對法蘭克・辛納屈（Frank Sinatra）飾演的角色坦白了他人生中唯一一次喜歡自己的時刻，那就是他墜入愛河時。那段經歷徹底改變了他。儘管他的個性充滿缺陷，依然能找到自己最真實的精神。儘管他一輩子都是個性格狹隘的人，但他那份真正的精神其實一直潛伏在表面下蠢蠢欲

動，渴望被看見，直到他墜入愛河的那一刻才終於爆發出來。正因為這個片段，身為觀眾的我們才開始關心這個角色。在此之前，他只是一個有戲劇性的謎團，等待辛納屈去解開。

你不需要去刻意培養這種精神，你要做的是給它一個家。讓它安住在你心中成長茁壯，引領你活出最美好耀眼的模樣。

在藝術作品裡，我們時常可以看見創作者將自己的精神注入作品中。這份精神越濃厚，觀眾就越能夠感受到創作者所要表達的東西。電影導演法蘭克・卡普拉（Frank Capra），曾執導過《華府風雲》（*Mr. Smith Goes to Washington*）、《風雲人物》（*Meet John Doe*）、《一夜風流》（*It Happened One Night*），以及經典聖誕電影《生活多美好》（*It's a Wonderful Life*）。在他的人生中曾有過這樣一個時刻，他發現自己有能力在電影中表達出最重要的內容，然而，他擔心自己如果開始傳遞訊息，就會破壞藝術的本質。當時他正處於事業巔峰，剛獲得奧斯卡最佳影片獎與最佳導演獎，還拿到一份以當時來說算是史上最優渥的導演合約，但他隱約覺得到內心深處的精神找不到一個出口，對於自己究竟該怎麼做感到很疑惑。在某次與馬克斯・溫斯洛（Max Winslow）的對話中，他說：

「我不在乎你要不要聽，或者你覺得這很老套。但導演擁有向數億人說話的力量，而且是整整兩小時，在黑暗中。好吧。但這個導演卻不知道該說什麼。我該放棄娛樂，改拍那種有一堆說教訊息的電影讓觀眾無聊死嗎？⋯⋯我到底要在黑暗中花兩個小時對人們說教些什麼？上帝？愛國？手足之情？母愛的偉大？天哪！這些都

是老掉牙的陳腔濫調。」

溫斯洛聽了之後回答道：

「哇，哇，哇！你成長了——一點點耶。但你還有很長的路要走。許多偉大的戲劇和書籍都在講那些老掉牙的陳腔濫調，譬如貪婪、野心、偏見、虛偽等。關鍵在於是誰在寫它們。去讀讀莎士比亞、托爾斯泰、《舊約聖經》吧。記得我跟你說過的嗎？你那農夫的靈魂裡有些東西想要爆發出來，但你卻太害怕讓它釋放。我不是農夫，我不知道你內心的傷痛是什麼，但是釋放它吧！當然不是用說教的方式，你這個傻瓜！而是用娛樂形式。」

從那時起，卡普拉開始嘗試在每部電影裡向觀眾表達深層的人類精神。他的作品都會有一個戲劇性時刻，主角跌到谷底，穿越死亡幽谷，然後獲得重生的機會，並找到隱藏在內心最深處的重要精神。正因為這份發現，主角得以在劇情高潮中實現自我救贖。

卡普拉的電影一點也不老套，因為人類內在最美好的精神救贖永遠不會老套。而許多現代導演，包括最趕時髦的那些人們，都說過希望在個人職業生涯中拍出一部「卡普拉式的電影」。他們想要遇到那個神奇的時刻——當藝術能夠喚醒我們靈魂中那份神聖精神的瞬間。

那麼，如何讓這份精神進入你的心中，並且真正地成為生命的一部分呢？

首先，要記住它。

它曾經在重要的時刻出現過。也許它曾出現在你年幼天真的某個聖誕節早晨。當時小小的你有些奇特的想法，你知道空氣中隱約存在著一些美好的東西。你不知道那東西確切是什麼，但你感受到了那份精神。

或是在某個生日，你知道那是屬於你的特別日子，你的出生是重要的，那股內在的精神歡欣鼓舞地為你慶祝。

或者，是當你墜入愛河的時候。也可能是第一次看到日出，第一次嘗到巧克力餅乾的滋味，第一次的甜蜜之吻，又或者是一個你記不太清的夢境，但那種幸福快樂的感受包圍著你，彷彿時間暫停，持續了整整一個小時甚至更久。

許多人可能會說，這些都只不過是不成熟的幼稚經驗。隨著年齡增長，你需要長大成人──這麼做通常意味著你將變得厭倦、世故、憤世嫉俗。**如果你允許的話，他們會奪走你的靈魂。但不要讓他們得逞⋯⋯**

就在日常生活的表層底下，有一種更深層次的精神，它是你活著如此不可或缺的一部分，以至於你總會本能地認出它，並在知道它的存在時，感到欣喜若狂。那份精神永遠年輕，永遠充滿智慧與成熟，永遠是最真實的你。

選擇讓它進入你的生活。

要做到這一點，先決定你是否願意讓它存在於你的生活中。願意讓它發出聲音。即使在重要的會議上，也願意試著讓自己跳出眼

前的情境，看見生命精神更深層的真相。當你試圖掌控全局，變得更加堅定與嚴肅時，不妨一瞥人類處境的荒謬、這個「宇宙的玩笑」──領悟無論此刻的境況如何，我們始終有一個珍貴的內在寶藏，能製造出屬於自己的彩虹。當它豐盈地呈現時，要留心注意它。當它隱藏於視線不可及之處時，則要努力去尋找它。

深入審視自己內心。

你的內心深處其實蘊藏著強大的力量，能成為自身精神的源頭。那些深層的力量是可以探索並加以培養的。我們在下一章會更全面地探討這個主題。

敞開心扉，讓它在你的生活中自由展現。

當你對更深層次的精神保持開放，並選擇讓它進入你的生活時，它會找到自己的方式來表達自己。你不需要去刻意控制，只要為它預留一個位置，讓它成為生活派對中的優秀夥伴。雖然如果你允許的話，他們會奪走你的靈魂，**請不要讓他們得逞，絕對不要。**

CHAPTER 04
深入探索自我

☺ ● ☺

　　許多上過我們節目《創造》的來賓都說過,他們曾遇見一些獨特非凡的東西,為他們的創造過程提供了能量。歷史上的許多藝術家也曾提過某種超越表面的感知,似乎來自另一個維度。一旦深入探索,他們會被賦予創造力,不僅改變了他們的藝術,也改變了他們對自我的理解,並在內在世界創造出意義、洞見與覺察。

　　當你把生活當成藝術來創造時,身為藝術家的你,可以更深入探索內在,而這個行動很可能會徹底改變你。但是當我們探索這一步時,我們必須格外小心,要非常小心,因為我們很容易會陷入心理上的妄想、哲學上的空談,以及靈性上的過度揣測,這些都會妨礙我們看清事物的真相。

　　我們人類有個常見的思考缺陷,當我們經歷了某些無法用言語形容的事物後,就會急著試圖用言語去描述它。然而,語言往往無法精確傳達那些經驗,但我們卻會開始關注語言本身,而忽略了它

們本應指向的原始體驗。

當我們探索自身更深層的內在世界時,不應該讓這些體驗受限於我們用來描述其經歷的語言。更重要的是,我們也不應該讓別人描述自身體驗的語言,成為影響我們自身探索的偏見來源。他人的語言,不該成為我們的目標。如果過度執著於語言,談論這類經驗的描述語言很容易僵化,變成某種哲學或世界觀。這些想法會逐漸凝固成僵化的觀念或思想。最初的真誠探索,可能會淪為一場印證既有想法的行動。如果我們尋找的,只是那些可以確認我們預設立場的經驗,那就不能稱上是一場真正的探索。

因此,在撰寫這部分內容時,我試圖為你內在的真誠探索指出方向,而不是任由你基於別人的經驗分享或是現有觀念,獨自無聊進行一場簡單搜索任務。

要真誠地探索內在世界,我們需要學習用十分特別的方式來看待自己。我們必須採取一種極不尋常的態度或取向,那就是:**只是靜靜觀看,而不去追尋任何事物。不去尋找任何東西,甚至也不期待任何東西。**

如果我們一開始的目的是尋找一些「美德上的財富」,譬如啟蒙開悟、內心的平靜、最大幸福感等等這類事物,那麼就可能無法真正去發現本該被我們發現的東西。這種預設目的會讓我們設下既定標準來衡量成功,從而限制了我們的探索。如果你只是在尋找一隻大象,你可能會錯過眼前的小老鼠;而如果你只是在尋找一隻老鼠,你也可能會錯過眼前的大象。

不帶目的，單純地探索

記住一個非常有益的原則：要讓它成為**真實的**，那我們一開始就不能帶著目的深入探索內在，特別是那些要求我們「應該找到某種東西」的目的。帶著目的開始，等於是在操縱這場追尋之旅。我們所發現的東西，其實很可能是為了滿足迎合自己的假設而出現的產物。

然而，在我們的社會中，有無數的書籍、文章討論、工作坊、老師、權威人士、名門大師、專家、大眾靈性導師，以及電視名人等，他們都很樂於告訴你，在探索更深層的自我內在時「應該看見什麼東西」。

因此，我們很容易產生一種印象，以為自己必須學習並體驗他人已經獲得的答案。我並不懷疑那些作者的經驗或熱情，但我們必須避免把他們的觀念當成個人的行動指令。這就是為何在這部分的內容中，我會避免直接分享自己深入內在時的個人體驗。因為我希望鼓勵你自己去觀察，而非試圖去看見我所看見的東西。

我們所發現的任何東西，都必須是**因為它本來就存在**，而非我們或他人根據預設觀念而發明的產物。如果我們不把目標放在追求靈性上的進步、心理問題的解決、獲得神祕體驗、發展更大的能力，或者尋求生命的終極答案，那麼我們反而更有機會能真誠地探索自己未知的內在世界。因此，當你要開始探索之旅時，請先放下所有預設的期待吧。

為什麼要去觀察、探索，而不是去尋找以上列出的種種迷人好

處？這是一個很好問題。

一個好答案是為了**真相**……為了真相本身。我們或許可以把這段旅程稱為——**對真實的無目標追尋**。

探究的本能

我們內心有一種本能，渴望深入探索生命的本質。我們想知道山的另一邊是什麼，海底下隱藏了什麼，外太空存在什麼祕密，甚至連朋友的浴室櫥櫃裡藏著什麼也感到好奇。好奇心會以各式各樣的面貌呈現，其中一種最本能的形式就是探索自身的內在世界。

這種本能不會因為你有信仰就輕易得到滿足。我們甚至可以說，信仰可能會阻礙我們深入探索自己，因為當你以為自己已經知道某些事情時，你就不大可能會繼續探索、提出關鍵問題、深入挖掘並探究更多可能性。

許多信仰會讓人產生一種以為自己「知道些什麼」的錯覺，但他們其實並不知道。這種錯覺往往有強大的說服力，以至於讓人相信現實與其信仰完美一致，彷彿一切毫無疑問。如果有一件事是不容置疑的，那麼又何必提問或探索其他可能性呢？

超越信仰

要創造你想要的生活，你相信什麼其實並不重要。最應該先認清的重點是，你的信仰與深入探索自己，這兩者之間並無關聯。你可以是個無神論者，也可以是相信上帝之人，或者是個不可知論

者。你可以是個神祕主義者，也可以是個唯物主義者。你可以相信死後有生命，也可以相信死亡就是最終的終點。你可以相信生命有其目的，或者毫無目的。相信人類在精神與靈性進步的正軌上，也可以認為人類世世代代都困在重複模式的迴圈裡。你可以相信宗教，相信科學，或兩者都不相信。你可以相信命運，或是相信隨機的混亂。深入探索自己並不需要你持有正確的信仰。

有人可能會認為，信仰會決定我們的所做作為，但如果我們更仔細探察，就會發現人類其實有一些驅動力，遠遠比其信仰本身更強大。

有些人認同獨身禁欲，卻並未真正實踐。有些人相信民主，卻未必定期投票。大多數的人都可能同時擁有某個信仰及其對立的觀點。我們的信仰並非總是與行為保持一致。

確實，人類經常因信仰不同而彼此爭鬥，一些歷史上最殘酷的戰爭就是宗教戰爭，而交戰雙方之間的主要差別，往往只是同一個基本信仰的不同詮釋與立場。

人們也會為了哲學、美學標準、人性的本質、科學研究到底是利還是弊等議題爭鬥不休。

如果我們執意要爭，永遠能找到各種互相矛盾的信仰來爭鬥。因此，如果我們想要更深入地探索自己的內在，就希望能發現比信仰更實在、更根本的東西。

由於在探索的開始階段，重點是**不要**帶著「我可能會發現什麼」的預設觀念，因此你必須暫時擱置自己的信念。這並不是要你放棄信念，而是你不應在探索的過程中用上它們。在進入內在世界

時,請將它們留在門外。如果在探索結束後,你仍然覺得需要它們,隨時可以取回。

我們不應該尋找的東西

為了讓這場尋找之旅是真實的,有些東西是我們不該尋找的:

- 我們不應該尋找解決生活問題的辦法——儘管有些生活問題可能會消失,或即使它們仍在,也會變得無關緊要。
- 我們不應該尋找人生的意義——儘管隨著我們更深入地探索自己,可能會找到某種意義或目的。
- 我們不應該尋找救贖——儘管我們可能會發現自己在過程中獲得了救贖。

探索,但不是為了找到一個答案,而是去看看那裡有什麼。

更深入觀察

那麼,我們應該如何更深入地去探索、去觀察呢?

你可以靜心冥想、自我反省、思考、向自己提問、觀察,並對內心最真實、最深處、最崇高美好的那一部分保持開放。這種開放並非是為了追求某個目標,只是提供一個可以深入探索的領域,讓你有機會看看還有什麼值得被發現。

不要只看一次,而是這輩子都要持續這麼做。凡事重新思考。

重新思考你認為自己知道的事情、自己得出的結論、形成的觀點、假設的基礎，以及對過往經驗的解釋。重新思考那些古老的問題：生命的意義是什麼？或者更好的問題是，生命有意義嗎？

這種方式的觀察就像是一場單人飛行，是專屬於個人的旅程。當人們聚集在一起，在集體焦點下，可能會出現許多深刻的經驗。例如，在集體的靜心冥想或正式的宗教儀式中獲得靈性體驗；在福音音樂會或搖滾音樂會中感受到精神振奮；或者在電影院和劇場中觀看一部精彩的電影、觀賞一齣好戲時，體會到人類生命經驗的深度與崇高。這類集體經驗著實美妙而且重要，常常觸動人心、直擊靈魂。然而，我們要討論的這種「更深入的內在觀察」處於另一個層次上。獨自的探索並不能取代集體經驗，同樣地，集體經驗也不能取代個人的探索。

當你更深入地觀察自己時，可能會有這樣的體驗：你進入了某種⋯⋯「東西」的存在狀態中。你可能會從宗教的觀點，或世俗的視角，或形而上的觀點來看待這種狀態，但無論你如何努力描述，它都會在你詮釋的過程中喪失某些東西。

這種東西、這種能量、這種精神、這種存在的狀態並非透過尋求而來，而是透過允許而來。

一方面，我們可以透過保持開放的心，使這種體驗成為可能，但是開放心態的矛盾本質，意味著我們也必須對這種體驗的「**不發生**」保持彈性。

所謂「無目標的探索真實」，並不是朝著一個目標前進，唯一的目標是看見本來就存在的事物，不論它是什麼。當我們能不抱任

何預設想法去觀察時，觀察本身會創造一種主動與被動的奇妙融合。觀察並不是被動的，但是對任何可能看見的東西保持開放，卻是一種被動的狀態。這種被動的行為創造出一種空白，或者說空間，可以被真正的觀察所填滿。

如果我們試圖用自己的概念填滿這個空間，就看不見那些真正的東西了。我們會把自己的信念投射到螢幕上，導致我們再也不可能如實做到觀察，因為除了那些自我建構的既定觀念，我們無法真正處於任何東西的存在之中。

然而，若我們不急於填補空白，而是單純去看，我們便能感受到、覺察到、體驗到、感知到那裡有什麼。這種開放的觀察有時會帶來發現。我們可能會感到豐盈，有些人會形容像是沐浴過，也有人稱為領受恩膏。有人並未試圖稱它為任何東西，因為無論怎麼說，都無法真實呈現它的本質。

這是一種好的經歷嗎？是的，但不要讓它成為你的目標。不要設下陷阱去捕捉它，不要試圖欺騙它，也不要過分美化或慶祝它。

我們的本性往往喜歡為某個事物賦予形式，但是在這樣做的同時，我們有時可能會不自覺削減了屬於它的某些特質。

透過不追求答案的純粹觀察，能幫助你看見當下存在的一切。對一些人來說，這可能意味著找到了神，而對另一些人來說，可能意味著找到空無。有人因此發現了內在的力量與決心，有人則因此有機會去面對內心最深處的存在性疑問。

對一些人而言，這引發了越來越多的問題。而對於另一些人，則可能導致問題的暫時停歇。

無論你發現什麼，你都會與我們說的所謂「生命源頭」更進一步連結。我們或許無法準確描述那是什麼，但許多從事藝術創作的人都在追求在創造過程能與這個源頭相遇。人類總有一種傾向是為其下定義，但我在這裡試圖描述的東西，是超越語言所能形容的。

　　對許多人來說，這是一種與神相遇的體驗。但也必須了解，這對許多人來說，它並不是個與神有關的經驗。沒有必要爭論誰輸誰贏，因為你發現了什麼就是什麼。一切的爭論都是沒有根據的。如果有人發現了神，那並無法否定另一個人發現其他東西的體驗。而如果有人發現了一些別的東西，也無法否定有人發現神的體驗。

　　「發現神」不是這個觀察或探索的目標。然而，如果你沒有帶著尋找神的目的去探索，卻找到了神，那麼是否能更恰當地說，是神找到了你？

　　如果你發現沒有什麼東西可發現的，那麼你發現的其實是「你所依賴的生命源頭來自你自己」，而你是可以自我生成的。這種「空無」可以幫助你將自己的生命當成藝術品一樣來創造，而找到神也可以幫助你將自己的生命當成藝術品一樣來創造。我們必須記得，每一種文化都有藝術，每一種信仰系統的人都在創造藝術。藝術的創造在哲學上是中立的，它並不依賴於你相信的事物，正如你不需要某種特定信念才能開車、滑雪、打棒球或進食一樣。

　　然而，如果你發現的是神或基督、佛陀、阿拉、白光、純粹的愛、能量、宇宙心智，或其他任何東西，那就真的是屬於你的體驗。這並不是因為你從他人那裡學來的，也不是因為你覺得它是個好主意。**它是屬於你的，因為它是你生命中真正的基石和支柱，也**

是你汲取生命養分的個人泉源。

透過這種深入的觀察與探索，你的生活將發生變化。它會變得更加真實且充滿活力，儘管這些好處並不是你探索的理由，這只是因為你與另一個不同的維度產生了連結，因而為你的人生增添了更多層次與色彩。

這是一種能量的來源嗎？是的。這是一種力量嗎？是的，但無論這是什麼，都不是你製造出來的東西，而是一種你可以對它保持開放，並有機會喚醒的存在，不過「喚醒」這個字眼或許過於強調主動性，並無法完全準確描述出它與你之間那種微妙、自然的互動關係。

試著想像以下的事：你的內在有某種東西，當你更深入地觀察自己時，有時你會找到它。找到它的方式，是藉由觀察存在那裡的一切，而非透過尋找而來。換句話說，如果你對於眼前的一切保持開放，而且它確實存在，它就會顯現。

CHAPTER 05
認識現實的框架

☺ ☻ ☺

　　多年前,我曾在電視節目《60分鐘》(*60 Minutes*)裡看到一個專題報導,以一位精神科醫師為專題主角,他專門治療走不出喪親之痛的病人。他的做法是與每位病人密集相處一週,在這段時間內,所有的對話與治療都會圍繞著「現實」這個主題。

　　在節目中,他所幫助的對象是一名母親,她的十五歲女兒在多年前去世。這個女子曾試過多種治療方法,盼望能減輕內心的痛苦,但沒有任何方法管用。而那期的《60分鐘》如實呈現了那名醫師與深陷悲痛的母親之間的互動。

　　在其中一個場景,精神科醫師與這位母親坐在桌子旁。他擺放了一些女孩生前的物品,然後請那名母親拿起來並說出那些東西是什麼。她一拿起物品,眼淚便撲簌簌流個不停。之後,醫生要她看著女兒的照片,然後說:「看看這張臉。」這位母親聽了之後哭得更厲害了,淚流滿面。醫師繼續說:「多麼美麗的一張臉啊。」母

親又哭得更兇了,「對啊,多麼美麗的一張臉。」她附和道。接著醫師說道:「妳再也見不到她了。」

後來,節目畫面一轉,醫師與這位母親在一條鄉間小路上散步。他一邊走一邊對她說,她的女兒多年前已經溺水身亡。在這過程中,醫師用了很多種不同的方式要讓這名女人去面對這個難以接受的現實。有時,他的方式令人十分震驚,有時則是溫和勸說。他只是一遍又一遍反覆告訴她事實的真相,這件事情已經發生了,就是發生了。

然而,到了一週的尾聲,這位母親的心態竟產生了巨大的變化。她開始理解,儘管令人悲痛欲絕,但現實就是如此。此刻的她,不僅漸漸接受現實,更開始擁抱它──雖然這對她而言萬分艱難。她逐漸明白,過去已經無法改變,她一直試圖緊抓過去不放、想像女兒還活著的努力,終究是徒勞的。

真相讓人自由

當我們無法活在當下的現實中,就會被困在過去的幻影裡。通常,這是因為我們拒絕接受現實。之所以拒絕接受,是因為不喜歡。所以,面對那些無法接受的事情,我們的辦法就是盡量忽視現實。然而,隨著時間推移,我們一再否認過去發生的事實,導致「過去」與「現在」之間的隔閡越來越大。當這種情況發生時,除非我們重新與現實接軌,否則將無法真正創造自己的人生。

精神科醫師耐心引導這位母親重新熟悉、理解她所抗拒的現

實,僅僅經歷短短一週的事件回顧,她對過去的看法便出現了深刻的變化。在某種程度上,她彷彿重生了。當她拒絕接受女兒的死亡時,其實也同時拒絕了自己的人生。只要她一直不願面對殘酷的真相,她就無法繼續往前走。然而,一旦她鼓起勇氣去面對,便獲得了真正的療癒。

一年後,節目組再度回去探訪這位母親,看看她是否有帶著那份改變好好生活。結果顯示她確實改變了,她說自己永遠會想念女兒,但自從那一週的治療後,她已經能夠重新開始自己的人生。

真相確實有種力量,能讓人獲得自由。這種自由並不一定是讓人擺脫痛苦、悲傷、哀痛或折磨,而是即使我們心中帶著過去留下的傷痕,依然可以繼續前行,重新打造自己的人生。

當我們投身於創造過程,我們可以從一張白紙、一塊乾淨的畫布、一個空蕩的舞台、一卷嶄新的底片開始。就像唱片製作人常說的:「第二遍開始。」這代表我們永遠有機會再錄一個新版本的音樂。無論過去如何,也不管我們過去處理得多糟糕,生命永遠會提供我們第二次機會。這個機會不一定是一模一樣的,它往往是一個全新、不同形式的機會,讓我們重新與現實接軌,再次開始創造自己的人生。

活在現實之中,是人生是不可或缺的能力,但這需要訓練。有時,這可能代表著我們必須堅持捍衛真相的立場。

提升覺察力

我們一直在講真相,所謂的真相究竟是什麼?是否只是對現實的客觀認知?

客觀看待現實的能力需要培養。在藝術的悠久傳統中,學生所接受的訓練是必須不斷提升自己的覺察力。事實上,「提升你的覺察力」是我們在波士頓音樂學院求學期間反覆聽到的一句話。我們必須接受嚴格的聽力訓練,反覆聆聽錄音,學習分辨出樂曲中的管絃樂編曲、和聲、節奏、對位法、和聲中較不明顯的聲部或旋律線。然後接受考試,透過把這些音樂寫下來,來看看我們從錄音中聽到了多少東西,這稱為「錄音記譜」(record copy)。老師會親自示範,一聽到管弦樂團或大型樂隊的編曲,就以飛快的速度將樂曲寫在黑板上,確保我們知道到底要學會什麼本領。

音樂學院的老師一向以嚴格聞名。只要寫錯一個音符,成績就會從 A 變成 B,寫錯兩個音符,成績就是 C,寫錯更多的話,就不及格了。老師是這樣解釋的:如果在專業錄音室的環境中,必須因為我們的錯誤而修正某個音符,會浪費很多時間。在專業的環境下,時間不僅是金錢,還是一筆巨額的金錢。製作成本會因為我們的犯錯而增加。因此,老師真正想教給我們的事情是,我們每個行動都會伴隨一定的後果,所以必須學習如何提高覺察力。

多年之後,我有幸在伯克利音樂學院(Berklee College)任教,而昆西‧瓊斯(Quincy Jones)很久以前也曾是那裡的學生。那些學生時代曾與昆西‧瓊斯共事過的人,總會提到他的樂譜有多

麼完美無瑕。即使當時他只是個年輕人,就已經將自己的覺察力提升到了無人能及的完美程度。在他成為音樂界的傳奇人物之前,他早就已經是波士頓的音樂傳奇了。

藝術學生要經過嚴格的基本訓練,才能夠更清楚地看見現實。剛開始的時候,他們通常難以準確看見現實,而這會限制他們的繪畫與創作能力。即使是最有天賦的學生,也必須學會如實觀察眼前場景的真實面貌。

基蒙‧尼可萊德斯(Kimon Nicolaides)在其經典著作《自然的繪畫方式》(*The Natural Way to Draw*)曾提及,學習繪畫只有一種正確的方法,那就是完全自然的方法。這與任何花俏的技巧或技術無關,也與任何美學或觀念無關。它只和「正確觀察的行為」有關,我的意思是,透過所有的感官實際接觸各種類型的物體。如果學生錯過了這一步,而且沒有在最初的五年內加以練習,那麼他大部分的時間都等同是一種浪費,終究必須回頭重新開始。

畫家兼教師亞瑟‧斯特恩(Arthur Stern)則說:「頭腦會阻礙眼睛。這讓他們(學生)所畫出來的東西,是他們『預期』會看見的東西。」

藝術學生必須學習如何看見現實的真實面貌,因為在訓練初期,他們所看見的往往只是自己對現實的「概念」與想像。

面對這世界,我們會發展出各式各樣的印象、想法和理想。我們並非在細心觀看現實,而是將這些想法強加於自身的感知之上。正如福爾摩斯經常對可憐的華生說:「你看到了,但你並未觀察。」我們一開始或許都是華生,但我們必須成為福爾摩斯──不只看

見，還要觀察。

如果我們想要將人生當成藝術來創造，就必須提升自己的「視力」。換句話說，我們有必要更深入理解現實的真實狀態，讓頭腦**不再**是眼睛的障礙，正如斯特恩所說的那樣。我們必須從個人的概念、信念、理想、過去的經驗與理論中抽離，不再讓那些因素影響我們對現實的認知與解讀，轉而有意識的觀察，獲得更客觀的理解。

現實與結構性張力的關係

如果我們無法清楚地理解現實，就無法建立結構性張力，而那正是我們創造目標所需的動力。

如果我們能夠準確地框定現實，就如同拉滿弓弦，弓箭才會有足夠的張力瞄準目標。反之，若是我們對現實的理解不清不楚，這就像是鬆弛的弓弦，根本無法產生足夠的張力來射中靶心。

在操作機制層面上，確切地「框定現實」十分重要。當我們擁有正確的框架，就能知道如何妥善組織當下的行動，也會更清楚如何調整未來的行動與策略。

小提琴家之所以能準確演奏出音樂，是因為他們一邊拉奏，一邊仔細聆聽。他們會根據自己所聽到的聲音，不斷微調音高，以確保與自己和整個管絃樂團的音準保持一致。他們會採用一套回饋系統，亦即在演奏時對準一個音符，聆聽自己拉出的聲音，然後根據需要去調整、修正音準。

如果我們是個聽不準音律的小提琴手,在音準的掌握上就會面臨極大困難,因為我們無法辨別出自己所演奏的旋律與樂團其他樂手演奏的音樂之間的關係。聽不懂音調,在需要時就沒有能力進行修正。同理,如果我們缺乏準確理解現實的能力,就會妨礙我們從行動中隨機應變的學習機會,無法根據需要進行調整,最終將無法清楚理解自己當下處境與目標之間的落差與關係。

　　從取向的觀點來看,我們面對現實的方式,往往反映出我們的價值觀與潛在的個人問題。對大多數人來說,接受現實是一種後天習得的能力。現實並非總是令人愉悅的,也不一定是便利或令人寬慰的。

　　我們究竟有多想知道事情的真相,特別是當那個現實與我們想要的樣子互相衝突時?許多人都會在「渴望了解現實」與「希望降低矛盾衝突」之間反覆拉鋸。

　　我們人生中總有一些面對真相的時刻,真相赤裸裸擺在我們眼前的時刻。也是定義我們價值觀的關鍵時刻。如果選擇擁抱現實,即便它是殘酷或帶來不便的,我們當下所採取的行動就等同表達出一種價值觀——我們認為真相比避免衝突更重要,而透過這個行動,我們也定義了自己。有時,我們會意識到自己與親人相處時犯了錯,例如說錯話。這時,我們可以選擇承認錯誤並道歉,也可以選擇忽視真相,只為了迴避在面對錯誤時可能產生的內心衝突。再舉個例子,當家裡的青少年回家時間太晚了,明知道這會引發一場親子之間的爭辯,會有許多意見相佐與衝突的場景,我們還是可以選擇與孩子坐下來坦誠聊聊。相反的,若想避免令人不快的衝突對

峙,我們也可以假裝沒注意到他回家的時間。

若是在這樣的時刻,我們選擇迴避真相,就表達出了完全不同的價值觀——若情況對我們有利,我們會不惜扭曲真相。許多人從小就被灌輸一種觀念,認為自己太過脆弱,無法直接面對殘酷的現實。然而,事實是,我們完全有能力承受真相。我們擁有足夠的能力、堅韌與內在力量,可以直視原原本本的真相。而當我們**選擇**這麼做時,生活將會獲得一個全新的可能性。真相往往是突破現狀的前奏,有時人生會賜予這樣的機會給我們,讓一切能夠重新開始。

面對現實的紀律

我們覺得身體癢的時候會抓一抓,那是一種自然反應。而當我們覺得癢癢的,卻忍住不去抓,那就是一種紀律。

人類天生就會想避開痛苦與衝突,因此,尋求真相並非我們的本性,而是一種紀律。正如其他任何紀律一樣,這**不是**一件自然的事。當我們把生活當成一門藝術來打造時,我們必須掌握的其中一項紀律,就是在現實裡保有遊刃有餘、應對自如的能力。要做到這點,我們需要確切掌握現狀,並有效提升自己的客觀性、辨識力與覺察力。

從精神層面來看,現實是我們在當下唯一擁有的東西,而我們與現實的關係,將決定生命的發展是更加擴展還是更侷限。許多東方的修行方式,例如瑜伽與禪宗,都希望學生專注於「當下這一刻」的深刻理解與感知。在西方,藝術領域也有許多類似的紀律。其中一項重要的表演技巧突破,就是演員完全處於當下現實的能

力。在丹尼斯・霍柏（Dennis Hopper）與詹姆斯・迪恩（James Dean）合作拍攝電影《巨人》（Giant）時，霍柏曾請求迪恩觀察他的演技，並給一些指導。演出結束後，迪恩問霍柏剛才在做什麼，霍柏回答：「我專注於自己的演技。」迪恩接著問：「那你怎麼看待劇組人員呢？像是攝影師、燈光師、錄音師？」霍柏說：「我無視他們。」迪恩告訴他：「這就是你的錯誤。你應該注意他們，注意現場的一切，然後把這些東西都融入你的表演中。」

我們的專注能力是可以培養、擴展和雕琢的，有許多優秀的技巧能幫助我們提升這種能力。例如，有一種簡單的瑜伽靜心冥想技巧是靜靜坐著、閉上眼睛，然後專注於自己的呼吸，讓專注力被引導到呼吸上。幾分鐘之後，頭腦會逐漸變得敏銳，但整個人越來越放鬆。這種技巧有助於提升我們當下的覺察能力。

還有另一個我很喜歡的專注力技巧，同樣簡單好上手。找個舒適的坐姿，坐在直背椅上，然後閉上眼睛，來回深呼吸幾次，並將焦點放在其中一隻手。這時，唯一要做的就是注意那隻手。如果有其他雜念浮現，只要溫和將注意力再帶回手上即可。幾分鐘之後，你會慢慢感覺到那隻手的能量。再過一會兒，開始把注意力轉移到其他地方。從頭頂開始，讓注意力在那裡停留片刻，再轉向身體其他部位，額頭、喉嚨、胸口、腹部、雙腿，以及雙臂，最後再回到手上，讓注意力停留一兩分鐘。最後，再次深呼吸，放鬆注意力，靜待一、兩分鐘後再睜開眼睛。

這類的技巧能帶來許多好處。不僅可以放鬆頭腦、加強專注力，也有助於我們活在當下的現實之中，並提升覺察力。

框定現實

當我們開始運用結構性張力時,會遇到的其中一個挑戰是必須以不同的方式來思考。我們可能必須從線性、局部微觀的思考模式,**轉變**為多層次、多角度與全面性宏觀的思考方式。如何做到這樣的切換呢?

現在想像我們又拿起了那台老式的攝影機。運用這個譬喻,拍攝現實時我們可以選擇「特寫鏡頭」、「中景鏡頭」或「遠景鏡頭」。

我們平常往往習慣用某個固定的鏡頭視角來看世界。然而,就像我們可以調整自己的動態衝動,將注意力從食慾、衝動、模糊的夢想與憧憬,轉為更有方向性的抱負與價值觀,我們也能以類似方式重新調整觀看世界的「鏡頭」。

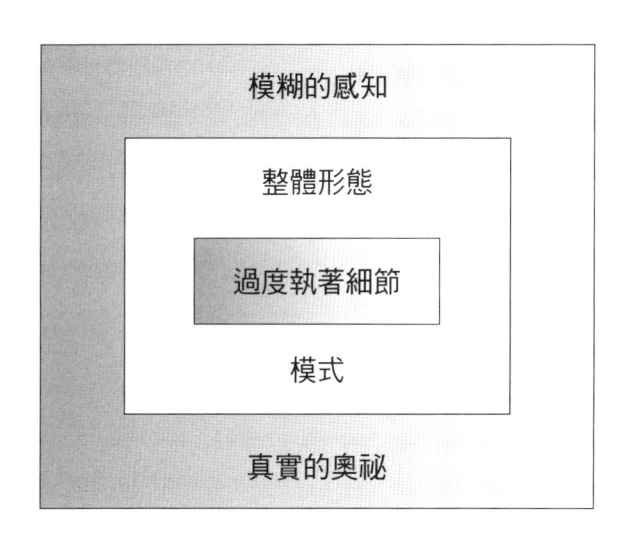

模糊的感知
整體形態
過度執著細節
模式
真實的奧祕

特寫鏡頭：即時事件與過度執著細節

有些人的生活習慣使用特寫鏡頭作為看待世界的方式，總是專注於眼前發生的事件。他們往往會過度執著於細節，而忽略了各種細節拼湊起來所隱含的意義。

而世界上有許多人，正是以眼前的即時事件與瑣碎的細枝末節，作為他們的參照框架。從他們對待時間的態度，就能看出這種特質。對這類人來說，時間彷彿是由切割成一塊塊的時間碎片組成的。他們關注的焦點常集中在細節和零散的資訊上，因此他們很容易感到不知所措，因為生活中總是有更多資訊，超出我們所能處理的範圍。

這些人通常認為世界十分複雜，難以駕馭。他們可能懷抱著遠大的抱負與崇高深刻的價值觀，但由於他們應對現實的方式，使其行動力受到極大的限制。儘管他們心懷抱負，卻往往只能被迫應對或回應當前的情境與問題。所以，這種人經常覺得自己一直在原地踏步，裹足不前。

不過，即使你這一生都很習慣以特寫鏡頭來看世界，好消息是，你仍然可以選擇將鏡頭拉遠。調整你的取景框架，選擇一個更有用、更有效果的觀看方式。

遠景鏡頭：長期的模糊感

如果我們將鏡頭拉得太遠，就無法清楚辨識眼前所見之物。有些人會透過超廣角鏡頭來看世界，以至於所有事物彷彿都混在一

起，變成一團模糊的迷霧。他們知道有東西在那裡，卻無法弄清楚那是什麼。這類人通常以極長的時間維度來思考問題，心思經常沉浸在遙遠未來的思索中，而非關注眼前的現實。

活在遠景鏡頭中的人，通常熱衷於推測世界的樣貌。他們會有各種理論。這是因為，當他們無法清楚看見當前的現實時，這些理論能幫助他們確認自己的定位。

如果我們發現自己運用的是極端的遠景鏡頭，仍然可以選擇重新調整焦距，把鏡頭拉近換成中景鏡頭。如此一來，便能脫離原本模糊不清的迷霧狀態，逐漸看清現實的整體形態與模式。

中景鏡頭：客觀形態、趨勢與模式

中景鏡頭讓我們能夠同時觀察森林與樹木。既可以看清細節，也能辨識這些細節之間的關聯性。當我們從特寫鏡頭拉遠，或是把遠景鏡頭拉近，就會找到一個可以看清整體形態與重複模式的最佳視角。

在中景鏡頭中，我們的時間框架與其他兩種鏡頭不同。我們在觀察「現在」的同時，也能看到「現在」是如何與「過去」連結，以及「現在」可能如何影響「未來」的發展。

如果一名棒球選手將球擊向中外野，球在空中高速飛行，其實我們可以在一定程度上預測球可能的落點。這也是為什麼體育播報員能夠在看到球穩穩飛向外野全壘打牆時說：「繼續飛！繼續飛！出去了！」如果他們無法預測球的可能落點，那麼他們只能說：「不知道！不知道……哇！球突然飛過了牆！」

特寫鏡頭和遠景鏡頭兩者都能為我們提供資訊，但它們就像非關聯式資料庫，那些資訊之間無法建立連結。

然而，中景鏡頭就像是關聯式資料庫，能讓原本各自散落的線索串連起來，使我們清楚看出資訊彼此之間的關係與交集。

結構性張力的最佳框架

為結構性張力建構框架的最佳方式是使用兩個中景鏡頭：一個用於動態衝動，另一個用於當前現實。

這種安排能讓我們的「弓」保持最大張力，進而更精準地將「箭」瞄準射出。

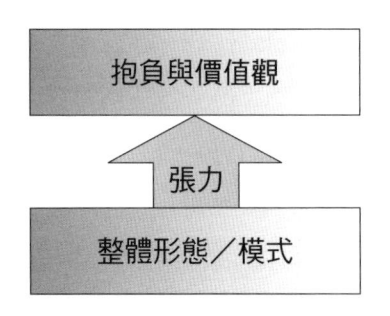

```
        抱負與價值觀
            ↑
           張力
        整體形態／模式
```

我們有一部分的工作是要學會如何框定自己的渴望。同時，也要懂得衡量現實處境與目標之間的關聯與落差。當我們在這個層次上建立結構性張力時，就是在運用最強大的結構性動力。也就是說，我們是在為自己創造有利條件，提升實現理想結果的機會，並鋪設一條通往美好生活的道路。

結構性張力會促使人們行動，它能幫助我們策略性組織行動，

並激勵我們有效率地付諸實踐。如果沒有結構性張力，你所採取的每個行動就會很像是被迫的，感覺只是在不斷克服障礙，甚至可能開始會做出強迫自己的行為。但這種方式最多只能短暫奏效，很快就會發現，行動計畫難以長久持續，你也很難堅持下去。

CHAPTER 06
行動：通往目標之路

☺ ☻ ☺

　　我們一再從運動醫學界聽到一個熟悉的建議，那就是：走路是很好的運動，如果能養成規律走路的習慣，對健康有極大的好處。每逢新年，人們立下新年新希望時，常會看到「走路」這個項目名列其中。

　　但是後來，我們越來越忙。實在太忙了。這件非常簡單的事，變得越來越難做到。每當我們想到這件事，就會開始感到罪惡，後來乾脆不去想它……然後，我們確實也不再去想了，直到新的一年再次來臨。

　　（以上是針對那些不走路的人而說，如果你本來就有走路的習慣，請自行挑選一個適合你的例子。）

　　我並不是在告訴你該去散步了，但你最好這麼做，因為那對你的健康和幸福快樂會很有幫助。我的目的在於，藉由這個描述人性的例子，強調兩個很關鍵的重點，幫助你創造出想要的生活。

簡單與困難

對大多數人來說，去走路其實很簡單。也就是說，實際上走路本身並不困難，每天抽出一點時間來做這件事也不難，甚至要把走路排進每天行程，讓它成為長期的習慣，也並非難事。

那麼，如果它那麼簡單，為什麼又這麼難做到呢？這裡正是我要強調的第一個重點：它之所以難，正是因為它很簡單！我知道，你可能在想：「等等，你再說一次？」好，我再說一次⋯⋯

它之所以難，正是因為它很簡單！

當一件事情簡單到不行的時候，我們往往會認為這件事的價值有限。這種印象其實是一種很荒謬的偏見，然而很多人在生活上卻都抱持這種心態。我們總覺得，如果一件事太簡單，那它就不值得去做。

如果你很自豪地抱持這種偏見，不需要花時間去搞清楚它是如何產生的，你只需要知道，實際上**「那不是真的」**。

再次以走路為例⋯⋯

如果走路對我們有那麼多好處，而且那麼簡單，也不需要花很多時間，甚至可能延年益壽，那麼，我們為什麼不更常去做呢？

這裡有個常見的模式，看看你是否也符合。

我們決定要開始走路了，並且在第一天就很認真走，一直走，走了很久。結果把自己搞得筋疲力盡，因為這次經驗太累人了，自然就不會想再來一次了。於是，我們把一件原本可以輕鬆完成的事

情，莫名變得困難重重。

這裡有個問題要問你：「**你在生活上是否也有這種模式，常把一件簡單的事情搞得比實際上更困難？**」如果有，你並不孤單，很多人都有這個習慣。不過，在你感到稍微好過一點之前（畢竟痛苦總喜歡有個伴），我們不妨先承認這是一個不好的模式，也不是你真正想要的。

這個模式通常遵循以下步驟發展：

- 把事情變得不必要的複雜困難，接著
- 對這件事失去興趣，接著
- 說服自己這件事根本不需要去做。

這個模式的最後一個步驟可能是這樣的：「我不需要刻意排時段出去散步健走，反正我每天都要走很多路，這不就像是平常的走路嗎？有什麼差別？」抱歉，這是有差別的。如果你想了解為什麼有差別，可以去問你的醫生。

但現在我們其實不是真的要討論走路這個問題。我們是在談一個模式，只是透過這個例子來說明。其實，你有很多可以為自己做的事，它們都很簡單，只是你並沒有去做。如果你去做了，就會看到生活往好的方向改變，但你還是沒有去做。為什麼？

當你思考這個問題時，請先忘掉之前常用的做法，像是對自己說些激勵人心的話，或是利用罪惡感來逼迫自己去改變行為。注意，這些方法過去你已經試過幾百上千次了，但根本不管用，對

吧？或許有短暫的效果，但無法持久。但是，你並非永遠被這個模式困住了，你只需要一些知識，再累積一些經驗，學會如何讓那些「可能對你有幫助」的事情——真的對你發揮作用。

在創造一個全新且更優秀模式的過程中，我們的第一步是這樣的洞見：**簡單往往是好的。一個行動的價值高低好壞，不能也不應該由其難度來衡量，而應該由行動對於你要創造的結果所造成的影響為基準。**

第二步是關於動機和真相的洞見。

事實是：大多數不運動的人之所以不運動，是因為他們不喜歡運動。

你可能想將這句話再讀一遍。

真相是，有些對你有益的事，你可能不喜歡去做。如果你喜歡，就會去做了。你會自然而然產生動機。你不需要說服自己去享用一頓美味的餐點，或是和好友聚會，或是在聽到一個笑話開懷大笑。你輕輕鬆鬆就能做到這些事，就像有首老歌的歌詞所唱的，「做那些自己覺得自然的事。」

現在，請想像一個畫面情境並稍加思考：

這件事情很容易，但你不喜歡做。

那麼，你去做這件事的機率有多大呢（無論是什麼事）？很低，非常低，尤其是當這件事還需要長時間投入。

那麼，我們需要認清一個事實：

我們不喜歡做我們不喜歡做的事情。

一旦了解這個小小的真相，我們就可以停止假裝自己喜歡那些其實並不喜歡的事，只是為了激勵自己去行動。當我們說謊時，內心永遠不會感到坦然與心安。我們從小就被教導要說這樣的謊言，認為某種程度上我們確實，或應該，甚至可以去喜歡那些自己並不喜歡的事，但事實上我們做不到。

儘管如此，有時候那些我們不喜歡的事，其實是對我們有好處的。甚至更重要的是，那些事能夠幫助我們得到真心渴望的東西。雖然我們可能不想每天去散步，但我們確實希望自己可以擁有長久的健康和幸福快樂。

接下來，我們來談談關於動機的洞見：**如果有足夠重要的理由去做一件事，我們很可能就會去做。**

胡蘿蔔與棍子策略的破滅

我們經常聽人們出於善意的建議，告訴我們為何應該採取某個行動。例如：要用牙線清潔牙齒，否則會掉牙。如果不想成為滿口缺牙的人，這個理由確實不錯。但是，僅僅因為這是一個不錯的論點，並不代表我們就會乖乖使用牙線，至少不會持之以恆。沒錯，我們可能會堅持幾天或一個星期，但是等到我們對無牙生活的恐懼漸漸消失後，便會開始跳過使用牙線這個動作，最初是每週漏個一次兩次，然後越來越頻繁，最後就不再是每天固定的習慣了。

這種類型的論點，其實就是「去做，否則你要承受可怕的後果」，是一種衝突操控。衝突操控是社會上最常見的手法之一，目的是讓我們有更好的行為表現。它的運作方式如下：我們會被給予一個可怕災難的畫面，這些畫面足以讓我們產生恐懼、擔憂、焦慮、驚惶失措。隨後，我們會變得憂心忡忡，想讓這些不舒服的情緒趕快消失。於是，我們對這些感受做出反應，並採取行動，但我們採取行動的動機，是出於是想擺脫那些難受的負面情緒。因此，我們開始用牙線、少吃紅肉、運動，還有戒煙。我們照著建議付諸行動，只是為了防止可怕的事情發生。

　　然後我們開始感覺好多了。現在，如果你認為「感覺變好」會鼓勵我們繼續做那些有好處的事，你可能要再想想了。因為，通常我們不會繼續做下去，反而是在這時候動搖了，然後又回到舊有的習慣模式。為什麼？

　　還記得我們為什麼會採取行動嗎？因為我們感覺糟透了，極力想擺脫那些糟糕的負面情緒。在我們採取一些行動之後，情緒開始好轉，整個人感覺好多了。強烈的負面情緒驅使我們採取行動，行動之後，緩解了負面情緒的強度。負面情緒變淡之後，行動的動機也跟著下降了。動機降低之後，行動的傾向也自然隨之減弱。想當然，我們最初開始的正向行為也無法持續了。

　　在這個階段，大多數人會相信自己有某種重大的性格缺陷，並認為那就是他們無法維持良好習慣的原因。他們可能會開始自責，陷入內疚，而引發一輪新的、但注定短暫的衝突操控。他們會因為自己如此軟弱無用而感到很難受，進而再次採取一些行動，讓自我

感覺更好一些。於是他們又開始用牙線、少吃紅肉、運動或戒煙，直到感覺好多了，驅動新行為的動機再度消退，最終他們再次回到了舊有的習慣模式。

羅伯特・佛羅斯特曾說過：「我從不試圖用擔憂來讓人變得更聰明。」

胡蘿蔔有人要嗎？

如果對負面後果的恐懼，並不是促使我們採取有效行動的好動機，那麼還有什麼替代方案呢？一個常見但同樣效果薄弱的的替代方案，是著名的「胡蘿蔔與棍子」比喻中的胡蘿蔔。這根胡蘿蔔的象徵，就是我們採取行動後會獲得的所有利益。在這種方法中，成功的美好畫面占據了我們的思維，我們會接收到一連串正面理由，告訴我們為什麼應該去做那些其實我們並不想做的事情。這個論點是，我們應該為了獲得回報而去行動。這些回報通常是以提升自我形象、滿足感，甚至是天堂裡的獎賞來表達。這種想法是，如果我們保持積極的心態，並對自己說積極正向的語句，就能夠設定我們的潛意識，進而引導我們創造成功。這種手法稱為「意志力操控」，它通常是透過一系列鼓舞人心的演講、正面勵志的錄音帶、自我宣傳，以及對自己的信心宣示，來激勵我們付諸行動。

這裡有一個永遠實用的問題是：「當你無法激勵自己、沒有動力的時候，你該怎麼辦？」如果你回顧自己的生活，就會發現沒動力的日子遠比有動力的日子多。而持續激勵自己、保持動力，不過是持續保持衝突的另一種形式。

恐懼與激勵兩者都無法持久，因為這些經驗就像天氣一樣變化多端。你可以把它們當作天氣來看這件事。就像是發生在大氣層中一樣，氣候情況隨時會發生變化。正如由恐懼所驅使的行動能緩和恐懼，由激勵所驅使的行動也會削弱動力，尤其是當我們進入行動過程的實務細節時，更是如此。正面的論點與負面的論點一樣薄弱，我們需要的是更具實質性功能的東西，而不是只能依賴情緒（無論好壞或中立的情緒）來驅使行動。

我們需要一個行動的真正理由。而這個理由，我指的是動機，不是隨意一個說得通的論點。

選擇對我們真正重要的事

為什麼我們會做那些自己並不喜歡的事？是因為這些行動有助於我們實現真心渴望的結果。這一點，正是通往真正紀律的關鍵。

讓我們來思考一下，那些「我們並不特別喜歡的行動」與「我們渴望達成的結果」之間，究竟是什麼關係？**這種關係是「次要」對「主要」的關係。**「主要」是指優先首要的目的，也就是說，其他事相對不那麼重要。

如果我想學彈鋼琴，就需要花時間練習。但是我可能不想練習，畢竟，我要練習的是自己不擅長的事。這代表，這過程我必須忍受自己的錯誤、無能、挫折和無聊。或許我渴望成為鋼琴家，但我並不嚮往當一個鋼琴學生。

實際上，我心中有兩個目標。一個是成為稱職的鋼琴家，另一

個是將時間投入在更愉快的事情上,而不是反覆承受練習帶來的沮喪。但是,這兩者是互相排斥的,如果我想要實現其中一個目標,就必須放棄另一個。以下是我擁有的全部選項,很明顯的,數量非常有限:

- 放棄成為一名傑出的鋼琴家,以便享受更多輕鬆愉快的時光(減少挫折沮喪的時間)
- 忍受在學習鋼琴過程中的挫折經驗。

有些人會想,「嘿!等一下,那你怎麼不學著去喜歡練習呢?」

抱歉,那是行不通的。現在,隨著你彈得越來越好,你可能會比以前更喜歡練習、更能接受練習這件事,但那並不是因為你學會了「喜歡練習」,而是因為你越來越接近你的目標。挫折感可能減少了,但最有可能的情況是,你並沒有真的學會喜歡練習,不過你已經充分了解到成功需要練習,所以不會再把「不喜歡練習」這件事看得太重。

請不要浪費時間去努力喜歡那些你並不喜歡的事物,而是要做出策略性的選擇,搞清楚什麼事對你比較重要,哪些事又是相對次要的。我說的是,真正的「選擇」。

什麼是真正的選擇?真正的選擇意味著你可以做,也可以不做。我可以彈鋼琴,也可以不彈。我可以練習,也可以不練習。但這兩者之間存在一種關係,其中一個選擇與另一個選擇密不可分、互相牽絆。在這個例子中,我們可以做的選擇,取決於什麼結果對

我們而言更重要。如果學會彈鋼琴**更重要**（主要），那麼我們就會做出一個能支持這個結果的選擇，去做一些自己不喜歡做的事，也就是練習（次要）。在這種情況下，「把鋼琴練好」比「練習的不適感」更重要。當我們不喜歡練習時，不需要假裝自己喜歡這件事。我們可以對自己說實話，「我並不喜歡練習。」但我們仍會選擇做那些不喜歡的事情，因為我們受到了更高目標的動機驅使──那個我們心中渴望達成的結果。

現在，如果我們更想把時間花在其他輕鬆愉快的事情，而不是勤奮練好鋼琴，那麼我們的主要目標就是「舒適與安逸放鬆」，彈鋼琴的重要性就變得相對次要了。因此，為了支持更重要的目標，放棄學習鋼琴是我們會做的次要選擇，以便推動主要目標。

我們必須學會以**階層觀念**來思考。我們需要培養一個判斷能力，分辨出哪些事對自己是重要的，而哪些事相對不重要，因為若不這麼做，這一生我們可能都會在一連串無關緊要的行動、追求、活動和事件中消耗殆盡。如果我們只是因為不知道有更好的做法，而這樣渾渾噩噩度過一生，那也太令人遺憾了。

若是我們對自身的動機有清楚明確的認識，就會更容易支持我們的階層結構。例如，如果知道自己想要彈鋼琴，而要做到這一點需要長期練習，那麼我們就會準備好去做那些原本不願意做的事。我們會做好心理準備，去面對那些令人挫折的練習經驗，因為那是達標過程的一部分。我們藉由做出必要、具戰略性的次要選擇，來支持心中排行最重要的主要選擇。

那麼，如果我們不喜歡固定去散步，為什麼還會去做呢？不僅

如此，為什麼我們會有動力去做呢？因為，我們非常喜歡它所成就的結果。

一段時間下來，當我們持續透過那些必要的「次要選擇」，來支持真正重要的事情時，我們會開始經歷「取向」的轉變。對於原本不喜歡做的事，我們會逐漸培養出更大的容忍度，因為這些行為是為了支持更重要遠大的目標。有時候，我們會像個突然改變信仰的人，這意味著我們可能會開始真的喜歡那些一開始並不喜歡的事情或工作。

先發個警告！我們可能會開始喜歡散步，那沒問題。但我們不應該忘記最初這樣做的真正原因。危險的地方在於，如果我們開始享受散步，很可能會把衡量的標準從「保持健康」轉移到「散步本身的體驗」。這並不是一個好的轉變，因為總會有些日子，我們可能對散步提不起勁。如果我們是基於「享受散步」而行動，萬一某天突然不再喜歡散步了，可能就會容易放棄這件事。因此，對自己的動機要始終清楚，如此你才能做出一致的次要選擇，讓成功的機率越來越高。

所以，去散步吧。維持一段時間之後，如果健行更能支持你的健康目標，那就去健行吧。而且，要始終清楚自己的主要選擇，這樣你才不會在過程中迷失方向。

開始行動

在結構性張力脈絡內的行動，具有良好的動機基礎。在接下來

的三個章節中,我們將接觸各種不同形式的結構性張力。首先,我們會先探討短期時間框架的簡單應用。接下來,再從極為長遠的時間視角來檢視。然後,我們會從一到五年的視角來觀察。每一個視角都是對同一個結構原則的不同探索,每一個視角都能增進我們對下一個視角的理解。

短期的創造

現在,讓我們來練習結構性張力,以及主要選擇和次要選擇的原則。先選擇一個你想要創造的結果。然後,暫時設一個小目標,一個你可以在接下來幾週內創造的結果,符合當前的能力、工作量、才華範圍內的目標,而且確實能被安排進你的繁忙行程裡。

選好了嗎?(如果沒有,隨便編一個出來也行。)很好。

現在,拿出一張紙,在最上方畫一個方框。

假設我們的目標是在七月四日舉辦一場草地派對。理想中的畫面是邀請來自各行各業、不同背景的親友一同玩樂,大約三十位賓客。派對中,我們希望有美味的烤肉,開放大家在泳池裡玩水游泳,孩子們玩成一片,大人之間互相認識、閒聊放鬆,共度開心的時光。

我們也很希望自己能玩得開心。所以,我們想設計一場每個人

都能參與其中的派對,每一組賓客都會帶一道餐點前來,我們負責提供熱狗、漢堡、玉米、西瓜、冰啤酒和葡萄酒。我們期望當天的天氣晴朗,但天氣是我們無能為力的不可控因素。最希望的是,每個人都能度過一段快樂美好時光,體驗到有生以來最難忘的七月四日草地派對。

以下是我和羅瑟琳為派對寫下的計畫內容:

> 七月四日草地派對,大約三十位,邀請來自各種背景的有趣親友。美味的食物,歡樂的氣氛,戲水游泳,聚會,孩子們玩得開心,大人互相認識並建立良好關係。賓客共同參與餐點準備,完美的天氣,大家一起度過有生以來最棒的七月四日草地派對。

這段描述並不完美,我們想像的畫面細節遠比寫下來的更多。但是,讀著這段描述時,我們就能清楚知道自己追求的是什麼。實際上,我們心中已經有了明確的派對畫面,彷彿現在人就在那裡。在我們的腦海裡,已經可以具體想像出七月四日有個美好的派對活動,並為自己參與其中感到由衷的喜悅。

你在最上方空白方框中寫下的句子不需要過於雕琢。第一個且最重要的概念是,你要知道自己在表達什麼。也可以說,這些文字只是一個提醒而已。

另一方面,文字確實定義了一些你想要的重要參數。那些可以量化的事物應該用數字來表示,譬如「大約三十位」的賓客能讓我們更準確掌握派對的規模。如果只是說「很多人」,那麼就無法想

像出同樣清晰的畫面。在描述你想要的結果時，運用一些基本常識是明智的。

辦一場派對算不上崇高的目標。也正因為如此，我選擇它作為範例。在這個練習中，我建議設定一些不太重要的小目標，這樣的目標更適合用來當作練習與實驗。雖然我們知道這個小活動不會改變世界，但偶爾能辦一場愉快的派對，不是也很棒嗎？

我們對這場派對的構想，最核心的重點在於，讓我們喜歡的親友聚在一起、共享歡樂的時光。所有的安排，都將圍繞著這個目標來設計。當你設定目標時，必須清楚你真正要追求的重點是什麼，無論你用什麼詞語來描述它。

包括讓每個賓客一人帶一道菜的安排，而不是單純接受主人的服務，也是部分我們想要傳達的精神。在這場派對中，賓客也是創造這場派對的一分子，他們不只出席派對，而且也投入實質行動。這是個很務實的想法，能有效讓派對的準備工作相對單純化。如果我們動用了一大批工作人員來照顧每個人，那麼這場派對的精神將與我們所希望「人人捲起袖子動手參與」的概念大相逕庭。

我們的當前現實是什麼

現在我們已經描述完目標了，請在紙張的底部畫一個方框：

在底部這個方框內,請寫下你當前的現實狀況與進度。
以下是我們夫妻所寫的內容:

> 我們已經擬好賓客名單了,但尚未邀請任何人。我們製作了一封精美的電子郵件動畫邀請函,準備發送給大家。我們有部分賓客的電話號碼,但不是所有人的。我們已經準備好了足夠的餐盤、餐巾等用品,不過還沒有準備美國國慶日的裝飾或桌布,也還沒買葡萄酒和啤酒。我們計畫邀請的人都知道怎麼來我們家。他們大多習慣自備一道菜來參加派對。我們有一些兒童戲水玩具。目前酒杯數量不夠。花園狀況良好,但草坪的生長速度很快。

這兩個方框有助於我們形成結構性張力。很快就能看出理想狀態與實際狀態之間的落差。就是這種張力促使我們採取行動,解決張力,最終實現我們的目標。

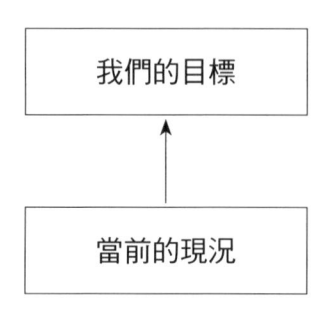

```
┌─────────────┐
│  我們的目標  │
└─────────────┘
       ▲
       │
┌─────────────┐
│  當前的現況  │
└─────────────┘
```

制定行動步驟

　　下一步是列出所有需要採取的行動。我們的主要選擇是辦一場精彩的派對，而我們所採取的每個行動就是次要選擇，全都是為了支持主要選擇。其中有些步驟可能會很有趣，而有些未必那麼好玩，但所有的步驟都是達成目標所需的環節。

　　將這些步驟寫在紙張上下兩個方框之間。一開始，只要隨意列出各項行動就好，不用考慮順序。列出所有步驟之後，再按順序排列。如此一來，我們就能很輕鬆想好在派對之前、期間和之後要完成的各種事情。

　　當我們再次閱讀期望的目標，並與當前的現狀比較時，就可以明顯看出還有哪些必須執行的步驟。

　　這些行動步驟相對簡單，但寫下來能幫助我們清楚看到想要順利舉辦派對，需要做哪些事。透過這張步驟清單，可以掌握整體的準備概況。

　　請見下頁圖表示範。

七月四日草地派對，大約三十位，邀請來自各種背景的有趣親友。美味的食物，歡樂的氣氛，戲水游泳，聚會，孩子們玩得開心，大人互相認識並建立良好關係。賓客共同參與餐點準備，完美的天氣，大家一起度過有生以來最棒的七月四日草地派對。

- 收集電話號碼
- 打電話給名單上的人
- 租借葡萄酒杯和啤酒杯
- 列出賓客們可能會帶來的餐點清單
- 修剪草坪
- 發送電子郵件邀請函
- 購買防蚊噴霧
- 在草坪周圍擺放垃圾桶
- 購買美國國慶日的裝飾品
- 泳池的維護保養

我們已經擬好賓客名單了，但尚未邀請任何人。我們製作了一封精美的電子郵件動畫邀請函，準備發送給大家。我們有部分賓客的電話號碼，但不是所有人的。我們已經準備好了足夠的餐盤、餐巾等用品，不過還沒有準備美國國慶日的裝飾或桌布，也還沒有買葡萄酒和啤酒。我們計畫邀請的人都知道怎麼來我們家。他們大多習慣自備一道菜來參加派對。我們有一些兒童戲水玩具。目前酒杯數量不夠。花園狀況良好，但草坪的生長速度很快。

完成上述動作之後,我們現在要為每個步驟設定一個完成期限,確保行動依照正確的順序進行。

　　接下來,我們會重製計畫圖表,把需要先完成的待辦事項放在底部,後面的工作任務放在上方。這樣的步驟排列會讓人聯想到梯子,隨著我們一步步往上爬,距離目標會越來越近。

　　由於這些行動是我們兩人共同安排的,因此我們可以明確分配每個步驟,以確保彼此都清楚自己要負責哪些事,不會產生混淆。R 代表羅勃(Robert),RZ 代表羅瑟琳(Rosalind)。調整後的流程圖請見下頁。

　　即使這只是一個小計畫,有條有理安排好每項環節,仍是相當有幫助的。我們大概花了六分鐘就將一切都安排妥當。這麼做可以節省時間、減輕壓力,並讓一切變得盡可能簡單。

　　那麼現在,寫下你達成目標所需要的行動步驟吧。記住,首先寫下每一個能幫助你達成期望結果的步驟,然後逐一設下日期並依序排列。如果一人以上參與這些行動,建議一個步驟分配給一個人負責就好,這會讓整體安排更清楚明確。

　　記住,每一個行動步驟,其實都是你做出主要選擇後,在這個框架內所延伸出來的次要選擇。無論你喜不喜歡這些行動,它們的作用都是為了成就你正在創造的結果。這是過程中唯一重要的衡量標準。

七月四日草地派對，大約三十位，邀請來自各種背景的有趣親友。美味的食物，歡樂的氣氛，戲水游泳，聚會，孩子們玩得開心，大人互相認識並建立良好關係。賓客共同參與餐點準備，完美的天氣，大家一起度過有生以來最棒的七月四日草地派對。

- 修剪草坪——7月3日 R
- 購買食物和飲料——7月3日 R
- 在草坪周圍擺放垃圾桶——7月3日 R
- 泳池的保養維護——7月2日 RZ
- 購買美國國慶日的裝飾品——6月28日 RZ
- 購買防蚊噴霧——6月28日 RZ
- 列出賓客可能會帶來的餐點清單——6月25日 R
- 租借葡萄酒杯和啤酒杯——6月15日 RZ
- 打電話給名單上的人——6月9日前 RZ
- 發送電子郵件邀請函——6月8日 R
- 收集電話號碼——6月6日 R

我們已經擬好了賓客名單，但尚未邀請任何人。我們製作了一封精美的電子郵件動畫邀請函，準備發送給大家。我們有部分賓客的電話號碼，但不是所有人的。我們已經準備好了足夠的餐盤、餐巾等用品，不過還沒有準備好美國國慶日的裝飾或桌布，也還沒買所需的葡萄酒和啤酒。我們打算邀請的人都知道怎麼來我們家。他們大多習慣自備一道菜來參加派對。我們有一些兒童戲水玩具。目前酒杯數量不夠。花園狀況良好，但草坪的生長速度很快。

創造你的目標。這類在短時間內設定小目標的練習，就像藝術家為了磨練技巧而不斷繪製的草稿。當然，這些目標在我們的生活中有其意義，但更重要的是，這是幫助我們更深入理解、並掌握個人創造過程的實作課程。

當你完成了第一次結構性張力的實驗，尤其是完成結構性張力圖表的練習之後，便可以開始為更複雜的計畫設計圖表。就這樣，一次一小步，逐步培養你的技能。你不僅僅是在學習這個過程的操作機制，同時也會在潛移默化中將結構性張力深刻內化到你的意識中，成為思考與行動的一部分。

在整個創造過程中，最強大的動力來源就是結構性張力。我們在這一章中已經利用小型的練習計畫來探討這個概念。這種計畫的優勢在於，我們能夠在短時間內體驗從草稿到完成的完整創造過程。如果我們一開始就選擇那些需要長時間才能完成的目標來進行創造練習，那麼我們對於過程後半段的經驗就會相當缺乏，因為要抵達終點所需的時間實在太長了，所以這並不是理想的學習策略。選擇時程較短的計畫來練習，我們便能在創造一個又一個結果的過程中，學習如何將過程中的各個環節整合成一個完整的大架構。

CHAPTER 07
創造你的長期人生

☺ ☻ ☺

　　既然我們前面已經探討了「如何在短期的時間框架內運用結構性張力」，是時候該思考更長遠的時間框架了。我們該如何思考什麼是自己真正渴望的長期目標？

　　這時，我們可以運用一些原則，幫助我們與內心真正的渴望和抱負建立連結。這些原則的目的是為了喚起你內在的真實與智慧，而不是作為你必須遵循的固定規則。其中有一些原則，與個人創造過程的操作機制有關，有一些則是關於取向的重點提醒。了解這些原則，將決定你的人生是圍繞著真正渴望的事物而展開，還是被那些「你應該渴望什麼」的扭曲概念所主導。還有一些原則，將指引你進入創造過程中更深層的精神面向，幫助你觸及自身靈魂與精神最深處的泉源，並在生命中展現出強大的力量。

原則一

> 思考你想要創造什麼，而不是想要消除什麼。

創造的重點是孕育新事物。現在，我們來做一個思想實驗。稍後開始時，請閉上眼睛。閉上眼後，請想像自己是一個表達中心、一個源頭、一個創造者。接下來，想像有一股能量從你體內湧現、開始流動、向外擴散，然後經由全身奔流而出。進一步想像，這股能量正在孕育某種事物。在想像的過程中，這個事物究竟是什麼並不重要，它甚至可以是一個沒有具體輪廓和形狀的東西。這個思想實驗的關鍵在於**感受「孕育一個想法」的過程**，而不是專注在你可能會創造出什麼東西。

現在你已經知道這個練習過程了，請花點時間親自試試看，大概只需要三十秒到一分鐘。

（準備好就開始吧。）

這個小小的實驗，讓我們對「創造」多了一些體會。我們正在孕育出新事物，引導並傳送能量，創造形式與結構，聚焦，生成。關於這個技巧，最重要的幾個關鍵來自於我們**沒有**做的事。我們沒有在解決問題，沒有擔憂的事，沒有對環境做出反應，沒有回應外在情境，沒有試圖逃避或消除什麼，沒有與任何事物對抗，沒有打算去克服障礙或努力擊敗某個東西。

當你將生活視為藝術來創造時,你是在孕育自己渴望的生活,而非只是試圖擺脫你不滿意的現況。在你按照理想的方式創造生活時,那些原本不想要的事物或許就會自然消失,但那通常是因為你建造出一個更強大的新世界,取代了舊有的生活樣貌。

當然,在創造的行動中,有時候我們會清除障礙,丟棄多餘的雜物、消除干擾、簡化複雜的東西等等,但這些行為的動機,都是為了支持創造過程,而且始終與最終目標緊密相連。創造的**動機**,在於讓你的創作得以實現,而不是單純解決問題或擺脫困境。

「解決問題」與「創造」的不同

許多人以自己擅長解決問題為傲。然而,以解決問題為取向的思維反而會限制你的創造過程。讓我們思考一下,當我們試圖解決問題時,實際上究竟是在做什麼?

首先,我們的動機是擺脫那些不想要的東西,而不是去促成真正渴望的事物實現。這與創造的動機恰好相反。

其次,「問題本身」成了主導我們行動的因素,而不是我們想要達成的目標。

第三,就算成功除去了我們不想要的事物,也無法保證會得到真正想要的東西。

第四,過度以解決問題為導向,可能會導致無意識的機械化反應,因為這樣的思維並不會引導我們深入探究——我真正想要的是什麼?我與目標之間的距離有多遠?以及如何以最有效的方式達成

我想要的結果?諸如此類的問題。

如果你是一個習慣性解決問題的人,是時候打破這個習慣了。雖然我們可以對自己的問題解決能力感到自豪,但這樣的思維導向過於受限,最好轉向更具生產力的方式。在生成性或創造性的思維模式中,我們關注的是「想要實現的結果」,而不是「急於擺脫的糟糕情境」。

解決問題在生活中確實有其必要性,但這應該是例外,而非生活常態。

履行職責的頭腦

如果你的生活充滿了各種小問題,甚至是一些重大難題,你可能會發現自己只能從「問題」的角度來思考。你的頭腦會自動去思考問題,因為它想要消除問題帶來的張力。當你發現自己正為一個棘手的情境而焦慮不安時,其實頭腦只是在履行它的職責。它試圖在混亂中建立秩序,解釋矛盾之處、破解謎團、解開迷惑,並解決張力。但你需要懂得掌控這個過程。如果你無法掌控,每當你生活面對特別困難的時期時,就可能會容易感到不知所措,並伴隨與日俱增的無力感,因為你無法解決這些問題,也沒辦法立即改變自己的處境。

如果你的頭腦沒有現在這種動力運作機制,它會了解到,在這樣的情況下你無法採取任何有用的行動,因此它會暫停憂慮,不再糾結於解決問題上。福爾摩斯就有個相關的故事,他所展現出的非

典型冷靜邏輯再次令華生驚訝不已。在那個故事中，案件進展到了一個暫時無計可施的階段，福爾摩斯便果斷選擇停止繼續思考，跑去聽了一場音樂會，毫無掛念地擱置案件。但一般人的思維運作並不具備這樣的紀律，即使理智上知道要暫時先放一邊，也沒辦法乖乖照做，這是人類頭腦十分特別的運作原則，這種原則與結構的本質是一致的。它想要消除矛盾、解決衝突，而且最重要的是，建立一種內在的平衡狀態。

大腦無論如何都會忙著思考某些事物，這就是它的本性。那麼，如何善用這種特性呢？這裡有一個最有效的方法：**給你的小腦袋一個更宏大、更具生產力的張力，讓它有事可做**。否則，你的心思會自然飄向那些問題，因為它天生就想要解決這些問題所帶來的衝突。

這個更宏大的張力就是**結構性張力**。讓大腦開始專注於設法解決你的理想目標與現實之間的差異。不要讓你的生活被各種問題所主導，而是要把你的注意力、精力、創造力和精神專注在「創造」上面。改變你的思考方向，把思考重心從「你想避免、消除或擺脫的事物」，轉向關注「你想要創造、建立和實現的成果」。讓你的頭腦好好幫助你完成這個創造過程。

原則二

思考你想要創造的事物，而不是它如何定義你。

你不是你所創造的東西，而你創造的東西也不是你本身的反映。你與你的創作是分開的。在你創造它之前，你就已經存在，而它也可能在你離開世界後依然存在。你和你的創作是兩個截然不同的元素。當你把生活當成藝術來看待時，你並不是你所創造出來的「藝術生活」，而是你編寫的那齣戲劇的展演舞台。你的人生是一艘船，載著你展開旅行。你不是交通工具本身，你是乘客、船長，也是這艘船的設計師。

我們曾以「探討『一個人所做的事』與『他是誰』之間的真正關係」為主題開設工作坊，為了激發大家深入的探討與思考，我們會向參與者提出這些問題：「**如果你成功，你就是個更好的人嗎？如果你不成功，你就是比較不好的人嗎？**」

許多人剛開始探討時，都會認為如果自己更有效率、更成功、更有生產力，就會是個更好的人。或許你也這樣想。

讓我們換個問題。把主題從「成功」改為「開車」。如果你會開車，你就是一個更好的人嗎？而如果你不會開車，你就是比較不好的人嗎？突然間，我們會意識到，是否會開車與你是什麼樣的人無關。如果你從一個不會開車的人變成一個會開車的人，你作為人類的真正價值也不會有任何改變。

把主題換成做菜。如果你會做菜，你就是一個更好的人嗎？如果你不會做菜，你就是比較不好的人嗎？

如果你會游泳，你就是個更好的人嗎？如果你不會游泳，你就是比較不好的人嗎？如果你的肚臍是凹的呢？凸的呢？這些問題很快就會變得非常荒謬。

我們在一個將成功與身分認同掛鉤的文化中長大，失敗也是。人們告訴我們，如果成功，我們就會更好、更有用、更有價值、更值得被愛，也更值得受尊敬。久而久之，我們可能會產生這樣的錯覺，認為「自我價值感與身分認同」和「成就的高低」是緊密相連的。但事實絕非如此。

我們**不是**我們所做的事。我們就是我們自己，而我們所做的，只是我們所做的事。身為創造者，我們與我們創造的作品是分開、各自獨立的。

當創造這件事或作品承擔起代表你身分的角色時，你就會失去犯錯的自由。為什麼需要犯錯的自由？如果沒有，你要怎麼學習進步呢？

在學習任何事物的初期，即使我們擁有天賦，也難免會犯很多錯。我們會嘗試完成目標，達到某個標準，達成任務和目的，但很多時候，我們一開始就碰上失敗了。我們會失敗，是因為在那個學習階段，我們的雄心壯志遠遠大於當下的能力。

如果每次失敗，我們都感到強烈的被否定感，我們自然就會想避免失敗。於是，我們會選擇保守行事，不願讓自己置身在可能會表現很差的處境中。但是，如果永遠不能犯錯，又怎麼可能真正學會呢？難道我們一開始就該知道如何做到完美、成功，或是達到大師級的水準嗎？事實上，在你開始嘗試達成目標之前，一直到整個學習過程結束，無論你成功或失敗，你始終都是同一個「你」。

當你能夠理解這個原則的深遠含義時，便能夠全心投入創造過程，並盡你所能做到最好。即使在學習創造理想成果的過程中，剛

好失敗了，你也可以坦然接受，不會因此陷入身分認同的危機。

　　把生活視為藝術來創造的過程中，重要的是不要被成功所誘惑，也不要被失敗所欺騙。在我的人生中，我經歷過成功，也經歷過失敗。老實說，比起失敗，我更喜歡成功。通常，那些成功都是我在學習該學的東西時，經歷多次失敗的產物。無論成功或失敗，都不能定義我是誰。當我成功時，我不會因此變成更好的人；當我失敗時，也不會因此成為更差的人。我依然是同樣的那個我，只是想努力創造出對我來說很重要的事物。

　　我們必須記住，生活中有許多人和組織都會試圖將我們的行為與身分認同掛鉤，以便操控我們。廣告商告訴我們，如果使用他們的牙膏品牌，我們就是更好的人；學校告訴學生，如果做完所有的功課，他們就是更好的人；如果不做，就是不夠好的人。當我們還是孩子時，如果沒有達到家人期望的標準，他們常常會利用辱罵的手段讓我們感到羞恥，以刺激我們拿出更好的表現。

　　我們可能需要重新思考，「我們對自己的看法」與「我們創造出理想結果的能力」兩者之間有何關係，這樣才能真的明白，除了我們自己編織出來的關聯之外，它們之間根本沒有任何真正的關聯。換句話說，我們可能會創造一個虛構故事，認為「我們**就是**我們所做的事」，但實際上，**我們並不是**。

　　這裡有另一個思維實驗。你先想像自己是個超級成功者。然後再想像自己是個超級失敗者。雖然比起失敗，你會更喜歡成功的想法，但是要了解到，在這兩種情境中，**你依然是你**……你依然有相同的價值觀、相同的願望、相同的心、相同的靈魂、相同的精神、

相同的愛、相同的希望與夢想、相同的本質和相同的靈魂。

從務實的角度來看,如果你不把「你這個人」與「你所做的事」混為一談,就會更容易成功達成目標。你可以更客觀,也更容易調整自己的行動、嘗試各種新實驗,讓自己進入學習模式中。

這個原則十分深奧。如果你能學會採用這個原則,就能讓自己比以往任何時候都更有效率、更成功。

原則三

可以簡化就簡化。

我可能看起來是最不適合提出這個建議的人。畢竟我的生活一點也不簡單,我對很多事都充滿興趣,總是在參與各式各樣的計畫、組織機構與事業活動等等。那麼,像我這樣的人要怎麼談論簡單又不顯得虛偽?雖然我涉獵很多事務,但這些複雜性只是實務層面的,而非精神上的複雜。

許多忙碌的人,生活比我複雜很多,但他們面對人生有著非常簡單明確的方向與堅實的內在基礎。如果他們的心沒有這樣的清明,終有一天會不堪負荷。不過有些人,即使生活中沒有那麼多複雜的事物,也一樣會感到身心俱疲、超出負荷。

也許你需要重新調整你的後勤安排,重新思考行程表、目前應允的承諾有多少、參與的計畫和活動數量。許多人常常高估自己能做更多事,實際上我們能做的往往少於預期。有時候,事情變得比當

初答應時所預期的更為複雜。這個層面，其實可以相對輕鬆簡化。

但是更重要的是，可能還有取向層面，以及心理、情感與精神的層面需要重新檢視。我們可能會說，人生並不簡單。然而在某些方面，它其實是非常簡單的。曾有人提出一個值得深思的觀點是，「你出生，在這個星球上度過一段時間，然後離開。在我們活著的這段時間裡，我們的人生究竟有何意義？」這是個非常古老的問題，每一個宗教和哲學學派都曾提出討論。我們真的能夠給這個回答一個滿意的答案嗎？

決定什麼是真正重要的

有個故事是這麼說的：多年來，有個人一直在尋找生命的答案，他想知道，「這一切究竟有何意義？」卻始終沒有結果。他換過一個又一個老師、一種又一種的靈性修煉、一門又一門的哲學，沒有任何人可以提供他一個滿意的答案。於是，他決定自殺，連同這個問題一併徹底了結。就在他準備採取這個致命行動時，一位朋友告訴他喜馬拉雅山有位偉大的智者，據說此人擁有解答生命偉大奧祕的一切答案。「所以，你不覺得做出這個終極的致命決定之前，應該先去見見他嗎？」這個人聽了之後覺得很有道理，便出發尋找這位智者了。他一路搭乘飛機、火車、巴士、汽車，最後徒步上山，他花了幾天幾夜翻山越嶺，克服最險峻的山路，終於來到了一個山洞。他望進洞中，果然看見那位他尋覓已久的知名智者。他慢慢走到智者面前，跪下來，然後恭敬問道：

「人們說你知道生命的答案。」

「沒錯。」智者回答。

「那是什麼呢?」那人問。

「永遠同意任何人說的話。」智者微笑著說道。

那人簡直不敢相信自己的耳朵,

「不會吧!怎麼可能!不可能那麼簡單!」他大喊。

「你說得對,不可能那麼簡單。」智者回答。

生活會變得簡單,是因為你採用了階層原則。相反地,當我們將一切視為平等時,生活就會變得非常複雜。當事物有同等的價值,它們就會在我們的生活中互相競爭,爭奪時間和空間。然而,當我們開始區分事物的輕重緩急,原本混亂複雜的生活便會逐漸變得有條有理。

簡單來自於對重要事物的清晰認識。對有些人來說,他們與上帝的關係定義了他們的生活,其他一切都是這段關係的延伸。對另一些人來說,與至親家人的關係是人生最重要的核心。對其他人來說,事業、生活品質、幫助他人或內心所感受到的召喚等,才是他們生命最重要的重心,其他的事情都是這個階層結構中的分支。

如果我們尚未定義出對自己而言什麼是重要的,生活就是複雜的。如果我們把太多事情視為同等重要,生活就是複雜的。如果沒有什麼事特別重要,生活就是複雜的。

你可以自行決定,對你而言什麼是重要的事物。這是維克多·弗蘭克(Viktor Frankl)在他的經典著作《活出意義來》(*Man's*

Search for Meaning）一書中所揭示的重要見解。他認為，我們可以決定或發明生命的意義。如果我們不這麼做，就可能會在人生中迷失。對有些人來說，用發明一詞來描述我們賦予人生的意義是很貼切的。而對有些人來說，「感受到更高層次的召喚」才是最能夠表達他們人生精髓的詞語。然而，當我們決定了階層結構中的最高位置時，這個位置的主題將會開始主導我們的生活，雖然更準確的說法應該是，我們會以此為中心來安排生活。

弗蘭克在其著作《意義的意志》（The Will To Meaning）中說道：

「價值的衝突沒有立足之地。然而，價值階層次序的經驗並不能免除人類的決策過程。人是受到本能驅使的，但是同時也受到價值的牽引。人始終擁有自由，去接受或拒絕一個處境所提供給他的價值。」

「你的生命有什麼意義？」這個問題不見得是個深奧的形而上學或超越性的問題，而是用來釐清方向的問題。或許更好的提問是：「你決定讓你的生命有什麼意義？」

讓它成真

警告：若你把生活建立在一些「你認為需要，但其實不是那麼在乎」的事情上，就會與真正的意義脫節。你會與自己內心最深層的渴望和抱負失去連結。你的生活非但無法變簡單，反而會越來越

複雜。

如果選擇成為創造者，那麼我們的使命就是孕育那些我們認為有意義的重要事物。我們賦予生活的意義便是創造出我們熱愛的成果，熱愛到願意為它付出努力、持續投入，並細心呵護。

那些一生都在反對某些事物的人，並無法從他們真正的願望（渴望與抱負）出發來思考問題。或許他們反對不公正，我們對此表示讚賞，因為世界上確實存在許多不公正的事情。那麼，如何才能以最好的方式來處理它呢？從解決問題的角度來看，我們抨擊不公正，但是從創造的角度來看，其實我們可以創造正義的存在。如果正義是我們所追求的，那麼只有反對不公正是不夠的。我們可以在社會中建構正義的願景，並使其有實現的可能。之後，以正義這個目標為前提去對抗不公正，那是主要選擇下的次要選擇。

沒有誰比馬丁‧路德‧金恩博士更了解這個原則。他帶著莫大的勇氣與堅強的品格對抗不公正，然而他也明白愛比仇恨更有力量。要用仇恨去煽動人們行動很容易，許多人都試過這麼做，而且取得了一些短暫的成功。不過，金恩博士從甘地和耶穌基督那裡學到了重要的一課，他號召群眾的方式是藉由最高原則的承諾，包括自由、愛、真理、公平、公正與正義等。他對自由和正義的熱愛，主導了這場運動的核心動機。在某些根本的層次上，他那看似複雜的人生，其實是最清晰且簡單的。他為愛、真理、自由、平等與正義的實現而努力。

簡單讓生命的詩歌得以流露

對於你想要創造的事物擁有清晰的認知，不只能簡化你的生活，同時會會打開一道內在力量的源泉，幫助你處理那些為了完成目標可能需要的次要選擇。那麼，要如何得到這樣的清晰呢？你要自己決定生命的核心意義是什麼。你的決定可能是一個偉大的社會議題，也可能是屬於個人的未來願景。不要認為它必須很重要才能算數，它只需要是你想要的樣子即可。活得簡單是一份禮物，讓生活充滿無意義的複雜事物是沉重的負擔，人生走到最後，那些複雜的東西往往都不重要。

一個人過世時，我們會記得的通常是那些日常生活一起度過的小時光。她找不到鑰匙的時候；他在圖書館終於找到那本一直遍尋不著的書，充滿驚喜的那一刻；她為派對做了咖啡蛋糕，讓大家讚不絕口的時候；他錯過了飛機，卻及時趕上了下一班飛機的時候；她打錯電話，結果你們卻意外聊了一整個小時的時候。

這些生活中的片段與瞬間，在發生當下我們或許不曾察覺，卻早已悄悄烙印在潛意識裡。在這些珍貴的時刻，我們當時常常不會意識到它們有多重要，直到日後回顧，才終於恍然大悟。為什麼我們當時不明白呢？

通常是因為我們的腦袋充斥著對人生偉大目標的雄心壯志。我們可能錯過了當下的詩歌，錯過了眼前小事蘊含的喜悅，等到一切為時已晚才發現。

我的父親突然去世後，我母親做了一件不尋常的事。就在救護

車把他載走之後,她走進客廳,拿出數本他們多年來收集的相簿。她坐在那裡一個多小時,翻看著兩人幾十年來一起拍下的生活照。她會說,「這裡是我們去聖文森搭郵輪旅行的照片,他看到沙灘上的芒果興奮極了⋯⋯再看看這張,這是那時候⋯⋯」當時她整個人處於震驚之中,但她也在從最真實、最重要、最有意義的角度回顧他們的生活——那些成千上萬的渺小瞬間,而我們往往在那些時刻的當下沒有加以留意。我們錯過了,因為我們被那些最終證明毫不重要的繁瑣雜事分散了注意力。

我們可以訓練自己去看見那些正在眼前發生的偉大奇蹟。調整耳朵的頻率,傾聽平凡時刻裡的詩歌,儘管當時沒什麼特別的事發生。認真看清楚那些真正存在於當下的事物。當我們這麼做時,將會感激每一個早晨的到來。我們會重新思考生活,並真實體會到,擁有一個值得活著的人生是何等快樂,完全按照自己理想的方式與節奏綻放的人生。最後,我們會悟出一個非常簡單的真理:我們已經收到禮物了,這份禮物就是「生命」。沒錯,就是這麼簡單。

原則四

不要追求規則。

有些人把希望寄託於找到正確的系統、方法論、研究方式、規則、規範和生活之道等。他們認為,如果運用上這些規則,一切就會順順利利。所以他們全心投入各種流程,對這些人來說,他們運

用規則的嫻熟程度，成了考驗他們是否真誠的標準。他們會引用一些權威人士的話來佐證個人方法的正確性，像是作家、大師、專業人士，以及智者等。一旦遇到那些喜歡即興發揮、勇於創新，並打破所有規則來創造自己想要的結果的人時，他們反而感到不安。

我們這裡談的，並不是那種「學習一般做法，然後融入自己的創造過程」的智慧，而是我們稱之為「順從方程式」的思維：你越遵守規則，就應該越成功；你越偏離規則，就越可能失敗收場。

一旦你建立起結構性張力，你可以採用符合常規的傳統方法來達成目標。也可以選擇創新的方式。很多時候，你可能需要發明新的流程，因為當前的現實情況缺少一些必要條件去執行傳統方法。在我們的企業工作中，管理團隊往往沒有足夠的時間和資金來使用傳統方法達成預設目標。他們很常要面臨二選一的決擇：放棄目標，或者發明新方法來達成目標。

我的朋友泰瑞・奧提斯基（Terry Ortynsky）在加拿大擁有數個汽車經銷公司。他一直希望能為顧客提供更好、更快速、更高品質的服務。他的公司與大多數同業一樣，擁有獨立的零件部門和維修服務部門。當技師需要零件時，必須先下訂單，然後等待零件部門交付零件。不過，這樣的工作流程其實對技師和顧客兩者都造成了延誤。

泰瑞將經營目標設定為「提供快速、方便和高品質的顧客服務」，因此他做了一件業內前所未聞的創舉。他打造了一個系統，讓技師擁有自己的零件庫存，並能在需要時輕鬆取得。這項改變對於汽車的定期保養維修尤其管用。維修時間減少了一半，甚至服務

品質也顯著提升了。

此外，泰瑞還計算了顧客在購買車輛時辦妥文書流程所需的時間，包括登記、確保貸款、過戶等等。原本顧客平均要在辦公室待上三十五分鐘，但是在設定新目標並檢視實際情況後，他的管理團隊成功將這個時間縮短到七分鐘以內！

這只是一名創造者為了達成目標而發明新方法的兩個例子，這些創新來自於結構性張力，因為他意識到傳統方法無法幫助他實現想要的結果。

如果你是傳統常規的奴隸，你等於是被困在一個僵化的概念之中，亦即做一件事只有一種正確方式。然而，世界上可能還有很多「正確的方式」，只要是行得通的方式就好了。而且，所謂的正確方式也未必永遠適用於你的情況。不要成為過程的奴隸。在達成目標的道路上，你可能會需要發明出屬於自己的流程，一些別人從未想過的做法。而你發明的那些流程，或許會比你原本所學到的更好、更有效。

創造人生的長遠視野

謹記這些原則之後，我們便可以開始著眼於長遠的視野。

想像未來二十五年或三十年的人生。對大部分的人來說，這可能有點困難。那我們要如何做到呢？

先不去考慮細節會很有幫助。人生的發展會出現各種我們意想不到的轉折。有時我們明明朝著某個方向前進，多年後卻發現自己

走向了截然不同的路。然而，有一些事可能對我們而言始終都很重要。當我們思考未來的長遠願景這個問題時，可以分成兩種類型的經驗來探討：一種是內在生活，另一種則是外在生活。

內在世界的草圖

在這兩者之中，我們的內在生活遠比外在生活重要得多。一個人即使擁有優渥的環境、富裕的生活條件、優秀的事業發展，以及生活種種美好事物，依然可能感到不安、憂鬱、提不起勁，甚至陷入絕望。相反的，一個人就算無法享有物質生活的種種富足，仍然可以擁有內心的平靜、對生命的投入，以及對未來的希望。外在條件與內在狀態是各自獨立的。雖然，我們當然希望兩者都能擁有最佳狀態，但我們必須了解，在整體的人生體驗中，內在狀態遠比外在條件更重要許多。

從內在的角度來看，當你展望未來的人生時，你希望它是什麼樣子？對你來說，重要的事是什麼？當你開始描繪未來的自己時，以下有些事是你必須思考的：你的心理狀態、你對於手上做的事感興趣的投入程度、你生活中熱愛的人事物、你與他人的互動關係、你運用時間的方式、你的健康狀況、你與自我的關係、你的朋友圈與社群連結。有餘裕的話，還可以考慮一些內在世界的其他因素，例如你的精神滿足感、你對生命核心價值的承諾、你的人生方向是否清晰，以及你的歸屬感。

上述的思考，都是在為你的草圖做準備。現在，想像你未來內

在世界的樣貌吧！在那個階段，你會希望如何經歷人生？你很可能希望那是一段美好經歷。現在就想像那段美好經歷吧。具體化描繪出來，想像它帶來的感受，想像自己正置身其中，親身體驗你所渴望的未來。（花個三十秒到幾分鐘，就可以勾勒出一幅不錯的草圖。）這將會是你的第一張草圖。現在就開始吧！

兩條道路

許多人似乎在人生的某個階段都會遇到一條分岔路，兩條路各自通往兩個截然不同的世界。在其中一個世界裡，他們已經與自己的生活達成和解，整個人感覺就像回到自己的家那樣安心，內心找到了歸屬。另一個世界則完全不同，在那裡，人們經歷的是失望、怨懟、憤怒、失去活力和絕望。他們做了正確的事，卻始終未能獲得應有的回報。他們成了輸家、陷入難解的困境，更看不到任何解脫的希望和出口。

處於這個黑暗世界的人，常覺得自己遭受了不公平的待遇。他們可能曾以為，只要做正確的事、達成正確的目標、累積足夠的資產、賺到足夠的金錢等等，幸福就會隨之而來。然而，我們必須時刻提醒自己的是，物質本身並不會為我們帶來幸福。

你所創造的內在狀態，能夠驅動其他的一切。從人生的長期視角來看，如果你是自由的──內心自由，在生活中也感到自由，那麼你便已達到了一種深刻且豐盈的內在富足。自由也有其外在的表達形式。政治自由就是一個實際的因素，影響著我們如何組織社

會。此外，健康的身體也是自由的其中一個面向。隨著我們的年齡逐漸增長，我們可能不再擁有年輕歲月的身體自由。然而，無論外在環境條件如何，內在的自由始終是可得的，包括思想的自由、愛人的自由、想像的自由、創造的自由等等。這種自由或許是可以具體感受的，卻難以用言語形容。

另一種處於光明世界的人會感受到的內在體驗，是內心的平靜。內心的平靜並不等於永遠活在寧靜或被動順從的狀態，而是一種「深知一切終將安然無事」的信念。種種的問題，若非已經找到解答，就是被暫時擱置了。一切事物皆恰如其分——這個世界儘管並不完美，卻仍值得我們生活其中。正如羅伯特・佛羅斯特在其詩作《白樺樹》（*Birches*）中所說：「地球就是愛的歸宿，我不知道去哪裡會更好。」

內心平靜的另一個層面，是與自己的生命，或更高的意識、宇宙、神，甚至自然之間產生深刻的連結。內心的平靜並非衝突中止的產物，而是來自於你全心投入那些對你而言極為重要之事物。

遺憾

羅伯特・佛羅斯特以其令人驚嘆的洞見，在詩作《小河西流》（*West Running Brook*）中教導了我們許多智慧。這首詩描述了張力的力量、對立運動的作用，以及事物如何與自身對抗。整首詩的結構是由一系列成對的元素構成的。一對男女看見一條鄉間溪流，但是與大多數向東流入海洋的溪流不同，這條小河流向西方。

> 它究竟在想什麼？竟然向西流，
> 此時所有其他的鄉間溪流都向東奔去
> 流向大海……

這個問題開啟了一場關於對比原則的探討，特別是「對立並存」這一原則。這對男女注意到溪水因溪中一塊岩石的阻擋而濺起水花。飛濺的水花開啟了他們的對話，使這對男女逐漸形成一種新的想法，亦即存在的本質不僅是順流而行，其中還包含著逆流而上的本能。

> 談到對立的力量，看看溪流如何
> 在那些白色浪花裡與自身逆行。
> 這流水原本即是我們的來處，
> 遠遠在我們從任何生命中誕生之前，早已存在。

這個概念指出，人類天生就帶有一種張力間的動態變化。佛羅斯特這樣描述這種張力：

> 正是在這種朝向源頭的回溯運動、
> 逆流而上的力量中，我們最能夠看見自己的身影。
> 這是水流對源頭的致敬。
> 我們本就源於自然中的這股力量。

在詩的前段，佛羅斯特如此描述這種溪流的運動：

不只是一種急轉彎，而是一種回頭，
彷彿其中包含著遺憾，且是神聖的。

遺憾或後悔是神聖的，這個概念是精彩絕倫的洞察。我們對生活的投入，最終必然會導致一些遺憾。我們通常會將遺憾視為一種負面經驗，然而，有些形式的遺憾，其實與人生中最美好時刻的微妙本質密不可分。孩子長大，離家了，開始獨立生活，建立自己的家庭、結交新朋友、談戀愛和追求個人興趣。一方面我們希望他們能夠出去闖蕩，但當他們真正離家時，心中仍會泛起一絲不捨。我們會想起他們年幼時的模樣——他們的純真、成長經歷的種種考驗，以及他們與生俱來的甜美可愛。我們當然不希望孩子永遠停留在十歲，我們期盼他們成長、成熟，學會如何盡其所能活出自己的人生。但我們仍然會感到遺憾，因為生命中的一段寶貴時光已經結束了。這種遺憾是神聖的。

並非所有的遺憾或後悔都是神聖的。有些遺憾夾雜著苦澀、敵意與惱怒，因為生活未如預期的發展，所以我們把責任歸咎於整個宇宙。

神聖的遺憾雖伴隨著一些苦楚，卻也帶著甘甜的滋味。如果你的人生一直以來都充滿了喜悅、愛與美好的關係，那麼神聖的遺憾將成為你內在長遠體驗的一部分。如果你曾做過富有意義的工作與事業，它就會存在。如果你曾經歷過偉大的冒險、創造出卓越的作

品、為社區服務、行善助人，它就會存在。它會存在，是因為人生的寶貴時刻終究會隨著時間之河順流而下，而我們的本能卻總是逆流而上，試圖回到源頭。

另一種形式的遺憾

　　還有一種遺憾，是來自我們曾經做過、但如今感到懊悔的事情。多年來，我一直難以理解天主教的「告解聖事」有何意義，並對這樣的概念感到十分困惑。承認自己的過錯，真的能改變我們的看法或減輕內心的負擔嗎？然而，漸漸地，我開始慢慢了解到這種做法的力量。而且，你不必是天主教徒，也能理解告解、懺悔這種行為背後更根本的道理。我們都不完美，是人都會犯錯。有些錯誤是所謂的無心之過，我們已經盡了最大努力，但依然沒能如願做好。這類的錯誤能讓我們從中汲取教訓、學習成長。

　　也有另一種類型的錯誤。我們失敗了，但並非因為我們嘗試過後沒有成功，我們之所以失敗，是因為未能忠於自己、忠於個人的價值觀、忠於內心認為正確的事。有些事我們當時或許以為自己的做法是對的，但事後回顧，才發現自己錯得離譜。

　　多年來，我發現自己經常回想起這種時刻。那個時候，我曾說出傷人的話……那個時候，我的行為太不友善了……那個時候，我原本可以表現得更聰明、更優秀、更善解人意，也更忠於自己的價值觀……有些懊悔來自最近的生活時光，有些則是從前的過失。

　　每個人心中都藏有無數的懊悔或遺憾。我認為天主教會在其靈

性發展體系中內建了一個機制，以滿足我們這些不完美人類的需求：寬恕自己的罪過，並重獲翻開新篇章的能力。他們常說的一句話是：「去吧，別再犯罪了。」如同我之前說過的，這個原則不僅適用於天主教徒，我們每個人也都可以從中學習。無論我們以何種方式處理，都需要放下過去所背負的包袱，繼續前行。否則，人生的路途將會越來越沉重，舉步維艱。當心中未解決的懊悔不斷累積，生活就會從祝福變成負擔。

當你想像未來的自己時，請描繪一個擺脫這些包袱的自己。放下吧。你不需要刻意去遺忘，但你也不必像從前那樣，緊抓著那些記憶不放。讓過去的事留在過去，你會繼續向前邁進，繼續過你的人生，重新展開人生的新篇章。

善用結構性張力，創造你的內在生活

讓我們以之前討論過的那種內在目標，做一個結構性張力的實驗。我們會繼續把焦點放在長期的內在狀態，例如二十五年到三十年後的未來，或是對你而言合理的時間範圍。重點是拉出一個長遠的視角。

試想，當你來到那個人生階段時，你想要擁有怎樣的內在體驗？請記住我們之前討論過的一些原則：不要以解決問題的方式去思考，不要將你的內在狀態建立在身分認同上，不要以「遵守程序規則」這樣的方式來思考，不要以「完美無瑕」或「避免人際衝突」作為衡量標準。

想一想，在不考慮任何身分認同的情況下，你想創造什麼？想想你內在平靜的感受、你與自我和他人的關係、你對自己人生的投入程度、你的目標和核心意義等等。

第二份草圖

現在請以你的第一份草圖為基礎，進一步修飾改善。隨後，想像未來的你，已經成功創造出你所渴望的內在狀態了。想像這種狀態是什麼感覺，你的生活品質因此提升了多少？這種狀態有多麼清楚、純粹、簡單？你也可以再加入任何你認為重要的東西。這將是你創造「未來的自己」所繪製的第二份草圖。

現在，閉上你的眼睛，開始想像這個畫面（大約三十秒到幾分鐘即可）。

你已經描繪出那個理想的內在狀態了，接著來看看現實狀況。當前的內在狀態和你渴望的那個狀態相比，有什麼差異？觀察一下你已經實現了哪些目標，以及還有哪些地方與你的目標依然存在著落差。

閉上眼睛，專注去感受當下的內在狀態（大約三十秒到幾分鐘即可）。

現在你對自己想要創造的結果和起點都有了概念。

接下來的步驟，是將這兩者一**起**放在同一個結構中。稍後，開始想像你所渴望的未來狀態，大約三十秒之後，開始加入當前狀態的畫面。最好的做法是採用分割畫面的處理方式：在螢幕的上半部，想像你渴望的內在狀態畫面。在螢幕的下半部，描繪出你當前

的內在體驗。

讓這兩個畫面同時存在幾分鐘的時間。過程中，請留意「當前狀態」與「理想狀態」之間的差距所建構的張力。

請記住，讓你的大腦來完成這個過程。不要急著解決這股張力，而是讓大腦自行應付處理。你現在做的只是拉開弓弦、瞄準箭靶。為這一箭的擊發做好準備。為了順利達成目標，你正在為自己校準定位，蓄勢待發。

現在你已經了解這種技巧的做法，試試看吧。

長期的外在目標

雖然我們無法預測久遠的未來以後人生會是什麼樣子，但我們心中可以設定一些目標。面對未來的發展，最好保持概括性方向即可，不要加入過多細節。

對於自己將來想要住在哪裡，至少生活環境的要求，或許你已經有了一些初步的想法。是熱帶氣候嗎？是鄉村，還是城市？當然，你會希望擁有足夠的財富過上舒適的生活。也會希望自己健健康康，積極參與各種有興趣的活動。你想要的生活是什麼樣子？生活的感受和內心狀態如何呢？你希望如何運用時間？你的興趣是什麼？希望身邊有喜歡的親友與深愛的人陪伴。還有什麼對你來說很重要呢？

外在條件只是你生活的「後勤部分」，是承載內在狀態的「容器」。而擁有一個適合理想生活的容器也是一件很棒的事。

這個練習中，你只需要有一個大致的概念，不要試圖加入過多細節。你要回答的問題是：「長遠來看，我想要的是什麼？」

想想你當前的狀態與你渴望的狀態相比之下如何。你居住的狀況如何？你生活中來往的人呢？你的財務狀況如何？你的健康如何？你的興趣呢？

現在你可以建立結構性張力了。將注意力集中在你對未來生活的願景，然後將你的當前現實加進去，使其與你的長期目標相關聯。在腦海中保持這兩幅畫面幾分鐘的時間，採用分割畫面的方式——將願景放在畫面上方，當前現實放在畫面下方。

現在就試試看吧。

創造你的未來

到目前為止，我們在本章探討的概念，類似於健身或慢跑前要做的一系列伸展運動。這麼做可以幫助我們熱身，做好準備，以利於用長遠的視角來思考人生，並清楚理解內在目標與外在目標的不同，讓我們能夠更明確地知道自己想要的生活方向。

這部分內容所提出的許多原則，都是值得一生反覆回顧的智慧。其中一個實用的經驗法則就是：重新思考每一件事。然後自我進行內在探索，與那些對你最重要的事物保持連結，並努力以這些你所珍視的面向為中心，來創造你的生活。

在下一章中，當我們著手規劃未來一到五年的目標時，可以將之前對長遠目標的見解牢記在心。我們能運用許多相同的原則來設

定這些目標，從而更清楚理解當下的創造過程如何與我們的人生長遠方向連結。

CHAPTER 08
一年期和五年期計畫

☺ ☻ ☺

　　我們已經嘗試運用結構性張力圖表來規畫短期目標,也思考過人生的長遠方向。現在,是時候聚焦未來幾年的生活重點了。對大多數人而言,設定一年期的時間框架,有助於釐清自己想要實現的主要目標、需要採取的行動,以及可能有幫助的整體策略。五年期的計畫也同樣有用。

　　一年期和五年期的目標與展望,相輔相成。當我們規畫未來一年的細節時,同時也會掌握未來五年的大方向與關鍵里程碑。

　　這樣的思維方式,就像那些優秀出色的撞球選手。他們不僅會將球打進袋中,還會讓母球停留在有利的位置,為下一桿鋪路,以利後續擊落更多球。他們會同時考慮短期與長期之間的關係,我們也應該如此效法。

從內在到外在

雖然本章的大部分內容都著重在創造過程的操作機制，但我們同時也需要正確的思維取向與精神狀態。正如上一章所說，雖然我們也希望創造有利的外在條件，但內在的生活體驗比外在環境更為重要。而且，我們也該時常提醒自己，人生中的外在事物並無法帶來長久的快樂。

因此，我們的首要工作是內在層面的。不過，我們的創造過程並非是一種解決問題的方式，不會試圖透過外在環境的成功來解決生活的複雜難題。創造並不是一種治療方法，也不是一種療癒過程，更不是問題的解決方案。創造，是一種能把你真正關心、願意投入時間、才華和精力的事物化為現實的方式。

我們當然希望擁有稱心如意的外在生活。然而，如果我們企圖藉由外在環境來補償內在的衝突矛盾、痛苦、困惑與焦慮，那麼就等於是在寄望內在狀態可以因外在情境而改變。這並不是一個良好的創造基礎。

事實上，你所創造的內在生活，更容易顯化為外在現實。反過來，你其實很難透過外在世界來改變內在狀態。

生活品質

在確定未來一年到五年內想要創造的實際目標之前，我們先來思考這段期間你**內在生活的品質**。你希望它是什麼子？你想要擁有什麼樣的感覺基調、精神狀態、投入程度和興趣？你會渴望擁有希

望,擁有對生命的熱愛、愛的感覺,以及清楚的方向。這些內在生活的面向就是所謂的「品質」,它們並非是個可以抵達的終點,而是一種可以實現的存在狀態。

身為創造者,除了設定具體的物質目標之外,也可以將創造的方向聚焦於這些存在狀態。如果你在思考主要目標之前先做到這一點,就能擁有更穩固的基礎,進而開始創造。

請花些時間,想像一下,未來一年內你希望如何體驗生活。

然後,再想像未來五年的生活。

如果你發現自己對這兩段時間的期望幾乎一致,也不用感到太驚訝。我們所渴望的內在狀態,其實不會變化太多。

你可以試試這個練習:閉上眼睛,想像你想要創造的內在狀態。然後覺察你當下的內在狀態。將注意力同時放在這兩種狀態上,持續三十秒至幾分鐘的時間。鬆開注意力,再睜開眼睛。

為頭腦建立結構性張力

請記住:如果你為頭腦建立結構性張力,它就會開始尋找策略來完成這項創造。當然,你可能需要採取各種行動。結構性張力將會同時促成內在**轉變**與外在行動,這兩者結合起來,將能幫助你達成理想中的內在狀態。隨著你一再重複這個練習並採取必要行動,你會逐漸感受到,內在**體驗**將迅速趨近於你渴望的存在狀態,直到兩者達成一致。即使外在條件起初沒有顯著變化,你的內在狀態也會有所改變。慢慢地,你會體會到生活的外在環境與內在豐盈之間,其實存在著顯著的區別。當這個現象開始發生時,你會發現,

你所處的環境並不是驅動人生的主要力量——而是你自己。這種重新定位的觀點，亦即從被動受限於環境影響，轉而成為主動創造者，將使你處於一個更有利的位置去創造自己想要的外在環境與生活條件。

在你開始思考接下來的一年想要實現的具體目標之前，請先思考這些目標將會誕生在什麼樣的**背景**之中。這個「背景」指的是你生活的整體品質，而這涵蓋了內在與外在兩個層面。你如何運用時間？你身邊圍繞著什麼樣的人？你的健康狀況如何？你的財務、職業或事業發展如何？請記住，在這個時間點上，回答這些問題時，我們要思考與關注的重點是**生活品質**，而不是具體目標。

生活品質並**不等同**於生活方式。你可能將生活重心放在事業上，而因為如此，你需要經常出差，這是一種支持你主要選擇的次要選擇。你可能不喜歡旅行，但是在這個例子裡，你可能很喜歡目前的生活品質，但並不喜歡這種生活方式。你妥協於生活方式的安排，以支撐更高階層的事業目標。即使你必須經常出差，但生活體驗的品質仍可能高度符合你想要的狀態，無論是在旅途上，或是回到家中。

你的目標

在思考過整體的生活品質之後，請開始思考你想要完成的主要目標。對我而言，每年我都有一些特別重要的項目想要完成，或許是一本想寫的書、一部想拍攝的電影、一部想譜曲的歌劇，或是一

個想開發的新工作坊或產品。有時，我可能會突然對某個新發現產生興趣，或是找到某件我想學習的新事物。多年前，我曾為自己設定一個重要目標：學會正確的打字方式。直到今天（甚至是敲下這些文字的此時此刻），每每想起當初設下這個目標並成功達標的自己，心中仍滿懷感激。

剛剛我提到的這些目標，都與「成就」有關，然而也有一些目標跟大型專案或職涯成就無關，卻同樣重要且值得我們珍視。我有些目標就與家庭有關，譬如邀請兒子伊凡和他的伴侶珍來訪，或是坐在觀眾席中觀看女兒伊芙的學校戲劇演出。感恩節、聖誕節等節日，都是十分重要的珍貴時刻。對我而言，這類目標與實現一項重要的職涯里程碑同樣深具意義。

設定你的下一個人生階段

想想即將到來的一年。你希望創造哪些改變？生活中有哪些面向是你想繼續保持或是進一步發展的？你希望達成哪些成果？

再想想接下來的五年。你希望創造哪些改變？生活中有哪些面向是你想繼續保持或是進一步發展的？你希望達成哪些成果？

注意這兩者之間的關係。一年期和五年期的目標一致嗎？它們之間的關係是什麼？我們希望它們是有穩定的連貫性且互相協調的，而不是彼此衝突。請根據需要進行調整，讓這兩個時間框架步調與方向一致。稍後，你將有機會去設定一些目標。在那麼做之前，探索一下自己對一年期和五年期計畫的看法，並思考兩者之間

的關係,將會很有幫助。

思考你的目標

　　記住,思考時要從「你渴望實現的結果」這個角度出發,而不是聚焦在你想要消滅的問題,也不是那些你可能會採取的步驟。我們專注於思考,第一個專注焦點就是「你想要創造的最終成果」。

　　現在,請拿出一張紙,列出至少十個你希望實現的小目標。這個練習有兩個目的:找出一些你想達成的實際成果,為下一張更複雜的清單暖暖身。好!現在就開始吧。接著,再列一份新的清單。這次,列出十個你認為有意義的主要目標。這些目標的時間框架也是一年。不過,有些比較大型的目標可能需要更長的時間來實現,因此你可能還需要考慮這些長期目標一年後的進度跟狀況。到那個時候,你需要做好哪些準備?

　　寫清單的時候,必須思考是否契合你想要的生活品質。這些目標必須與你的生活品質相符,不能互相矛盾,除非你的目標是一個次要選擇(為了支持更高階層的主要選擇,以利於創造你理想中的生活品質)。

　　請列出未來一年內,你想實現的五至十個目標。
　　再列出未來五年內,你想實現的五到十個目標。

　　檢視這兩張清單之間的關係,並根據需要進行調整,以確保彼此沒有利益衝突。而且短期目標與長期目標互相呼應、協調一致。

讓目標更完善

現在你已經寫下了兩份清單的草稿,以下方法可以讓清單更完善。請根據下方建議,逐項檢查清單中的內容。

1. 想像你描述的成果畫面。問自己:「這是我想創造的結果嗎?」

如果答案是**肯定的**,表示你已經描述出真正渴望的結果。透過對清單中的每個項目逐一檢查,有助於你進一步釐清目標,讓目標更完善,你就能放心以它們為中心來安排行動。

如果答案是**否定的**,那麼你還有更多工作要做。請繼續描述你真正渴望創造的結果。但不要被誤導,以為有更多細節就會為你帶來更多資訊。你的目標應該是宏觀的,而非過度講究細節;應該是清晰的,而不是模糊不清;應該是一種大方向的未來藍圖,而非細微末節的瑣事。

2. 你有做到盡可能量化目標嗎?

只要你可以,請為你的目標設定具體數值。若你知道結果是「五個新客戶」而不是模糊的「業務成長」,規畫行動時就會更容易。清楚直接瞄準目標,要做到這一點,你必須為你想要創造的事物做出真正的決策。每當你為某個可量化的項目標上數字時,就能更清楚定義那個項目。未來你要描繪當前的現實情況時,也會更明確。因此,養成量化目標的習慣,有助於你在行動時精準有力。

3. 你有避免使用比較性的詞彙嗎？如果沒有，請重寫。

例如「更多」、「更好」、「更少」或「增加」這類皆屬於比較性詞彙。這些詞彙只有在與其他事物比較時才有意義。舉例來說，「更好的健康狀況」是相對於現在健康狀況，期盼身體在未來達到的狀態。但這種描述並不能清楚講出你到底想要什麼。例如，如果你的健康情況很差，「更好的健康狀況」可能還是不夠，而「不夠健康」並不是你想要的！與其使用比較性詞彙，不如直接描述你實際想要的結果，在這個例子是「身體非常健康」。

4. 你是在創造結果，還是在解決問題？

解決問題是採取行動讓某些事物不見，也就是讓問題消失。創造結果則是採取行動讓某些事物出現，也就是讓目標得以完全實現。如果你以解決問題的角度來書寫目標，就會把自己局限在「消除和迴避」，而非「創造和建構」。因此，要創造出你渴望的結果，最大的祕訣就是：請把描述重點放在你想創造的事物，而不是你想消除的問題。

以下是這個原則的一些例子：

✕：克服我的體重問題。
〇：我的體重要降到六十八公斤。

✕：修理屋頂，讓它不要再漏水。
〇：保持完美的屋頂狀態。

✕：擺脫過於繁忙的工作安排。

○：規畫完善且可執行的工作時程，兼顧家庭與事業的平衡。

5. 你是在描述一個過程，還是實際的結果？

過程告訴我們的是「如何做」（HOW），亦即我們如何達成目標。而最終的結果告訴我們的是「要達成什麼」（WHAT），也就是我們希望實現的結果。過程永遠是為了服務最終的結果，那是它存在的目的。在「主圖」（目標清單）中，你應該著重在描述成果，而不是過程——是「你要達成什麼」，而不是「你如何做」。

以下是這些原則的一些例子：

✕：每天跑步六公里。
○：擁有結實健康的身體。

✕：讓我的另一半同意度假。
○：一趟全家人都熱愛的假期。

✕：學習 PhotoShop（一種電腦軟體）。
○：精通 PhotoShop。

6. 你的目標是具體的，還是模糊的？

讓你的最終結果具體化，而不是模糊不清的，這樣更容易規劃、安排行動。如同我們在這份清單開頭所說的，一個實用的經驗

法則是，如果清單中的項目可以量化，就該量化。若有些項目不容易量化，依然可以運用這個原則，使其盡量具體化。

檢視你的一年期和五年期目標清單，然後**選一個出來**，作為其中一個最重要的目標。這個目標將成為結構性張力「主圖」的主題。這張圖表既是一份行動藍圖，也是用來追蹤進度的回饋系統。當你開始建構結構性張力圖表時，會越來越清楚達成目標需要做些什麼，並掌握具體條件。你將能正確評估當前現實的變化，並根據過程中所學的實際經驗，持續調整後面的行動。

建立一張結構性張力圖表

流程的下一步，是以你選定的目標為主角，建立一張結構性張力圖表。整個創造過程，我們都用得到這張圖表。我們可以追蹤進度、更新當前情況、管理截止日期，並將注意力集中在結構性張力當下的狀態。所有行動都是整體動態的一部分，在這個整體動態中，創造過程會產生動能，推動我們朝著目標前進。有一些行動非常有邏輯，有些則是我們所謂的「內在創造」。我們設想最終結果、當前現實、進展、學習等等，並成為這個動態過程的一部分。當我們同時聚焦在目標和當前現實，就會開始進入結構性張力的狀態。大腦會開始設法去解決這股張力，朝向我們渴望的結果前進。我們會發現，自己其實具備足夠的能量去採取所有必要的行動步驟。我們也會突然產生新的想法，讓工作更有效率，發揮更大效果。巧合的事件不斷發生，大力推動我們前進。我們會開始感覺到

一股越來越強的推動力,知道自己正在穩步前進,而且目標明確。

要打造結構性張力圖表,請選定一個目標。

思考你想實現的最終結果,並開始描述當前現狀。就這個目標而言,你現在具備了哪些條件?請花點時間,簡單描述一下目前大致的情況。現在就做。

當前現實的檢查清單

現在你已經定義了目標,也描述出當前現實了,下面這份檢查清單將有助於你檢視清單的完善度。請根據需要來調整你的描述。

1. 你在描述當前現實時,是以目標作為參照點嗎?

例如,如果你的目標是蓋一棟度假別墅,你是否列出了目前所有的情況?譬如資金、建築技能、房產市場現況、當地承包商資源等等?

2. 你有納入相關畫面嗎?以及,

3. 你有描繪完整的畫面嗎?

例如,勾勒完整畫面時,我們是否有充分掌握當前狀態與未來狀態之間的關聯?建立結構性張力時,最好以畫面形式來思考。

4. 將假設和主觀評論轉為客觀的新聞報導式描述。

描述當前現實時，留意是否有個人主觀的假設成分。不要用假設來描述，而是盡可能客觀陳述實際情況。

5. 描述現實情況時，你有沒有刻意誇大？

請避免誇大現實，使其看起來比實際情況更好或更糟。

6. 你是直接陳述現實狀況，還是單純描述它怎麼變成這樣的？

現實狀況是如何發展成現在這樣，並不重要。我們真正需要了解的是目前所處的狀況。我們或許可以從過去發生的過程學到一些東西，那當然很好，但在建構結構性張力的圖表時，請忽略那段過程，只要描述我們此時此刻的處境就好。

7. 你是否已納入所有必要的事實？

在你的目標中，可能有些面向需要考慮特定的現實情況。例如，如果你立下減重的目標，當前現實就應該涵蓋目前的體重資訊。如果你的目標和時間有關，當前現實或許就要知道距離截止日還剩多少時間。想想看，是否還有其他應該考量的關鍵資訊，有助於你建立足夠完整的當前現實樣貌？如果有，請務必一併列出。

規畫行動步驟

現在我們已經定義出目標，也描述了當前現實，接下來就準備

來規畫行動計畫了。最好的方法是，使用我們在設定短期目標運用的表格。將目標寫在頁面上方的空白方框中，當前現實則放在頁面下方的空白方框中，然後在這兩個框框之間列出行動步驟。

一旦建立了結構性張力，接下來的問題自然是，我們該如何從「這裡」移動到「那裡」？當我們思考這種對比時，各種想法就會開始浮現出來。其中有些想法非常直接明顯，那是好事。通常，有很多行動是我們原本就會去做的事，然而，在結構性張力的背景下，它們變得更加聚焦、更有方向性。

我們也會產生許多新點子。記住，一旦我們建立起結構性張力，大腦便會想積極解決這些張力，我們的創新精神與創造力也將跟著被激發出來。

平凡與非凡的想法將交織在一起，幫助你回答這個問題：「我該如何達成目標？」

畫這張結構性張力圖表時，一開始先不要列出太多細節，掌握大致概況即可。完成這張圖表之後，我們就會知道如何為每個步驟發展細節，而且進行方式也不會讓人有太大負擔。也就是說，我們的行動計畫應該是一個總體行動的藍圖，不用填滿過多細節。

現在，請製作一張結構性張力的表格（目標放在頁面最上方，當前現實放在最下方），然後在這兩點中間列出你要採取的行動步驟，以利實現目標。

準備好就動筆吧。

如果你已經寫好所有的行動步驟，請為每個步驟設定一個預計完成日期。這個動作有助於你掌握：**每個步驟需要在何時完成**，才

能在你設定的期限內實現目標。

接下來,針對你的行動步驟設下完成日期。
並利用以下的檢查清單讓行動步驟更完善。

行動步驟檢查清單

1. 問自己:「如果我採取這些步驟,可以實現目標嗎?」

這個問題的答案只有「會」或「不會」。如果答案是「不會」,就繼續填寫更多行動步驟,直到答案變成「會」為止。如果答案是「會」,則表示你已經完成了行動步驟的撰寫。

2. 你的行動步驟是否準確、簡潔扼要?

有時候,人們往往會在描述行動時寫下太多細節。一兩個簡短的句子會比一堆冗長的句子更好。請盡量簡短扼要。並在心中想像這個行動步驟的畫面,這將幫助你更加精確對準目標。

3. 每個行動步驟是否都有完成期限?

設下截止日期,能為你描述的當前現實增添真實感。截止日期可以將每個行動置於時間框架之中,如果行動在截止日期前完成,那麼就能與各項行動融為一體,共同推動目標的實現。

套疊展開法：發展細節的方法

當我們思考剛剛建構完成的結構性張力圖表時，每個行動步驟都代表一個主要行動。但是，要完成這些主要行動，還需要執行很多其他小步驟。

那麼，我們要如何描述並組織這些不同的行動呢？如果一口氣列出所有需要做的事，我們可能會瘋掉，並感到不知所措，因為那看起來會十分嚇人。因此，為了避免自己陷入分心混亂中，我們要分開來思考。先專注於大方向，再來處理必要的細節。我們將使用一個名為「套疊展開法」（telescoping）的技巧。

什麼是套疊展開法？

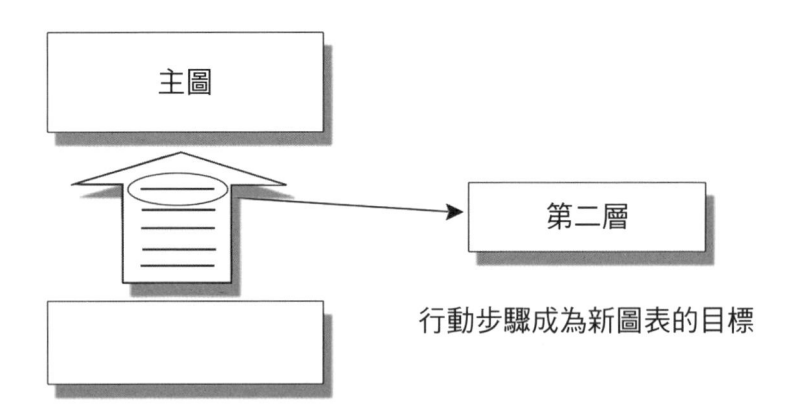

主圖

第二層

行動步驟成為新圖表的目標

如伸縮望遠鏡般的「套疊展開法」正如其名，把小型的行動事件鑲嵌在大型的主結構環節內。在主圖中，每個行動步驟都可以進一步展開，成為一份全新的結構性張力圖表的目標。

一張新的結構性張力圖表

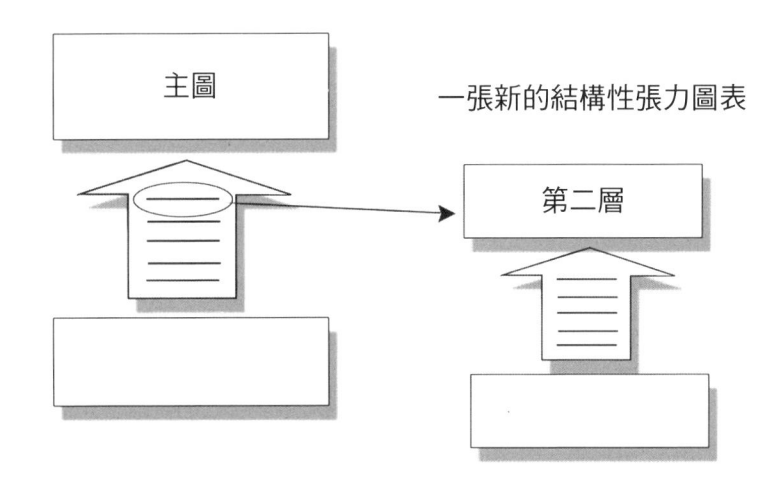

當行動步驟成為新的套疊展開圖的目標時,接下來我們要描述其當前現實、行動步驟、預計完成日期,以及負責對象:

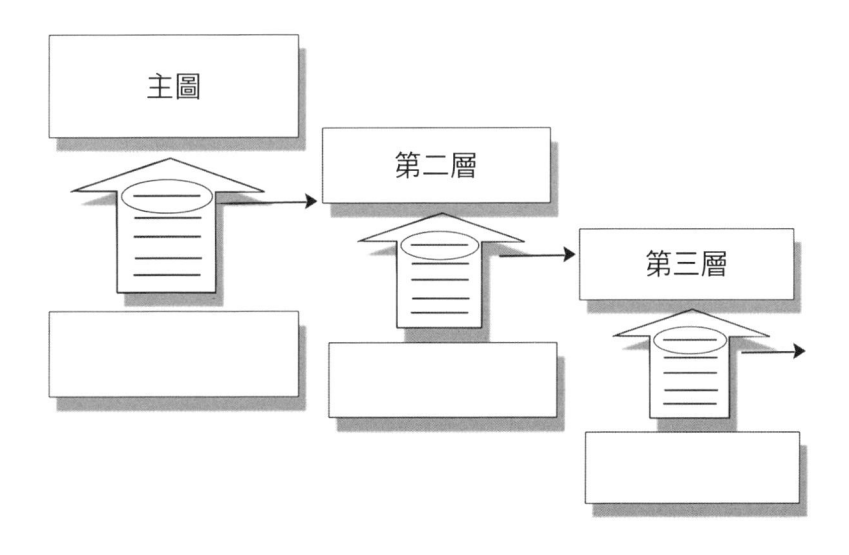

主圖上的每個行動步驟都有可能延伸出自己的結構性張力圖表。而每一張新的第二層圖表,還可以進一步套疊式展開為第三

層、第四層圖表,依此類推。這裡就是發展出嚴密細節的地方。

套疊展開法的效益

套疊展開法是一種可以同時掌握整體概況,並有效管理細節的極佳方法。它提供了一套回饋系統、追蹤機制,以及個人化的管理方法,引導我們透過一個全面性的流程實現目標。大多數的計畫都有一個「主圖」,其中一到兩層的行動步驟會進一步發展成更細節的結構性張力圖表。通常,每個計畫不需要太多圖表,但是若我們同時處理多個計畫,或是計畫特別複雜時,可能就必須管理大量圖表。出現這種情況時,使用電腦軟體來管理這些圖表會更有效率。

在電腦上執行

建構結構性張力圖表最方便的方法之一,就是善用電腦。有一款專門設計來管理結構性張力圖表的優秀軟體,名為 Alisar Charting。這款程式是專為管理與組織領域所開發的,也是根據我的著作《管理者的最小阻力之路》(*The Path of Least Resistance for Managers*)而設計的。這個軟體能管理整個組織的結構性張力圖表,自動化追蹤系統,並使下層的圖表可以明確對應到其上層圖表,讓所有人都能清楚理解行動的邏輯。這套系統讓管理者能高度掌控其管理系統,但無需過度干涉過程的細節。

以下範例是使用 Alisar Charting 建構的主結構性張力圖表,及其對應的第二層圖表。

主圖

最終結果

禮品籃業務：我們專門打造獨特禮品籃，展現顧客的個人風格。這項業務是有盈利且可長久經營的，每年創造 50 萬美元的銷售額。我們從家庭式經營一路發展到小型零售店。顧客常常向親朋好友推薦我們。

行動步驟

- ☐ 供應商與我合作，尋找合理價格的獨特禮品　　　　（持續進行）JS
- ☐ 在熱門地段開設小型實體店　　　　　　　　　　　（第 4 年）JS
- ☐ 每年企業客戶銷售額達 20 萬美元，占總銷售額 60%　（第 3 年）JS
- ☐ 研究潛在的店面設置地點　　　　　　　　　　　　（第 2 年）JS
- ☐ 首批企業訂單銷售額達 2 萬美元，
  並且獲得機會被介紹給其他企業客戶　　　　　　　（第 2 年）JS
- ☐ 調查本地的社交活動團體　　　　　　　　　　　　（第 1 年）JS
- ☐ 為節日和教師禮品推出首批產品　　　　　　　　　（第 1 年）JS
- ☑ 創業準備　　　　　　　　　　　　　　　　　　　（2 個月）JS

當前現實

我剛搬到這座城市。我之前在另一個城市的同類型企業當經理。價格介於 20 美元至 100 美元之間，兼具品味與美味的禮品與贈品，通常會深受企業、老師和供應商的喜愛。在孩子年紀還小的這段期間，我希望在家工作。我的丈夫有一份穩定的好工作，因此風險是可控的。

第二層圖表

最終結果

創業準備（2 個月）：我能夠高效率製作首批產品並寄出。地下室有功能齊全的組裝與倉儲空間。電腦、會計軟體、電話和傳真機一切準備就緒，隨時可用。

行動步驟

- ☐ 設置地下室的組裝與倉儲區　　　（9/25）JS
- ☐ 建立小型企業會計帳冊　　　　　（9/23）LJ
- ☐ 註冊新的電子郵件帳號　　　　　（9/23）LJ
- ☐ 建立訂貨單　　　（9/17）JS
- ☐ 開發首批產品　　（9/15）JS
- ☐ 尋找餅乾、葡萄酒、水果、教師禮品等供應商　（9/5）JS
- ☐ 向州政府註冊公司名稱　　　　　（9/1）JS
- ☐ 完成事業策略與計畫書　　　　　（8/1）JS

當前現實

我有兩個月的時間來籌備創業的相關工作。地下室有足夠的空間，但還沒整理成適合工作的環境。目前電話和傳真機已經準備就緒。我有一台電腦，而且以前我曾經用過小型企業會計軟體，只是尚未安裝到電腦中。訂貨單還沒做，我已經有一家籃子的供應商，但仍需要尋找籃子內的商品。

Alisar CHARTING

該軟體在發行的第一年,即在 2002 年 Lotusphere's 年度大會上榮獲金獎。《Lotus 顧問雜誌》(*Lotus Advisor Magazine*)表示:「你在尋找一種全新的方法來規畫、管理組織的目標嗎?找 Alisar Charting 就對了。今年的金獎得主正是把這個想法發揮到淋漓盡致的強大創意⋯⋯這套工具可以整合策略計畫、專案計畫任務、企業願景,甚至是個人目標的制定⋯⋯如果你不知道如何激勵專案計畫團隊,或是苦惱於讓他們明確了解自己的工作對整個專案有什麼幫助,請試試 Alisar Charting。」你可以在網站中了解更多關於 Alisar Charting 的資訊:http://www.alisarcharting.com

個人系統

該系統也可以用在個人的結構性張力圖表。我發現它在製作或導演電影專案時特別管用。如果有太多細節被忽略,最後就會是一場災難。因此,透過追蹤主圖的截止日期,並將主圖中需要留意的各個工作細節一層一層展開,整體流程就很容易管理,一目了然。

管理結構性張力

無論你是用電腦軟體還是紙筆手寫,使用結構性張力圖表都能大大提高你的效率。你可以開始管理自己的時間、專注力、精力、方向和行動。特別是當你的計畫很複雜時,這份圖表能追蹤各項行動之間的關係,掌握當前現實的變化,清晰呈現你的進度,並藉由集中思緒來強化結構性張力的內在狀態。使用結構性張力圖表,不只是建立一份簡單的待辦事項清單。待辦事項清單容易讓我們專注

單一事件,而結構性張力圖表則使我們能夠看見手上的事件與創造過程整體背景之間的關係。

關於一般的待辦事項清單,通常會把我們的時間感聚焦於局部和短期的時間框架上。結構性張力圖表則讓人能夠更立體地感知時間,同時意識到當下情境與長期目標的時間框架,這有助於我們在過程充分發揮創新精神與創造力。隨著我們在結構性張力圖表持續推進,也會開始看到完成目標的其他方法。我們或許可以適時調整流程,讓它更有效率,並創造出更省力的方法,以最優雅的方式、用更少的資源達成目標。

結構性張力圖表還有一個非常重要的作用。它創造出一種結構,無論是短期或是長期而言,都是最有可能成功的結構。然而,創造目標並非只是操作機制的問題,還涉及取向。在本書的下一部分,我們將探討一些最重要的洞見,以理解為什麼有時候我們雖然完成了目標,但經過一段時間之後,成功卻被逆轉了。良好的操作機制是不可或缺的,但是在我們的生活中創造正確的底層結構同樣重要,如此一來,成功才能真正成為我們人生建構過程的平台。

PART THREE

結構印記

結構的改變，人生的改變

在本書的這一部分，我們將探討一些可能對你的人生產生最深遠影響的結構性原則。你將有機會深入探究自己的結構，了解它們如何影響你。

每當我們思考生活中的結構時，便會浮現一個關鍵問題：「你的結構是為成功與成長而設計的，還是會導致你已經達成的成功再度被逆轉？」

我們發現，就改變人生的知識而言，接下來這部分的內容，其見解是我們所接觸過最具原創性、最重要的知識之一。我們親眼見證成千上萬的人透過這些原則，成功改寫了自己的命運，重新建構那些錯誤、有缺陷的重複模式，並在生活中感到更多的參與感與掌控力——學習這套內容之前，這些改變幾乎是不可能實現的。

接下來這個主題的內容絕不能草草讀過去。這些觀念雖然很容易理解，而且合乎邏輯，卻需要好好消化，反覆思索、推敲、分析與體會。如果你閱讀速度很快，在讀這部分的內容時，我建議你放慢節奏，確保自己完全理解這些觀點，及其深層的含義。這種認真深入的探索將為你帶來豐厚的回報。所以，請繫好安全帶，一起出發吧。

CHAPTER 09
影響人生的結構模式

☺ ☻ ☺

在一九三八年的電影《黎明巡邏隊》(*The Dawn Patrol*)中，艾羅爾‧弗林(Errol Flynn)飾演一位個性隨和的第一次世界大戰飛行員，他常與大衛‧尼文(David Niven)所飾演的好友玩在一起，白天執行危險的任務，晚上則在城裡縱情狂歡。他還有另一個嗜好，就是整天惹事搞瘋那位個性嚴肅的中隊長貝錫‧羅斯本(Basil Rathbone)。最後，羅斯本實在太厭惡弗林這個角色了，他決定狠狠報復一場，在他被調職時，竟然將弗林任命為新的中隊長。不久之後，弗林也開始變得和羅斯本一樣嚴肅行事。這讓他的朋友大衛‧尼文完全無法理解為什麼弗林突然像變了一個人般。

這部電影細膩表演出一種常見的人生經驗——**有時候，「職位本身」似乎比「擔任職位的人」更能夠決定他們的行為，也更具支配力量。**

這是我們在很多組織中（無論規模大小）都會看到的模式：某

人工作表現不佳，管理層竭盡全力幫助他改善表現，卻無濟於事。最終，只能淘汰這個人。六個月之後，接替職位的新進員工表現與之前那個人竟完全相同。

結構的力量

上述模式與我們對人類動機最重視的核心觀念相互矛盾。

我們通常如何解釋一個人的行為？影響因素可能會是心理狀態、基因、文化背景、教育、生活經歷、價值觀、理想抱負、天賦和能力；也可能是星座、數字命理學、生物節律；或是年齡、性別和世代差異。我們聘用員工前會透過測驗了解他們的潛力和性格傾向，並追蹤表現，然而，當我們換了一個人接替原本職位之後，儘管這個人與前任員工的年齡、性別、基因、氣質、經驗、成熟度、生活條件和履歷有諸多差異，但相似的表現模式依然存在。

這意味著，**無論一個人的個人特質如何，職位結構所發揮的影響力比個人的任何特質都更強大**。這是因為在構成我們行為與結果的所有因素中，結構動力學比其他任何因素都更具主導力量。這個原則同樣適用於我們的個人生活。比起希望、天賦、經驗、知識、抱負、價值觀和良好意圖，我們所處的底層結構對人生的形塑更具影響力。

我們天生就渴望結構。我們由結構所構成，受結構所吸引，也受結構所激勵，我們對結構做出回應、產生反應，並且對結構產生共鳴。

這並不是說我們通常能夠認出生活中的結構。其實對我們來說，在意識層面上大多數結構都是看不見的。然而，在潛意識層面，結構卻以一種極為根本的方式被感知和理解。

儘管我們生活中的結構動力學通常是隱形的，但結構本身其實是一種原始本能。觀眾會拒絕觀看一部結構鬆散的電影，讀者拿到一本結構混亂的書籍會覺得讀不下去，如果一個廣告結構不夠有魅力，則很難吸引潛在顧客的注意。這就是為什麼電影製作人、作家和廣告設計師都是結構主義者——他們都會在作品中充分運用結構動力學。

他們了解，人類心理傾向與結構是互相契合的。若沒有適當的結構，溝通、表達和邏輯將變得非常難以掌握。語言本身主要就是一種結構的發明。句子中有名詞和動詞的結構關係，還有修飾語在協調著這些語意關係。我們在結構中思考，在結構中做夢，在結構中觀看、傾聽、品嘗、嗅聞和觸摸。

由於結構的基本單位是「張力—解決」系統，我們可以看到各種形式的張力如何主導著人類的經驗。性經驗是一種「張力—解決」的結構性邂逅，吃東西與喝東西也是如此。所有的體育運動，本質上也都是「張力—解決」系統。職業拳擊是其中一項最基本的體育運動，張力來自於兩位實力相當的拳擊手，彼此都試圖擊敗對方。從觀眾的角度來看，誰會贏、誰會輸是基本的張力，最後會由比賽的結果來解決這股張力。而對拳擊手來說，如何進攻，如何防禦對手的攻擊，這些策略性問題本身就是「張力—解決」系統。足球、棒球、籃球等所有這類團隊運動的體育賽事，對觀眾來說都具

有相同的基本結構，基本的「張力—解決」系統。每種運動專有的規則，則是展現這套普遍結構的獨特形式。如果觀眾面對的是一場結構薄弱的大亂鬥，或是一項沒有任何障礙、沒有比賽、沒有張力的活動，他們還會感興趣嗎？當然不會。即使是那些沒有對手競爭的個人運動，也通常會有「與惡劣天候奮戰」、「挑戰自我極限」，甚至是「對抗內在力量與性格」的張力形式。

若要更強烈表達這個關於結構的概念，可以這麼說：**我們天生帶有結構動力學的印記。**

出生的過程是一種「張力—解決」的系統。但甚至比這個更早之前，未出生的嬰兒已經會回應一些結構性刺激，例如音樂、詩歌、母親的說話模式，以及其他類似刺激。嬰兒會對最基本的節奏做出回應，有部分是由於最初來自母親心跳的感官刺激。心跳既是一個物理性的「張力—解決」系統，也是一個音樂性的「張力—解決」系統，呈現出抑揚格的複雜節奏：短—長，短—長，短—長。

羅伯特・佛羅斯特認為，語言不僅是名詞和動詞結構的產物，還是聲音本身的產物。他曾談到「聲音感」，指的是僅憑語調的抑揚變化就能傳遞意義的能力。為了向身邊的朋友證明這一點，他對著遠方一位田野中的農夫喊話。佛羅斯特用胡言亂語模仿了「嗨！你今天好嗎？」的語調。農夫回答道：「很好，你呢？」

不僅僅是語言和聲音有其結構，我們的生活也是如此。生活結構對我們能產生深遠的影響。

如果不去好好探索自己的生活結構，創造理想生活的目標可能就會變得遙不可及，因為錯誤的結構會導致我們陷入「擺盪模

式」，最終成功都會被抵消。而正確的結構能幫助我們打造堅實穩固的基礎，開創美好人生。

設計造就人生

可憐的奧森・威爾斯（Orson Welles）。如果你曾讀過他的任何一本生平傳記〔我最喜歡的是芭芭拉・李明（Barbara Leaming）所撰寫的《奧森・威爾斯》（*Orson Welles*）〕，你會發現他就像一個被困在同一部電影中的角色，不斷重複上演著同樣的情節。他總是在繞來繞去後又進入同樣類型的情境，同樣的樣貌和形式，同樣的開始、發展與結局，最終在某個同樣的關鍵時刻，從成功變成了失敗。毫無疑問地，他絕對是個天才，這個詞現在太常被濫用，以致於幾乎失去了它的本意。威爾斯確實是一位天才，而且是獨特不凡的天才。然而，同一套不幸模式卻不斷在他生命中反覆重演。

這個模式就像是電影《大國民》（*Citizen Kane*）中的情節，這是他的第一部偉大電影傑作。故事描述一個男孩突然被迫離開純真的生活，被推入巨大權力與財富的高位，最終卻一步步墮落，陷入一種富裕卻貧乏、擁有權力卻無力的境地。威爾斯稱《大國民》為「偉大的美國失敗者故事」。

我們每個人都有一個像奧森・威爾斯的角色內建在系統迴路中。同時，我們也內建一個成功的模式。我們可以從傳記裡學到的一件事，即使是最有成就的人，人生也有高峰和低谷。生命存在著特殊的節奏與週期。每個人都有自己獨特的模式，這些模式就像一

場以不同面貌重複上演的舞蹈。每個人的人生都有某種顯著、重複出現的設計。

當我們離生活中的事件太近時，通常很難看見這個設計的整體輪廓，但是如果退後一步，以更廣的視角、更遠的距離來看這些事件，那個設計便會變得一清二楚。我們會開始看見人生中那些可預測的模式。我們所經歷的事件細節是獨一無二的，與過去經歷的任何事件也完全不同，然而情節結構往往是相同的，不斷重複上演。

宏觀結構模式

事實上，我對結構及其對人類影響的第一次重大體悟，來自於觀察身邊的生活事件是如何遵循著一些可預測的模式。

有一次，我和一位半年沒聯絡的朋友通電話。上次和他聊天時，他剛開始一段新戀情。當時，他對那位新認識的女性滿懷興趣和期待，如今這段關係卻結束了。我便問他發生什麼事了，他開始娓娓道來。

由於我當時正坐在桌子前，手邊剛好有紙筆，便隨手記下了他所描述的主要發展過程。他們是透過一位朋友介紹認識的。一開始是他主動向對方提出約會的邀請，起初那位女性有點猶豫不決。幾次的邀約後，她終於答應了，並同意和他共進晚餐。那個夜晚對兩人來說都是非常成功的約會。他們發現，彼此有很多共同點，包括興趣、品味、價值觀和生活經歷等。而且他們都剛結束一段戀情，也都希望再與他人建立關係。兩人都對運動、跑步、航海、健身、

騎自行車等感興趣。他們都喜愛大自然，喜歡在森林中露營，喜歡相同的音樂和電影。他們似乎也喜歡彼此。

我在六個月前和那位朋友交談時，他對她仍充滿迷戀，深信自己找到了一輩子尋尋覓覓的靈魂伴侶。對他們兩人來說，那段最初相遇的時光簡直像是美夢成真，但過了一段時間之後，一些複雜的情況和反轉現象開始出現。

她開始要求他撥出更多時間陪伴她，但他卻辦不到。他的工作需要經常出差，由於行程忙碌，很難陪她一起參加一些重要的社交活動。他抱怨女生沒有支持他的事業，而她則抱怨即使他人在身邊，也無法在情感上給予她支持。他們有過一段幻滅期，而且有好一陣子暫停見面。不過後來他們開始想念對方了。她主動打電話邀請他來家裡共進晚餐，於是他們重修舊好，關係再次回到從前的美好。然而，這時又出現一個新的難題：他遇到了另一位女性。他和這個對象約會了幾次，但並不是一段認真的關係。

理所當然的，他的女友變得容易嫉妒，而且充滿占有欲，她要求他對這段關係給出更大的承諾。他同意，也不再和那位女性約會了。剛開始幾個星期一切看似很順利，但他開始對她產生反感，因為在他看來，女友是在試圖控制他。兩人開始爭吵，爭吵後和解，然後又再次爭吵，每次都希望這一回能有所不同，期望能建立一段真正穩固的關係。最後，她向他求婚。他卻表示需要好好考慮一下，接著以工作繁忙為藉口，不再與她聯絡。後來，她打電話給他，兩人在電話中吵得不可開交。她決定分手。這段戀情就這麼結束了。

當他說完整件事情的始末時，我發現，雖然這個故事對他們兩人來說都不太愉快，但故事本身卻有一個非常穩固的結構。事實上，它幾乎就像是一首音樂的結構。

形式與分析

在音樂學院裡，學作曲的學生會修習「曲式與分析」這門課。學生們會分析各種音樂作品，學習理解作曲家在創作時所運用的音樂形式與結構。有時候，學生會分析莫札特或貝多芬的作品，有時候則是柯瑞里（Corelli）或普朗克（Poulenc）的作品。

我在波士頓音樂學院的大學時期修習了兩年的曲式與分析課程，在學士後課程又修了兩年的高階研究生課程。後來，我甚至在大學教授這門課程。因此，當我聽到朋友的故事時，很自然便開始去分析它的故事形式，就像聽到一首音樂作品一樣。

如同所有的音樂作品，他的故事也有開始、中間過程，以及結局。但他的故事也有一些元素是他獨有的面向。事實上，當他講述這段感情經歷時，我發現它的形式與他以往說過的其他人生故事很相似。

我以方框記錄下來的要點如下：

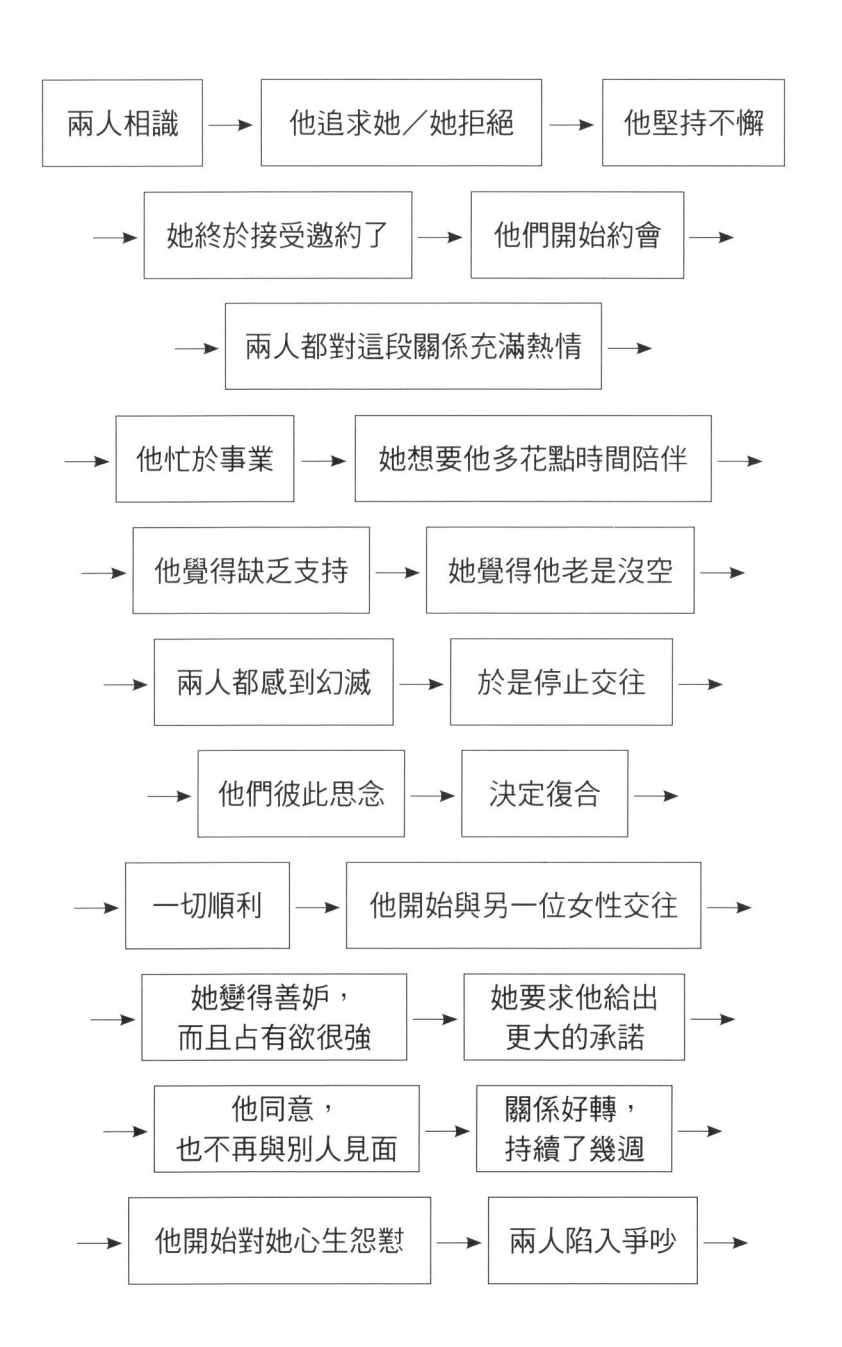

```
兩人相識 → 他追求她／她拒絕 → 他堅持不懈
→ 她終於接受邀約了 → 他們開始約會 →
→ 兩人都對這段關係充滿熱情 →
→ 他忙於事業 → 她想要他多花點時間陪伴 →
→ 他覺得缺乏支持 → 她覺得他老是沒空 →
→ 兩人都感到幻滅 → 於是停止交往 →
→ 他們彼此思念 → 決定復合 →
→ 一切順利 → 他開始與另一位女性交往 →
→ 她變得善妒，而且占有欲很強 → 她要求他給出更大的承諾 →
→ 他同意，也不再與別人見面 → 關係好轉，持續了幾週 →
→ 他開始對她心生怨懟 → 兩人陷入爭吵 →
```

CHAPTER 09 ｜影響人生的結構模式

→ 他們又和好 → 他們越吵越兇 →

→ 他們再度和好 → 她向他求婚 →

→ 他不再聯絡她了 →

→ 她打電話給他，兩人大吵一架 →

→ 她決定分手／戀情結束 →

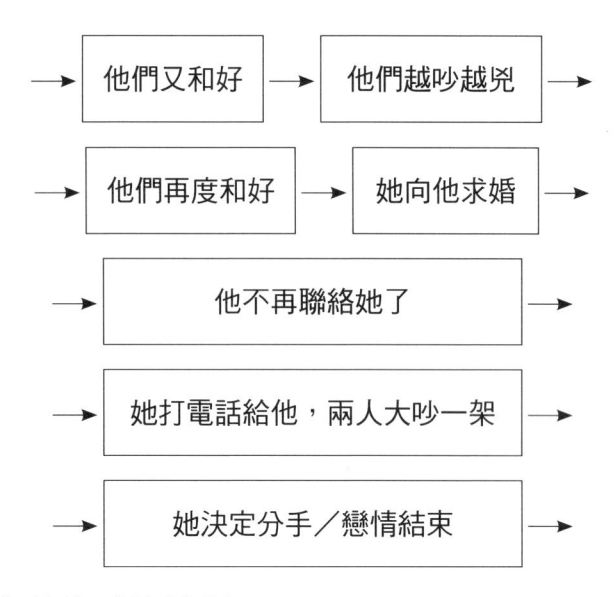

從獨特到普遍的轉譯

接下來，我要把這個故事從一個特定發生的具體事件，轉譯為此類事件的重點概要描述。以下是我的描述方式：

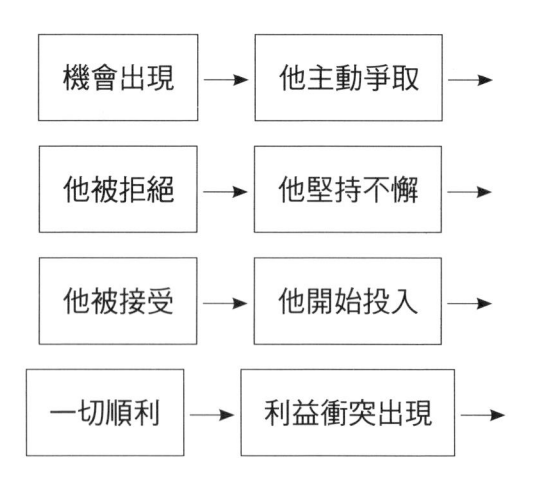

→ 機會出現 → 他主動爭取 →

→ 他被拒絕 → 他堅持不懈 →

→ 他被接受 → 他開始投入 →

→ 一切順利 → 利益衝突出現 →

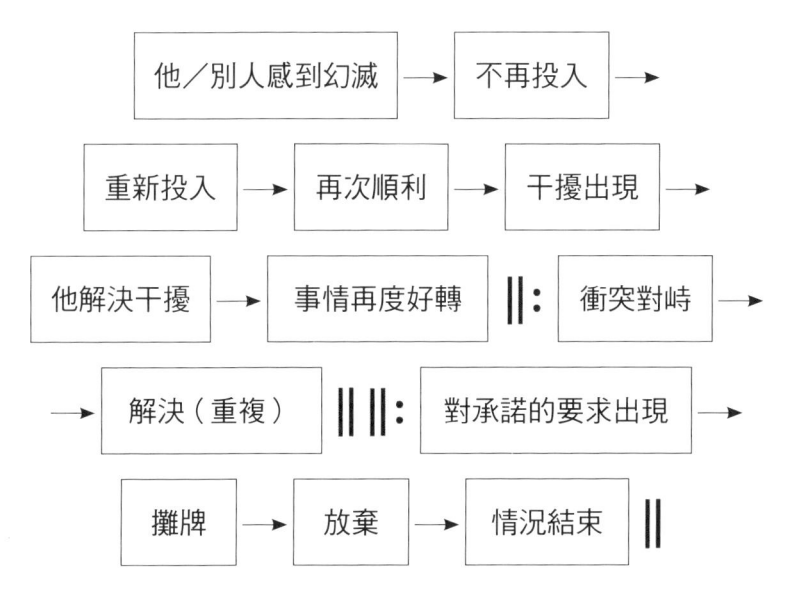

```
他/別人感到幻滅 → 不再投入 →
重新投入 → 再次順利 → 干擾出現 →
他解決干擾 → 事情再度好轉 ‖ 衝突對峙 →
→ 解決（重複）‖‖ 對承諾的要求出現 →
攤牌 → 放棄 → 情況結束 ‖
```

整理完這段描述後，我請朋友回想他過去另一段戀愛關係，並問了一些問題，我們的對話如下：

「是否有個機會出現了？」

「是的。」

「你有主動爭取嗎？」

「是的。」

「你被拒絕了嗎？」

「是的。」

「你有堅持到底嗎？」

「是的。」

「她後來有答應嗎？」

CHAPTER 09 ｜ 影響人生的結構模式　189

「是的。」

「你們開始交往?」

「是的。」

「剛開始感情都很順利?」

「是的。」

「後來有出現利益衝突嗎?」

「是的。」

「你或對方出現幻滅了嗎?」

「我們都感到幻滅。」

「你們決定分手?」

「是的。」

「後來你們又復合了?」

「是的。」

「復合後關係再次變好?」

「是的。」

「然後出現了某種干擾?」

「是的。」

「你解決了這個干擾?」

「是的。」

「一切又再次好轉?」

「是的。」

「接下來是否出現了一連串爭吵,然後又和好?」

「是的。」

「然後是否有人要求給承諾?」

「是的,但這次是我向她求婚。」

「接下來發生了什麼事?」

「她說她不想結婚。」

「然後你與對方攤牌大吵了嗎?」

「非常嚴重,她決定和我分手了。」

「所以她放棄了?」

「是的。」

「那麼,這段關係就結束了?」

「是的。」

這時,我開始感到非常興奮。這個模式中的每一步,竟然都按照相同的順序發生了!唯一的不同之處,差別在於是誰採取了哪些步驟。例如,在第一個故事中,是女方向男方求婚,而在第二個故事裡,則是我的朋友提出求婚。我詢問朋友第一段關係持續了多久,他說五個月。然後,我又問了第二段關係的交往時間,他回答三年。也就是說,兩段感情都有相同模式,只是時間的長短不同。

接著,我請朋友回想其他經歷,他是否曾經努力爭取某件事,過程中有一段時間明明進行得很順利,故事的結局卻是失敗的?我特別請他回想跟戀愛無關的經歷,因為我想知道這種模式是否也存在於他生活的其他領域中。我們追蹤了幾份工作、一些專案計畫、蓋房子、度假計畫和減肥過程。在每個故事裡,我都會問他是否經歷了相同的步驟,「是否出現了一個機會?你有主動爭取嗎?一開

始被拒絕了嗎？」等等一系列問題。每次的答案都是肯定的。在每個案例中，他都經歷了一模一樣的模式。在一些案例中，他是採取某個特定步驟的人，而另一些案例則是別人完成了那個步驟。無論是誰採取了哪一步，對這個模式的設計似乎都沒有影響，每個步驟發生的順序都是一樣的。這個設計好像就是以某種方式內建在模式中了。

每段故事的時間長度從短短幾天到十年，甚至更久都有。後來的研究顯示，相同的模式可能在幾分鐘內發生，也可能長達二十年，甚至超過二十年，譬如一段婚姻或一份工作。

接下來的幾週，我開始分析身邊的每個人，並為他們建構模式。我發現有兩種截然不同的模式：成功的模式與不成功的模式。

成功的模式有其獨特的風格與節奏，但是在這些成功的模式中，與不成功的模式之間的差異在於，成功會被持續強化，而不是在最後被逆轉。

成功的模式會成為進一步成功的基石，它們會一直前進。

不成功的模式則是會陷入擺盪，在這樣的模式中，成功總是會被抵消，並遭到逆轉。

從那天與朋友通完電話後，多年來我一直在研究的問題是：**「為什麼這些模式會存在？我們要如何改變那些來回擺盪的模式？我們要如何以那些持續前進的成功模式為基礎，繼續發展下去？」**

在發現這些模式後的半年內，我舉辦了第一場以「宏觀結構模式」為主題的工作坊，這是我給這些模式的命名。

「宏觀結構」這個詞來自音樂，指的是一首樂曲的整體結構。

「宏觀」（Macro） 與「微觀」（Micro） 相反，描述的是一件事的整體輪廓與大範圍的視角。在這樣的情況下，「宏觀結構模式」這個詞非常適合用來引導我們去觀察人生中更大的結構形態、更全面的整體樣貌。

改變模式的困難

最初，我只是抱著非常天真的想法，我是這麼認為的：幫助人們改變模式的最好方法，就是告訴他們這些模式，尤其是那些不成功的模式。如果他們懂得跳出來看整體面貌，就不會被自己正在經歷的事件所欺騙、蒙蔽。他們可以做出更好的選擇，而不是只能對當下處境做出無意識反應。至少這是我的期望。既然這看起來是件滿容易的事，我便只規畫了一天的工作坊課程，從早上九點到下午五點。

那天教室大約有四十五個學員參加。一開始我先介紹這個發現，然後在過程中逐步引導學員，讓他們建構出自己的「擺盪型宏觀結構模式」。到這裡每個人都能做到，但是隨著課程繼續推進，房間的氣氛似乎開始變得緊張、出現騷動。大家慢慢表現出不安、沮喪、憤怒、絕望、煩躁、垂頭喪氣，甚至感到非常、非常沉重。到底發生了什麼事？事情是這樣的，當他們看到了自己的擺盪模式時，大多數的參與者都覺得自己注定要失敗，而且被迫面對挑戰。

他們之所以認為自己注定失敗，是因為在檢視這個模式後，他們人生中有很多事看似早已注定要失敗了。許多人正處在感情或事

業的擺盪模式中，他們已經能預見，接下來一連串的事件發展只不過是再次重演，一切就會如同過去一樣走向失敗。

很多學員的內心備受衝擊，因為這個模式與他們對自己人生故事的解釋相互矛盾。

這種模式等於是強迫他們直面現實，讓他們意識到，事情遠比他們想像的還要複雜。他們開始明白，自己並非僅僅是環境或他人過錯的受害者。我記得有位憤怒的女士抱怨這個模式與她對離婚的戲劇化解釋有所矛盾，尤其是對前夫形象的妖魔化。她並不是唯一有這種看法的人。

教室氣氛越來越緊張，我心想，這到底是怎麼回事？這些人都瘋了嗎？然後，我接著向他們展示「前進型結構」，很快地，大家開始明白還有個確實能幫助他們成功創造目標的模式。但大多數的人對自己生命中的許多事件感覺依然懷有未解的矛盾與衝突。那一天我學到了很多。

我學到的是，僅僅看清自己宏觀結構的模式並無法實際改變這個模式。真要說能改變什麼，反而是有點把人搞瘋了。我還了解到，人們有時太熱愛自己對生活事件的詮釋，實在愛得太深，以至於很難客觀思考其他可能性。

多年來，在幫助數千人建構宏觀結構模式的過程中，我也觀察到，年輕人和成年人在面對自己的擺盪模式這件事上，雙方反應明顯不同。

成年人得知原來自己的生活一直存在著某股可預測的力量後，常常會覺得十分衝擊，或是感到被正面挑戰。年輕人則往往表現出

完全相反的反應，他們會很高興知道生活中其實有一股真實的動力在運作，而且他們的生活事件並非隨機的。這也讓他們感到安心，因為這世界比它表面看起來更有規則可循。

身為成年人，我們會創造出關於自己和個人生活的迷思，並且常常利用這些迷思來將現實組織成某種秩序。任何可能與這些迷思有所抵觸矛盾的事物，都會造成混亂與失序，使人感到迷失或失去判斷力。這些迷思形成了一種偏見和框架，而人們卻據此衡量自己的人生經歷。我們對迷思的感受，往往與實際主導人生的宏觀結構模式形成鮮明對比。這些迷思通常聚焦於事件的細節，包括誰對誰做了什麼事等等。模式顯示，細節並非事件發生的原因，而只是整個過程被安排的一部分。如果我們描述這些細節，只會看到事件的獨特性，故事可能會顯得像是一次性的事件。然而，如果我們描述事件的形式和順序、關鍵時刻等等，就能清楚看出這個故事其實並沒有那麼獨特。我們會看見，同樣的事又再一次發生了。

是什麼導致了這些模式？

為什麼這些模式會存在？為什麼它們一再重複出現？這些問題引領我提出更深層的問題，進行更深入的觀察，並獲得更深刻的理解。在這次探索中，**所有的線索最終都指向了結構。**

結構有一個目標，那個目標就是「達成平衡」。結構希望其內部的所有元素保持均等，當它們失衡時，結構便會努力改變這種情況，使其回到平衡狀態。

當我說「結構希望……」時，我並不是指結構擁有個體心智、有願望或是有渴望。這種力量是自然性的，就像我們說「重力想要吸引最大的質量」一樣，我們所描述的是一種自然力量，而不是某種心理概念。

儘管如此，結構確實傾向終結不平衡的狀態，恢復平衡。任何不平衡的結構，必然都內建了改變的動力，而這種動力就會產生某種行為傾向。

對我們來說，平衡並不一定比不平衡更好。我們未必會在意事情是否不均等、不平等，**但結構會在意**。正因如此，我們可以策略性地利用這一點來刻意製造「結構性張力」。當我們的目標與現實狀態之間存在落差，就會創造出一種不平衡狀態。結構會朝著恢復平衡的方向運作，而當我們達成目標時，這種平衡就會發生。這時，實際狀態便與我們渴望的狀態達成一致。在現實中，我們得到了我們想要的，而在結構上，平衡也建立了。

我們為什麼會有擺盪模式？

結構性張力是一種簡單的結構，但這並不表示它很容易建立。真正的挑戰在於它需要高度的紀律與技巧，而不是來自其複雜性。

其中技巧繁多，包括如何正確思考目標、如何準確地辨識現實情況、如何採取策略性行動，以及如何從經驗中學習，並做出艱難的決策。

不過，單以「結構」來說，結構性張力是簡單的，因為它只有

單一的主導張力,而且完全能被解決。一旦這個張力被解決,便不會有任何其他動力在拉扯你,讓你遠離已經創造出來的成功。

擺盪,是由更複雜的結構產生的。

有一種思考方式是這樣的:想像你非常喜歡醃黃瓜,但它們會讓你生病。每當你伸手去拿一顆醃黃瓜時,你內心總會交織著渴望與矛盾的情緒。你很想吃這個美味又誘人的綠色食物,它似乎正在呼喚你,但是你還記得上次吃完那美味的半酸醃黃瓜後,整晚胃痛到凌晨四點半都還無法入睡。你可能會想:「吃一小口應該沒事吧?畢竟我上次是吃了三條才出事的⋯⋯」

在吃了兩條醃黃瓜之後,你的思緒開始從享受美味的快感,轉為另一個半夜獨自痛苦難熬的想像畫面。

在這個簡單例子中,我們可以看見一個擺盪模式的典型形式。有兩股**互相競爭**的力量在拉扯你。對醃黃瓜的渴望與喜愛是一股力量,對疼痛的抗拒則是另一股力量。

競爭的力量導致擺盪

在擺盪模式中,至少有兩個主要力量在作用。一個是對某件事物的渴望,通常是一個目標、結果或成果。然而,系統還內建了另一個因素,某種程度上會向你傳遞暗示性的訊息:「你**不可以**擁有你心中渴望的東西。」

至於為什麼「不可以」,對不同的人和不同的結構來說,背後各有不同的理由。

在有些結構中，你覺得不可以擁有自己想要的東西，是因為你認為自己不值得成功。而在某些結構中，則是因為你害怕成功之後會發生不好的事情。還有一些案例，有人覺得之所以不可以擁有自己想要的東西，是因為這個世界上還有許多人正在受苦，憑什麼自己應該過得比較好？或者，之所以不可以擁有自己想要的東西，是因為它無法用來證明自己的存在，而透過無私的行為來證明自己存在，似乎才是比較重要的。

種種限制因素都被嵌入個體的結構之中。我們稱這些類型的結構元素為「概念複合體」（conceptual complexes）。

在一個比較複雜的擺盪結構中，會有三種不同的元素組合在一起：「渴望、目標或願景」、「當前現實」，以及帶有「我不可以得到心中渴望的東西」這類信念的概念。

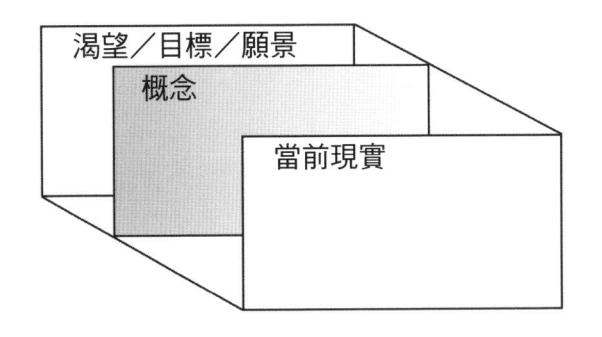

```
┌─────────────────────┐
│ 渴望／目標／願景      │
│   ┌─────────────────┤
│   │ 概念            │
│   │   ┌─────────────┤
│   │   │ 當前現實    │
│   │   │             │
└───┴───┴─────────────┘
```

當這三個因素處於同一個結構中時，就自然會產生競爭。當你開始朝著自己想要創造的事物邁進時，最明顯的兩個因素是你的目標和當前現實。在這個結構內，願景與當前現實形成一組「張力─解決」系統。

然而，當你開始朝著目標前進，慢慢有所進展時，心中渴望的狀態與實際狀態之間的落差會逐漸減少，兩者之間的張力正在減弱中。但隨著這個過程的發展，結構內另一組內建的「張力—解決」系統卻開始強化了，也就是「得到內心想要的結果」（正迅速成為當前現實）與「擁有自己想要的東西，不是好事」這種概念之間的張力（或落差）。這就是「醃黃瓜—疼痛」原則。

在我的《最小阻力之路》（*The Path of Least Resistance*）系列書籍中，我用一個人夾在兩道牆之間的插圖來說明這個原則。此人身上連接著兩條橡皮筋，分別代表同一個結構內兩組不同的「張力—解決」系統。一條橡皮筋繫在他面前的牆上，另一條繫在他身後的牆上。每條橡皮筋是各自獨立分開的系統，但是同時存在同一個大結構內，彼此牽制、互相影響。

在現實中，有時你會更接近其中一面牆，有時則會更接近另一面牆。

在下圖中，這個人面前的牆上寫著「願景」，而他身後的牆上則標記著「概念：你不可以擁有自己想要的東西」。

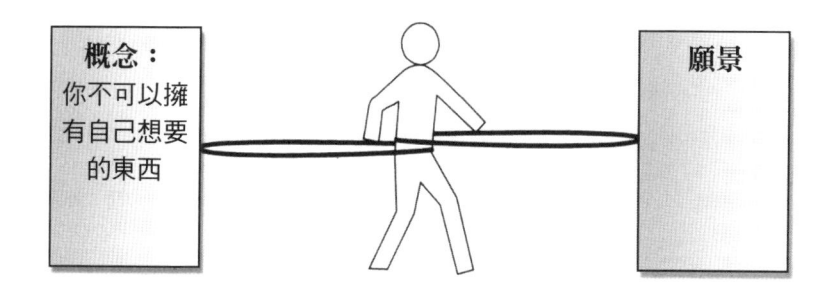

當這個人開始朝著他的願景邁進時,他前面的橡皮筋開始放鬆,但身後的橡皮筋卻越拉越緊。

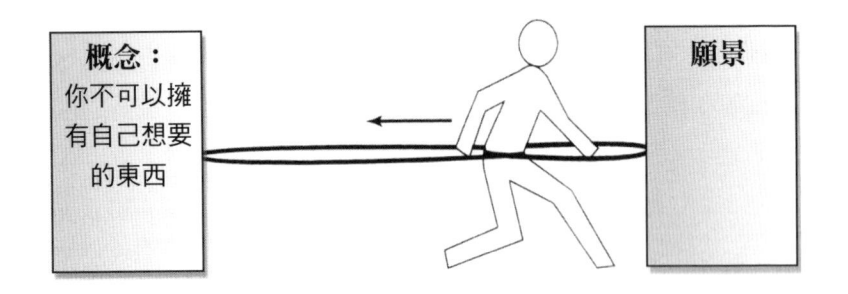

在這個結構中,主導的「張力—解決」系統來自於兩者之間的對比:「擁有自己想要的結果」與「認為自己不可以成功」的概念。你與目標結果共處的時間越長,累積的張力就會越來越大。此時,你的大腦會試圖解決當前情況所帶來的惶惶不安。而結構就會努力去解決這個不平衡的狀態。

「最小阻力之路」這個詞指的是大自然中的一個原則:能量會流向最容易流動的地方。從這張圖來看,我們可以看到在這個結構中,能量最容易流動的方向就是遠離「擁有想要的結果」的位置。這正是我們在擺盪模式中所看到的情況。一開始雖然達成目標了,卻無法守住這個成果,最終發生了反轉。

這個結構本來就一直處於高度不平衡的狀態,但現在它正在恢復平衡。記住,這正是它的目標。我們可以說,在這個反轉的過程中,結構只是在履行它的職責。

當這個人開始遠離已實現的願景時,兩組相互競爭的「張力—

解決」系統中的主導權會再次發生變化。當前現實遠離了心中渴望的結果，但渴望始終沒有消失，於是新的主導張力再次變成渴望狀態和實際狀態之間的對比。

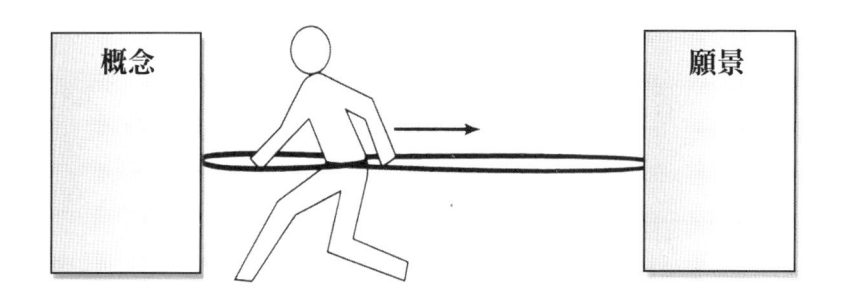

[概念] → [願景]

有時，原本具體的特定目標或許不再被渴望，但同類型的目標依然有很大的影響力。例如，某個人可能不想再和剛離婚的對象有任何瓜葛，但他的心中依然渴望一段充滿愛的關係。

事實上，這種模式往往充滿了諷刺意味。我曾認識一些人，在經歷了一輪擺盪模式後，發誓不會再投入新戀情，但通常就在他們做出這個宣言的第二天，便遇到了一個怦然心動的新對象。再隔一天，他們又回到了原來的模式中。

結構的目標是達成平衡

結構的目標是讓前後兩條橡皮筋之間的張力均等，即達到平衡狀態。

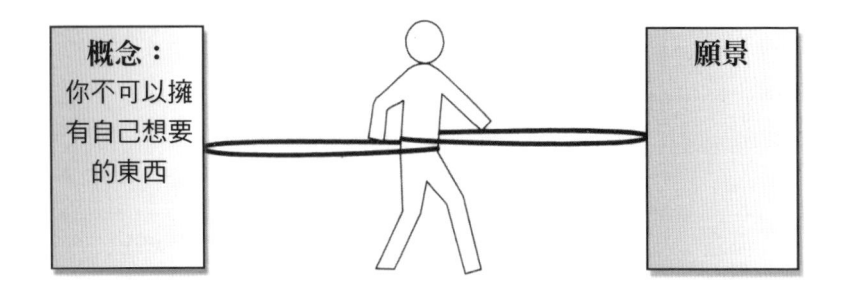

[概念：你不可以擁有自己想要的東西] —— [願景]

結構的目標並不是我們的目標。我們希望得到我們想要的東西，但擁有我們想要的東西將會產生最大的**不平衡狀態**。

這裡有一種技術性方法，可以用來展示這個結構動力的力量：

事件：
擁有你想要的結果

- 在成功模式中，那是**完美平衡**的點。（想像所有的橡皮筋都放鬆。）
- 在擺盪模式中，那是**最不平衡**的點。（想像其中一條橡皮筋完全拉伸，達到最大張力。）

探討擺盪模式的實驗

自從發現宏觀結構模式後，我嘗試了各種方法來克服它們。起初，我試圖剪斷另一條橡皮筋，也就是試著改變一個人的核心信念或概念。然而，我的發現為我帶來莫大的啟示，卻讓那些致力於改變信念的人感到極為困擾——**人們通常不會改變自己心中最根深柢**

固的信念與概念。如果信念沒有改變,那麼要剪斷那條橡皮筋便是不可能的。

我也試過另一種方法,稱作「模式中斷」。如果你知道該模式裡會出現的某個固定步驟,就在那一步改為採取截然不同的行動。例如,如果你在第六步總是選擇避免衝突,那麼這次,就直接面對衝突。如果你在第四步總是全心心意投入某項計畫,那麼這次則要更加謹慎與保守。

透過這些實驗讓我明白,雖然個別步驟可以改變,人們確實能夠變動某些步驟的性質,但是整體模式仍會持續存在。擺盪模式的循環並不會受到任何影響,最終成功依然會被抵消、遭到逆轉。結果並未改變。即使其中一、兩個步驟有所不同,整體模式運作依然如故。

試圖改變信念,卻徒勞無功

人們通常會透過肯定句或辯論,試圖改變自己的信念與概念。

肯定句的方法是企圖重新設定、改寫潛意識,類似於重新為電腦設計新程式的概念。我們希望用新信念覆蓋掉舊信念,讓潛意識受到新信念的引導。如果你覺得自己很愚蠢,那麼就不斷肯定自己很聰明;如果你認為自己不值得獲得成功,那麼就肯定自己值得擁有美好事物;如果你認為自己意志薄弱,那麼就肯定自己擁有堅定的決心與承諾。

然而,舊有的信念很難透過這類自我肯定的新信念而有所改

變,背後原因有很多,其中最具說服力的一點是,試圖「重新編寫」信念的行為,反而會**強化**原有的信念。我們可以將這種現象可以稱為「迴力鏢效應」(boomerang effect)。試想,除了認為自己很愚蠢的人,還有誰會不斷肯定自己很聰明呢?除了認為自己不值得的人,還有誰會試圖說服自己值得?除了認為自己意志薄弱的人,還有誰會努力將決心與承諾灌輸到自己的大腦意識中?

另一種改變信念或概念的方法是透過辯論。我們會努力提出充分理由與案例來反駁原有的概念。如果一個人認為自己是個懦夫,那麼他可能會去嘗試一系列的行動體驗來證明自己的勇敢,譬如跳傘、參加危險的摩托車競賽、練習極限滑雪運動,或是參與其他驚險刺激的挑戰。這些經驗累積多年之後,必然能夠證明此人並非懦夫。畢竟,看看我那些勇敢的例子就知道了!然而諷刺的是,所有經驗最終都會往回指向並強化了原本的信念,而非推翻它。那致命的「迴力鏢效應」再次發揮作用了。

這種方法的動機本身就已經道出了一切。為何此人要不斷累積勇敢的經歷來擴充自己的「證明清單」?他又是如何為這些經驗賦予意義的?除了認為自己是懦夫的人,還有誰需要證明這並非事實?這些勇敢的例子全都反映了一件事──這份勇敢需要被證明,而正因如此,這種勇敢本身就是備受質疑的。

你創造了你的人生

你創造了自己的人生。這並不是說你創造了生活中各種不同的

情境，也不代表你完全理解自己是如何創造人生的。這句話的真正含義很單純，無論如何，你都是決定結果的核心人物。

過去幾十年間，「創造出自己的人生」這樣的觀念變得十分流行。然而。唯一的問題在於，許多關於如何創造人生的觀點往往被簡化成對「信念」的單純概念，這種觀點就是「信念創造現實」。由於人們相信某件事是真實的，他們的經驗便會傾向於朝著那個方向發展。其中傳遞的訊息是：要改變自己的生活，就要改變自己的信念。你必須給自己正向的肯定（如果你對自己評價不高的話），你必須培養出對未來的積極態度，或者你必須調整那些與內心期望的結果有所矛盾的信念。在這種情況下，你的角色就像是管理各種信念的交通警察，允許你喜歡的信念通行，然後阻擋那些會干擾目標的信念。

多年來，很多人都曾經嘗試採取這種方法。他們試圖透過抱持那些能引導自己朝向理想目標的信念，來建構自己的信念系統。他們也努力去「製造」一些他們認為成功所必要的信念。舉例來說，如果他們認為自己不值得成功，就會努力說服自己其實是值得的；如果他們認為自己不夠聰明，就會努力說服自己其實很聰明。每一個負面信念都會有一個正面信念進行「一對一處理」。他們透過對自己反覆灌輸正面信念，希望藉此重新設定潛意識，以利於實現內心渴望的結果。

如果你接受這個假設，你可能也會接受這樣的行動計畫。這兩者相輔相成，因為人們的確渴望創造自己想要的生活。然而，事實是，試圖改變自身信念並不會帶來全面性的成功，反而會導致一種

擺盪模式。

這種模式通常是這樣的：你開始調整自己的信念，出現一些正面變化，感到鼓舞，創造出一些不錯的成果⋯⋯（到這裡一切都還不錯）。但是接著，此時會出現一次逆轉。某些事情發生，使你偏離原本想要的結果⋯⋯可能是一場危機、一個問題、突發事件、利益衝突、無聊感、預料之外的負面後果等等。於是，你再次努力調整信念，因為你認為是你的信念導致了這次的逆轉。

你變得越來越內在導向，你不再根據自己距離目標的遠近來評估情勢，而是開始審視自己的信念系統是否保持一致。你會開始執著於那些「隱藏的信念」（也就是你可能擁有，但自己沒察覺的信念），而且開始放大檢視各種隨機閃過腦海的念頭與想法。最終，你似乎漸漸輸掉了這場戰鬥。實現願望的能力變得遙不可及，你無能為力，你所能做的似乎只剩下再次調整自己的信念。這段經歷結束後，你仍會迎向下一個新目標。為了做好準備，你再次審視自己的信念系統，以確保這次有更高的成功機率。然而，同樣的擺盪模式再次發生，成功往往會短暫出現，但始終無法持續下去。

如果你想知道自己是否處於這類模式中，可以回溯人生中的成功事件，留意那些事件的後續發展。這些成功是否有美好的結局？還是每次成功後，隨之而來的就是逆轉的命運，使得想維持成功變得十分困難，甚至根本做不到？

在我們對結構動力學的研究中，我們看見這種擺盪模式一次又一次地重複出現。但是當你置身其中時，這種模式時常令人摸不著頭緒，也難以察覺。畢竟，在某些日子裡，你確實是朝著自己想要

的方向前進的。這種模式在逆轉發生之前,通常會先帶來一定程度的成功。

理智的詛咒

你無法總是隨心所欲地決定自己要相信什麼或不要相信什麼。原因在於,大多數人都會因為「理智的詛咒」而受苦。我們擁有理智,它讓我們能夠觀察現實。如果我們看到一隻鳥,我們無法強迫自己認為它是一隻小狗或一輛汽車、一台 CD 播放器,或是一座游泳池。

然而,身為人類,我們有個壞習慣,就是喜歡賦予事物象徵意義。如果我們看到一隻鳥,我們可以說它是好運的徵兆,也可以說它是死亡的徵兆,或者是春天來臨的徵兆。我們經常把「觀察」和「個人推測」混為一談,而這可能會讓人陷入混亂。但是如果我們還抱持理智,內在自有某種機制不會放任我們過度沉迷其中。我們的思維會在某個臨界點上拒絕我們強加於它的假設,還會炮火猛烈地反擊:「這就是一隻鳥。」「國王根本沒穿衣服。」「一朵玫瑰就是一朵玫瑰。」「別鬼扯了。」

如果你試圖透過管理自己的信念來創造人生,那麼你可能會製造出信念與理智之間的衝突。一邊是你的信念,而另一邊是頭腦強硬地要堅持理智。當你告訴自己「這隻鳥其實是一座游泳池」時,你的頭腦會自動反駁這個念頭。此時內在思維過程可能是這樣的:

你

那個看起來像鳥的東西,其實是一座游泳池。

你的頭腦

屁啦。

你

它真的是。

你的頭腦

屁啦。

你

當我看著它時,我可以想像它是一座游泳池,
所以它一定是……

你的頭腦

屁啦。

　　我們越是試圖強迫自己接受與觀察所得的現實相互矛盾的信念,頭腦的反抗就會越激烈。大眾心理學與正向思考運動長期以來都主張,人的思維會朝向我們餵養給它的影像來發展。然而,他們卻忽略了頭腦天生傾向於保持理性,以及「真相」是人類本性中活

躍且極為重要的價值。確實，人可以被洗腦，但是要讓我們的心智接受那些與現實不符的信念，必須經過極端的洗腦過程。事實上，有一種洗腦技術就是讓人們質疑現實作為參照框架的可靠性。這是必要的一步，因為頭腦會不斷觀察著現實的樣貌，而顯而易見的矛盾會製造出巨大的落差。

當我們試圖強迫頭腦接受與它所觀察的現實不符的信念時，兩者的衝突會進一步加劇，導致我們與自己的關係崩潰。人們開始感到自己不夠真實，無法信任自己並感到困惑與混亂，因而努力想掙脫自己陷入的泥沼。此時，信念變成了迷信，擁有正確的信念就如同擁有某種神奇的護身符，但隨著時間過去，這種方式卻越來越難以奏效。

「我相信，我就會看到。」這句話是另一句老話「我看到，我才會相信。」的巧妙變形。事實上，信念的改變通常是在現實改變之後才發生的。與其試圖創造出與你理解的現實不符的信念，不如在可能的情況下先改變現實。

成效與信念

你可以在不依賴信念系統的情況下，成為一個有效的創造者，了解這一點非常重要。你的信念究竟是什麼，並不影響你的創造能力。然而，如果你試圖透過操弄自己的信念來提升成功的機率，你不僅是在浪費時間，將精力用錯地方，還會讓自己陷入擺盪模式，最終導致成功被抵消。

「自尊運動」（self-esteem movement）一直宣揚，高自尊是成功人生的先決條件。美國及其他國家的公立教育系統已經投入數百萬美元的納稅人資金，推動各種自尊培養相關的課程。這項巨額投資所根據的是一個非常簡單又過於簡化的概念，亦即如果一個人對自己有良好評價，他就會表現得更好、更有生產力，並且認為自己值得成功等等。這樣一個概念是如何在眾多立意良善且兢兢業業的人群中蔚為風行的呢？

答案是，許多人都接受了這個理論的合理性。它聽起來像是一個好主意，也似乎是一個正確的理念。然而，隨著時間的過去和資金的投入，有驚人的大量研究已經清楚證明，這個假設並不成立。有些研究結果甚至顯示，**擁有高自尊的學生往往比低自尊的學生更容易惹上麻煩，而且自尊的訓練並未提高學生的學業表現。**

對於學習歷史的人來說，這樣的結果並不令人意外。如果我們回顧歷史上一些最有成就的人，我們會發現，他們之中有許多人，在今天的標準下可能會被認為是個低自尊者。然而，他們依然成功、具有高度生產力，並且能創造出自己生命中最重要的事物。

排除信念的因素

在結構動力學的研究中，我們發現，一個人的信念內容對於他成功創造理想生活的能力，其實並沒有特別的影響。然而，有一個因素卻至關重要——**「概念」**（concept）。

信念即是一種概念形式。你對你自己的信念可以稱為「自我概

念」，你對世界的信念可以稱為「世界概念」，你對宇宙的信念則可以稱為「哲學概念」。你可能對個人或社會抱持著各種理想，例如關於兒童、宗教、科學、金錢、性、人際關係、職業、政治等理想。所有的理想都是概念，它們是我們對世界應該如何運作的想像，也可能包括我們認為自己應該成為什麼樣的人的想像。

在藝術學校，學生必須學會如何將「概念」與「觀察」區分開來。當他們畫靜物或風景畫時，起初他們並不會真正去看眼前的事物，他們經常做的反而是把一個概念強加在自己的畫面上。也就是說，他們不是看著自己正在畫的物體，而是想像它應該長什麼樣子。他們的腦海中有一幅畫面──他們認為自己應該看到的概念。所以他們經常畫出來的是腦中的概念，而非眼前的實際對象。

藝術老師會訓練學生直接觀看現實，避免受到這些概念的影響。藝術老師深知，概念是真實觀察的敵人。他們知道學生可以學會準確地看到現實，但在發展這項技能的過程中，學生必須重新建構他們的焦點。

藝術的學習為我們闡明了一個道理，讓我們學會如何將創造過程應用到生活之中。打造人生的最強大結構，就是結構性張力。

那麼，擺盪型結構和前進型結構之間的區別是什麼？答案是：「概念」。

我在一九八〇年代初期首次發現宏觀結構模式時，一開始的做法是嘗試幫助人們改變他們的信念。直到我們以一個「全然不同」的觀念進行實驗後，突破性的發現出現了。與其試圖改變信念，**我們改為把信念視為結構的一部分，然後移除它。**

這些信念並未被改變，它只是不再是結構內的元素了。結構的變化導致了結構趨勢的變化。如果「概念」不再是結構的一部分，那麼我們只剩下兩個元素：「心中渴望的狀態」與「當下實際的狀態」。換句話說，剩下的就是結構性張力。一旦我們達成目標，就可以解決張力並達到平衡的結構。

這是怎麼做到的？

答案是更準確地看待整個創造過程。讓我們徹底思考自己為何創造。當我們創造一個作品，讓我們想要創造的事物存在，將我們真正關心的事物帶入現實時，就**沒有多餘的空間去容納那些所謂的「概念」**。

你的信念和以下事實有什麼關係？

- 你想要某些東西。
- 你現在處於當前現實中。
- 你願意採取必要的步驟來實現它。

答案是──**沒有關係**。你需要相信什麼來得到你想要的東西？你需要成為誰？你需要對自己有什麼想法？你的信念對創造過程是無關緊要的。因此，與其試圖改變你的信念，不如把心力放在準確地觀察現實。

現實是這樣的：你有抱負，你現在處於某個位置，你可能需要採取一系列的行動來達到你想要的目標。而你對自己的看法是什麼，根本無關緊要。

要緊的是你有多大能力，你的學習效果有多強，你觀察現實的能力，以及你專注的能力。這些技能都可以花時間培養出來。隨著你不斷練習創造，你會變得越來越擅長創造。

重點是：不要浪費時間去努力改變你的信念。停止自我操控，你要做的反而是從「你想創造什麼」這個角度來思考，而非從你認為你是誰來思考。問題不是關於你，而是關於你想創造什麼。此外，各種概念會阻礙你準確看到現實的能力。你必須看見現實狀態──無論是好的，壞的，醜的，美的，都要看見它原本的樣貌。就像個學藝術的學生一樣，學會觀察現實、觀察眼前所見，而不被「我認為應該看見什麼」這個概念所影響。

你能創造出更多你想要的生活，但不是藉由操弄你的信念，而是藉由學習創造的技巧。生活中，我們的抱負常常超出自己的能力範圍。若是出現這種情況，問題並不在於你或你的信念，而是在於你的技能程度。因此，藉由不斷精進自我技能，最終你就能夠達成目標。當你的能力還不足以扛起抱負時，在你投入的過程，勢必會遭遇失敗與挫折。也會有一些時刻，你看起來就像個十足的傻瓜。如果你將事情的焦點設定為「你這個人」，而不是「你當前的能力」，當你不擅長某件事時，就會無法誠實面對自己，而誠實是必須的。為什麼你看起來如此糟糕？是因為某種深層的負面信念嗎？或者只不過是一個單純的事實：你的抱負超出你當前的能力範圍，而你需要學會變得有能力。

理解宏觀結構模式的現象，包含了許多值得學習的課題。以下是其中一些最重要的課題：

- 我們生活中的事件並非總是如它們表面看起來那樣。
- 結構是一種會深刻影響我們的動力。
- 結構所產生的主要運動有兩種類型：擺盪型和前進型。
- 在擺盪型結構中，成功最終會被逆轉。
- 在前進型結構中，成功可以持續，並作為後續成功的基石。
- 結構性張力是前進型模式的基本結構。
- 我們建構在結構裡的各種概念，例如對自己的評價、社會概念、世界觀等問題，會形成概念複合體，製造出另一組與結構性張力對抗的「張力—解決」系統。

自從我發現宏觀結構模式以來，過去幾十年我學到了一個重要的觀念——我們並非注定要重複過去的模式。我們可以創造一個全新結構，實現真正且持久的成功。我們可以一步步建構好基礎，然後再從中建立動能。在接下來的幾個章節裡，我們將培養有助於創造最佳人生設計圖的技術和原則。

下一章將探討我們界定概念的方式，以及這對我們生活產生的影響。發展這些想法時，也請注意，你自己的某些概念可能一直是影響你個人結構動態的因素。

CHAPTER 10
概念框架的力量

☺ ☻ ☺

　　當然，相較於自然界的動物王國，史前人類面對強勁的對手時，最強大的優勢之一就是想像力。因為我們能夠想像，便能預測可能會發生的事情，進而去避免或利用潛在的危險情勢。我們能夠想像如何設置陷阱，而這只能在理解其他動物行為模式的前提下才做得到。我們能夠發明，因為我們可以構想出各種可能性、過程、因果關係的基本原理，以及世界對我們的行動可能會做何反應。正因為我們可以進行概念性思考，所以能預測未來，想出建立社群的原則，治癒疾病，透過故事和神話來教育子女，並發展出新的生活方式。

　　然而，我們在運用概念化的能力時，還會做另一件未必帶來益處的事，那就是創造「概念」。

概念與概念化

概念是一種心理模型,例如理想、原型,以及對世界的理論。當我們不了解事物的本質時,就會使用這些概念。你不需要一個概念來了解自己眼睛的顏色、住址、年齡,或者自己是否有個孩子,你也不需要一個概念來察覺自己是否飢餓、疲憊、受到啟發或正在享受娛樂時光。

「概念」是一個名詞,而「概念化」是一個動詞。概念是一種**事物**,而概念化是一種**行動**。而且,並非所有的概念化都會產生一個概念。事實上,概念化經常導向決策、過程與行動計畫、實驗或結果,而非抽象的概念。

當我們運用創造過程時,概念化是我們最有用的能力之一,但是相反地,讓生活充斥各種概念,卻是我們最徒勞無用的行為之一。這兩者之間有著極大的區別。

當你想像房子刷上某個你正在考慮的新顏色時,你是在進行概念化。當你想像一份新工作是什麼樣子時,你是在進行概念化。當你在交通堵塞、而且已經遲到二十分鐘的情況下,臨時想一條前往機場的替代路線時,你正在進行概念化。

在創造過程的初始階段,你會任意想像各種可能的結果。在這個階段,就像是一場玩味、試探各種想法的遊戲。你在探索、視覺化並想像多種可能性,同時思考自己想要創造的事物。經過這個階段之後,你會做出選擇,從眾多創造的可能性當中選擇一個。這表示你已經從「概念化」進入了「願景」階段,這是創造循環裡一次

關鍵性的前進。而這種前進，正是透過構思各式各樣的可能性來實現的。

概念是一種形式、結構或模型，用來描述事物的樣貌，例如世界、宇宙、政治、經濟等等，乃至我們自身。

我們會使用概念來指引自己在世界中前行。它們就像地圖、政策、規則、警告和控制措施。如果我們對世界如何運作有一個概念，就會覺得自己更有能力去與世界交涉。然而，我們越是依賴概念，就越無法去直接擁抱這個世界。我們對現實的真實樣貌會變得越來越不敏感，甚至反而會有點被自己的概念催眠了。我們也越來越不會去重新審視這個世界。概念可能導致我們變得心不在焉、漫不經心，因為我們會以為自己知道一些事，但實際上根本不知道──我們停止了對世界的質疑和探索。

有時候，概念是從一個真實經驗開始的，但是隨後，我們便將這個經驗固化，變成一個僵固的觀念。曾經真實的事物，反而因為概念取代了探索，變成了虛假的人造事物。

隨著我們的年齡增長，我們往往會將自身的經驗轉化為概念。若出現這種情況，我們會與現實越來越脫節，越來越常活在自己那個被催眠的頭腦裡。此時，我們只會透過過去經驗所形成的扭曲鏡頭來看待一切，難以察覺現實中那些與我們的僵化世界觀有所矛盾的層面。

我們的頭腦與概念

我們的生活充滿了概念，因為我們的頭腦在認知層面上會不斷產生並採納這些概念。如同我們之前說過的，頭腦和結構本身都追求平衡。換句話說，你的頭腦想要解決所有的張力、揭開所有的謎團、解決所有的問題，以及回答所有的問題。

儘管頭腦能夠充分理解現實，但它並不在乎自己追求的解決之道是基於事實還是幻想。對頭腦來說，當它試圖創造平衡時，推測可能就和事實一樣真實。由於我們的頭腦具有發明、創造、生成、豐沛多產的能力，還有極為豐富的想像力，它編造虛構故事就像講述真實故事一樣輕而易舉。

我們必須學習區分，哪些是自己在現實中真正「觀察」到的事物，哪些是我們「強加」於現實的概念。如果我們無法做到這一點，就可能陷入擺盪的結構中，而這會深刻影響我們最終能否成功達成自己的目標。如果我們希望像藝術家創造藝術作品那樣來創造自己的人生，那麼理解這一點至關重要。

在藝術的傳統中，學生得接受嚴格的技術與流程訓練，目的在於教導他們去觀察現實，而不是被概念所愚弄。在第五章中，藝術老師曾說過，要提升學生的覺察能力，需要極大的的專注力與技巧練習。演員、音樂家、畫家、攝影師，以及其他相關領域的創作者，都必須學習這種技能。如果他們缺乏這種技能，便永遠無法展現他們心中所尋求的那種最真實的深層表達。他們無法創造出結構性張力，因為如果願景或當前現實這兩個因素之中有一個是不清楚

的，就沒辦法形成結構性張力，而當學生深陷在概念之中時，當前的現實就會變得模糊不清。

然而，了解概念帶來的限制，並學會如何在現實中遊刃有餘、應對自如，還有一個更重要的原因。在我們的工作中，我們曾見證過當人們學會區分概念與現實時，生活會發生多麼驚人的神奇變化。那些過去讓他們無法實現目標的低效能行為模式，開始**轉變**為全新的高效模式，使他們能夠如願達成目標，獲得內在的自由與幸福快樂，創造出整體的動能，並將人生當成一種藝術形式來體驗與創造。

在接下來的三個章節中，我們探索的重點將放在了解生活中常見的概念元素。接著，我們將看看不同的概念是如何與生活的其他面向互動，以及由此產生的結構會導致哪些行為模式。最後，我們將學習如何改變那些使我們偏離理想生活的潛在底層結構，朝真正渴望的人生前進。

概念框架

理解概念元素的第一步，我們會用解讀動態衝動與現實的方式來框定概念。同樣分為特寫、中景和遠景三種框架。

特寫鏡頭：危險的概念

特寫視角關注的是我們如何將恐懼概念化。在這個框架內，我們會想像所有可能出錯的情況，並設想各種可能發生的負面後果。

> 對負面後果的恐懼

將這種概念內建於自身結構中的人，往往對未來充滿憂慮。他們常常覺得自己背負了重責大任，必須保護每個人避開那些他們認為自己看見的各種危險。他們的恐懼並非清楚觀察現實之後的產物，而是來自於未能直視現實，並獨自想像出所有可能出錯的事情或情境。

如果你走進一條治安堪憂的城市巷弄、參與高風險運動，或試圖穿越一條時速一百三十公里的高速公路，那麼你確實有充分的理由感到害怕。但是那些將恐懼概念化的人，總是會直接想像最糟糕的情況，並做出高度焦慮和衝突的反應。然而，他們所想像的恐懼，往往與實際危險無關。儘管這種概念化的恐懼並未根植於現實，但對於置身這種框架裡的人來說，這種概念卻顯得無比真實。

多年前，有位學員來參加一場我們在加州棕櫚泉舉辦的課程。這位學員是個非常友善的女士，而她總是盡可能坐在離出口最近的位置。有一天，我問她為什麼這麼做，她回答：「我住在奈及利亞。在奈及利亞，不管是在咖啡館、教堂或飯店大廳裡，都可能會有人突然往房間丟手榴彈。如果你坐在門口附近，生還的機率會比較大。」隨著我們的對話越來越深入，她告訴我，她的丈夫就是因為有人往餐廳丟手榴彈而喪生的，當時他就坐在餐廳的正中央。

這場悲劇讓她從此建立起一個「永遠要坐在最接近出口的位

置」的應對策略,她認為這樣就能在危險狀況發生時,確保自身的安全。但此時此刻的她,正身處美國最富裕的小鎮之一,坐在一個豪華度假村裡,而不是在奈及利亞。如果她人是在拉哥斯[1],她的恐懼感可能會急劇升高,但是在棕櫚泉也這麼害怕是完全沒道理的。隨著課程的進行,我們鼓勵她更敏銳、更準確地觀察現實的真實樣貌,慢慢地,她才能夠一次一點點往房間內部移動。雖然改變座位聽起來只是件小事,對她而言卻是生活中的一件大事。透過學習去正確地理解現實,她也變得比較能夠放鬆生活了。

這個故事是一個很好的例子,說明了我們每個人偶爾都會犯的錯。我們或許曾置身於某個確實十分危險的情境,事後便將這段記憶轉化為一個概念。而從那時起,每當我們身處其他情境時,即使這些情境與最初的危險處境並不相同,我們仍會像當初經歷那個危險情境一樣來行動。也就是說,我們把第二個情境與最初的危險情境混為一談,而且一直攜帶著「危險」的概念,彷彿這個概念是個真實物品一樣來行動。

如果你帶著這種「特寫」的概念框架,你可能會時常感到擔憂,覺得面臨風險,甚至會有一種災難將至的感覺,儘管現實中並沒有任何能刺激你產生這種感覺的事發生。這類感受往往與你至親之人的安危有關,你可能會想像到飛機墜毀、汽車事故、遭人搶劫,或是從滑雪纜車上摔落等各種畫面,「為什麼他們沒有看到危險呢?」如果他們能像你一樣清楚意識到這些風險,你就能少擔心

---

[1] 拉哥斯(Lagos),奈及利亞最大城市。

一些了。

如果你抱持這樣的概念，就會難以信任他人，有時是不信任他們的誠信，至於他們的判斷力，則是完全不信任。既然他們無法察覺你所看到的危險，一旦事件發生，他們很可能會措手不及。而當他們無法理解潛在的風險有多大時，又怎能信任他們的判斷呢？

還有一個與這種模式相關的概念，當好事發生時，你總是在等待另一件無法避免的壞事接踵而至，因為在你眼中，每一絲光明背後都可能藏著一團灰濛濛的烏雲。無論遇到任何事，你的概念都會不斷對你尖叫：「小心！」

持有這種概念框架的人，常常會誇大危險的程度。多年前，我曾經為一對夫妻提供諮詢，他們想討論雙方在撫養七歲孩子方面的意見分歧。父親認為母親完全缺乏責任感，他描述兒子常會騎著三輪車沿著住家旁陡峭的人行道滑下來。「你認為可能會發生什麼事？」我問他。

「他可能會滾到馬路上，被卡車撞到！」

我接著問母親的看法。她說的第一件事是，她不想教兒子在生活中充滿恐懼。她的回應其實更像是對丈夫說的，而不是對我。事實上，她發展出了一種補償策略，這是我們在許多關係中經常看到的現象。丈夫越是表現出恐懼，她就越想要強調兒子無所畏懼的精神，讓他像匹脫韁野馬一樣衝下坡道。

不過，當我們開始仔細探索現實、檢視真正存在的危險時，我們發現，這位母親每次都會先確認四周街道的安全，確保沒有車輛後，才會允許兒子騎那部三輪車。而且，她總是會站在終點等著接

住他。事實上,每當丈夫因擔憂孩子被車撞到而提出反對意見時,她都會告訴他這個安全措施。我們逐步釐清情況後,然後我請丈夫試著根據**實際情況**來判斷**真正的風險**是什麼。

「他可能會摔下來,擦破膝蓋。」他只能這麼說了,根本不算是多大的危險。

當擁有恐懼概念的人找不到足夠的證據來支持自己的恐懼時,他們會憑空想像出各種可怕的場景。他們需要製造大量的衝突,好讓周遭的人提高警覺。然而,「心愛的孩子被卡車輾過」與「孩子只是騎三輪車跌倒,膝蓋瘀青」這兩個畫面天壤之別。將擦破膝蓋誇大為生死攸關之事,在那些把危險概念作為結構元素的人身上是十分常見的。

(這個概念和本章描述的其他概念,將會在第十一章進一步說明,以幫助大家理解該如何看待並處理這類概念。)

中景鏡頭:理想

如果我們從特寫鏡頭往後退,拉遠至中景鏡頭,我們會發現三種理想類型:個人理想、社會理想和存在理想。

```
┌─────────────────────────────────┐
│     個人理想・社會理想          │
│   ┌─────────────────────────┐   │
│   │     對負面後果的恐懼    │   │
│   └─────────────────────────┘   │
│          存在理想               │
└─────────────────────────────────┘
```

個人理想

個人理想是你呈現給自己的畫面,代表你認為自己「應該」成為的樣子。要理解這種類型的理想,關鍵在於認知到這種理想並不是真正的渴望,而是一種個人強加給自己的責任和義務。

這類人會嚴格要求自己達到特定的標準,而且實現這個理想似乎是人生中極為重要的目標。如果未能達成,他們會感受到深沉的失敗感。然而,即便他們成功了,也只是暫時緩解那股來自內心的壓力。

這類個人理想從何而來?它們通常源自於我們自己不想面對的信念。如果一個人認為自己是個懦夫,他會自動產生一個勇敢的理想。如果一個人相信自己很愚蠢,他就會生出一個想要變聰明的理想。如果他認為自己很邪惡,那麼追求善良就是他的理想。如果他覺得自己毫無特別之處,那麼變得很重要就會是他的理想。

我最早在我的著作《創造》(*Creating*)一書中提過這種心理結構。在名為〈理想、信念、現實的衝突〉的章節中,我描述了人們如何驅動自己去實現理想,以此掩蓋自己不願接受的信念。他們最不願意看清楚的,就是自己對自己的真實看法。

自從撰寫《創造》一書後,我們針對這種特定結構進行了多年的研究,現在已經有了相當程度的了解。

首先要明白的一點是:並非所有的人都有這種特定的結構,但擁有這種結構的人,**「自我認同」**將始終是他們生命中的主要課題。他們是誰、如何定義自己、別人如何看待他們、他們在不同處境下

的樣貌如何,以及他們如何在心中跟自己對話等等,這些都是他們形塑生活的重要因素。

這類人會發現,他們很難將自己創造的事物與自我認同區分開來,這是我們在第七章討論過的一個重要原則。對他們而言,自己所做的一切都與身分認同息息相關。他們會不斷從外在環境中尋找信號,來確認自己做得夠不夠好。這些人或許會設定個人成長的目標,但這些目標其實是為了逃避對自己的真正感受與看法,而非是為了發現真實的自我。

事實上,他們害怕去認識真正的自己,因為他們擔心會發現不好的事。

迴力鏢效應

人們並不是有意識地去創造理想來彌補自己不想面對的負面信念。然而,他們所創造的理想也無法真正克服這些信念。當人們肯定他們的理想時,諷刺的是,這些肯定只會再次回頭指向那個他們不想面對的信念。除了認為自己是懦夫的那個人,還有誰,會需要證明自己並非如此?除了那個認為自己很愚笨的人,還有誰,會需要證明自己有多聰明?除了那個認為自己微不足道的人,還有誰,會需要證明自己有多重要?

這個結構的本質是這樣的:一個不想面對的信念產生了一個理想。這個理想的功能是掩蓋那個不想面對的信念。此人追求該理想,並收集一堆經驗加以強化。如果此人不想面對的信念是他很愚笨,他可能會收集一個又一個的學位。每一個新的博士學位都是他

極富智慧的象徵。但是,然後,除了那個……還有誰會……?這就是迴力鏢效應。你創造出越多經驗來反駁你不想面對的信念,這些經驗就越會回頭指向那個信念。(順帶一提,這個觀察不應該被誤解為暗示所有擁有多個學位的人都具有這樣的結構。)

儘管此人努力符合理想,理想有時仍會與現實有所矛盾。我們每個人偶爾都會做一些蠢事,這時我們可以笑一笑自己,或至少不要因為自我認同危機而飽受折磨。但是那些抱持「我要變聰明」這類理想的人,卻笑不出來,他會把事情視為是針對他個人而來的。對於那些遭遇「理想—信念—現實」衝突的人來說,與理想出現衝突的時刻是十分痛苦的。他們經常會嚴厲地批評自己,時刻保持高度警覺,以免再次犯下同樣的錯誤行為。他們會給自己很大的壓力,以這種方式來操控自己的行為與表現。

有這類個人理想的人常常認為,任何人都可以隨心所欲照自己的想法行事,包括他們的孩子也是。但唯獨**他們自己不行**,他們必須符合自己的理想,否則人生就算失敗了。他們衡量一切的標準是,自己是否有符合理想,以及是否有完美避開不想面對的信念。

不想面對的信念,通常對這類人來說是看不見的。他們花了很多年的時間將其隱藏,好讓自己看不見,並收集了大量反駁它的經驗,透過各種方式來肯定自己的理想,並試圖根據自己符合理想的程度給予自我評價。但在表面底下,不想面對的信念始終存在。偶爾,它會浮出檯面,但是很快又會被重新埋藏起來。然而,這個個人理想與其對應的負面信念,構成了此人生活的主要動力。它將是一股主導人生的力量,直到它被真正理解、正面處理為止。

社會理想

擁有社會理想的人與擁有個人理想的人有著截然不同的概念。社會理想背後的驅動力是,這世界應該是某種特定模樣,因此每個人都應該遵守特定的規則與規範。

我最近遇到的一個人,就是持有這種想法。他是一個十足的共產主義者。我自六〇年代以來就沒有遇過真正的共產主義者了。此人對階級區分有著非常明確的觀點,認為富人傾向於剝削窮人。他以一個人擁有多少錢來衡量他人,談到工人階級時,彷彿所有靠勞動謀生的人都一致認為自己遭到了不公平的剝削,而且認定要實現經濟正義,就需要一場革命。能夠遇見這樣一個彷彿來自過去的遺跡是件非常有趣的事,有點像是遇見來自黑暗時代的封建主義者,然後發現這種特定的社會理想在現代社會的運作方式。

這位共產主義者最後來到了佛蒙特州,因為他認為自己能在那裡找到志同道合的人——美國唯一在華盛頓擁有一位名副其實的社會主義者作為代表的州。他得出的結論是,成功的社會主義政治家是邁向正確方向的第一步,因此對任何有自尊心的共產主義者來說,佛蒙特州是他們應該去的理想之地。

唯一的問題是,佛蒙特州是世上最接近「沒有任何階級區別存在」的地方。在佛蒙特州,治理當地政府的鎮民大會裡,農民與商人、教師與家庭主婦、藥劑師與水電工、作家與獵場管理員、醫生與電影導演、卡車司機等人都能夠坐在一起。無論男女老少,異性戀或同性戀,富有或貧窮,特立獨行或是循規蹈矩,精英或是草根

階級，所有人都能夠和諧相處，對個人自由有基本的尊重，也彼此互相尊重。他們不僅在鎮民大會上共坐一堂，還會參與社區聚會，例如參加烤蛤蜊大會為當地的義勇消防隊募款，或是在村莊的綠地上舉辦一年一度的秋季慶典市集。他們是鄰居，是朋友，沒有人會去思考經濟、社會或其他任何階級問題。而這位可憐的共產主義者卻試圖將自己對世界的理想強加給任何願意聆聽的人身上，不過他們只是帶著驚奇的眼神望著他，覺得有些困惑，也覺得他很逗趣，是出現在鎮上的又一個怪人。他沒有在佛蒙特州待太久，但他始終是一個活生生、有血有肉，全心全意又自豪地堅守那套強烈社會理想的人。

許多政治教條催生了社會理想。極右派對於公民與政府之間應如何互動有其理想，極左派亦然。「政治正確」也是一種社會理想。許多宗教都有其社會理想，並鼓勵其信徒遵循這些理想。企業內部的規範往往也會產生社會理想，因此，新進員工很快就會學習到在職場上應該如何行事。

最近，我的一位朋友在探索自己的社會理想。他談到自己常常因為各種情況而憤怒不已，例如有人占用了兩個停車位，一些青少年表現得不夠尊重，或是有個人對他說話的語氣很不客氣等等。我們逐一討論這些情況，發現讓他感到憤怒的原因是，這幾件事都違背了他認為人們應該遵守的行為準則。大多數的人若遇到有人占用兩個停車位，尤其是在附近沒有其他車位，而且又急需停車時，都會感到惱火不悅，但是這些抱怨多半都會針對當下情境，而不是針對有人違反了社會規範。隨著我們聊得更深入，朋友表示，他認為

自己有責任去糾正那些沒有規矩的人。沿著他的思維脈絡，我們往回追溯到他的核心觀念，這次他終於說出了自己對世界的看法，那就是人們需要為彼此創造一種秩序感，而確保他們明白這一點是他的責任。

這位朋友與之前提到的共產主義者，兩者之間唯一的區別在於他們社會理想的具體內容不同。不過在這兩個例子裡，他們的世界觀都伴隨著一套行為規範，並認為每個人都應該要遵守。

有些人認為，如果沒有道德或倫理規範這樣的社會理想約束，人們就會行為不端。

這種觀點裡蘊含的假設是：如果任由我們自行做決定，我們便無法做出正確的選擇，我們會偷盜、作弊、撒謊、詐騙、行騙，甚至犯下謀殺罪。

確實，有些人的確會犯下這些惡行。然而，對於那些沒有這樣做的人來說，他們所有的良好行為都是因為遵守了道德與倫理嗎？還是因為他們有良好的**價值觀**，引導他們選擇走向更有建設性的行為？是不是只有當我們沒有真正的價值觀時，才需要一套社會理想來遵循？

如同我們前面說過的，價值觀來自於決定何者對我們較為重要、何者較不重要。在動態衝動的框架內，價值觀與抱負占據了「中景鏡頭」。而在概念框架的中景鏡頭裡，社會理想給予我們一個價值的**概念**。

倫理與價值觀

在缺乏價值觀的情境裡，制定公平行為的規則往往是有用的。大型企業作為結構性實體，容易變得沒有道德或缺乏價值觀。也就是說，雖然組織內的個人可能各自擁有價值觀，但整個企業本身並沒有。在這種缺乏價值觀的體系中，倫理至少比什麼都沒有要好。有了倫理，至少在成員的個人價值觀與企業缺乏價值觀的機會主義心態之間，衝突得以減少。但是在個人層面上，如倫理與道德規範這樣的價值觀概念，卻剝奪了一個人內心最深處的某個層面。正如概念化的恐懼並非真正來自於實際的危險一樣，倫理與道德只是個人真實價值觀的概念化替代品，本身並非價值觀。

幾年前，我曾參加一場專案小組的會議。這個團隊隸屬於全球規模最大的企業之一，為了一項即將在六個月內上市的產品，他們要負責開發一項新技術。該產品的發表將會是一場盛大的公開活動，公司為此豪砸一千萬美元的廣告宣傳費用大舉行銷。確實是一件大事。

為了說明真正的價值觀與倫理之間的差別，我會將這家公司稱為麥克白公司（Macbeth, Inc.）。在這家公司裡，員工關心自己在公司內的權力地位，更甚於關心備受矚目的重點產品發表是否成功。諷刺的是，他們每次會議開始前，都會朗誦一段公司的價值宣言，也就是員工應該遵守的倫理行為條文。會議室裡大約有十二個人，而這張表上大約有二十五條規則。成員們輪流朗讀，一人朗讀一條，直到所有條文讀完為止。「我們保持開放。」「我們真誠以對。」

「我們互相扶持。」「我們勇於冒險。」就這樣逐條朗讀。宣讀完倫理宣言後，團隊便開始工作，進入討論。

然而，事實上他們對彼此充滿敵意，互相批評、各持己見、不支持彼此、沒有禮貌，而且難以共事合作。他們甚至利用這份價值宣言來互相攻擊。例如，當某位成員對提議的行動計畫提出合理擔憂時，有人便說：「你態度不開放！」「你不支持團隊！」或者是「你根本不願意冒險！」這類指責充斥著整場會議。

這正是完美說明「真正的價值觀」與「價值觀概念」之間差異的好例子。如果他們真的具有宣言上的那些價值觀，就不需要在每場會議開始時提醒自己，他們應該會自然而然地展現出這些價值觀，他們會做出支持、真誠、開放的行為。雪上加霜的是，這個團隊竟然利用這份宣言來攻擊彼此、否定對方、爭奪權力，彷彿一群被寵壞的小孩。這項重點專案對公司關係如此重大，不禁讓人懷疑他們是否真的在乎它的成敗。

這是一個極端案例，但有時透過研究極端案例，我們更能夠清楚看見某項原則在日常情境中的運作細節。你希望在一個「擁有良好價值觀，但缺乏倫理守則宣言」的組織工作，還是選擇一個「具有完整倫理行為條文，卻缺乏良好價值觀」的組織工作呢？所謂的「良好行為準則」所假設的前提是，如果沒有受到強迫，你就不會有良好行為。然而最終，這些概念並不能取代真正的價值觀。試圖將某種社會理想強加於他人，長期來看也永遠不會奏效，因為試圖在「概念」之上建立基礎，就如同試圖在流沙上建蓋一座摩天大樓一樣不穩固。

存在的理想

所謂「存在的理想」觀念來自於：人必須為自己的人生「負責」。抱持這種理想的人會覺得必須為自己的存在提出正當理由。往往，這種人並不認為別人也需要這麼做。然而，他們自己卻必須做好事、完成有價值的目標、為地球做出貢獻，並對世界有所幫助。

這種人常常會以當天完成了多少事情來評價自己。如果完成了足夠的事情，就有充分理由可以安然入睡。如果沒有完成足夠的事情，此人就會回顧這一天，為明天制定計畫，以付出更大的努力，並覺得自己尚未充分地為生命「負責」。這些人通常是十分善良的人，基於他們的意願、價值觀與抱負，他們希望能為世界做出貢獻。但他們真正的渴望卻被轉成一種理想，亦即「一個人必須努力贏得存在的權利與資格」。

遠景鏡頭：奧祕得到解釋

在我們的現實觀中，遠景框架的參照系統是由真正的奧祕所構成，例如：我們來自何處？死後是否還有生命？宇宙在哪裡？空間究竟是什麼？在遠景的概念框架內，這些**奧祕得到了解釋**。人們透過很多不同方式解讀這些奧祕，試圖提供一個看似合理的答案，包括哲學、形而上學、宗教、科學或神祕主義等。

長久以來，人類的天性就是會去思索那些無法解答的問題，然後試圖想出一個答案。但真正的奧祕之所以是真正的奧祕，正是因為它們屬於無法知曉的範疇。它們是奧祕，**因為**它們無法被理解。

然而，我們卻總是忍不住想要解釋它們，人類不就是這樣嗎？

只要我們知道自己只是在推測，那麼對真正的奧祕進行思考、推敲就沒問題。然而，許多人開始以為，自己的推測並非只是在創造一些合理的想法來解釋可能的真相，他們開始將自己的推測和理論固定下來，成為自己的信念與世界觀，然後變成真正的信仰者。

我們可以觀察到，許多人都曾有過探索神、宇宙或更高意識等神祕力量的這類體驗，而這些體驗常常會變成我們內在力量的來源。問題在於，我們如何看待這些體驗？我們經常將其轉化為概念，然後這個概念（而非體驗本身），反而成為我們尊崇的對象。

一個人是否能夠相信神或某個正式宗教的基本教義，而不將其變成一種概念框架呢？答案是肯定的。這種情況會發生在一個人採納了這些觀念，卻不將它們轉化為關於宇宙的理想。這兩者的關鍵區別在於：你對個人觀點的正確性有多麼堅持？你有多麼努力想要將它強加於他人？「試圖與他人分享自己的經驗」與「試圖強迫他人接受你的信念」，這兩者是截然不同的。

有些人可能會說：「這是我所相信的，但我可能是錯的？」然而，處於概念框架中的人會堅持他們是對的。

許多人都想找到一套正確的世界觀。他們認為，如果找到它，就會知道該如何行動、該往哪個走向走、生命應該有什麼樣的意義，以及這一生的功課是什麼。他們可能會閱讀書籍、參加講座、上課、向大師學習、參加靜修營等等，不斷尋找著這些偉大奧祕的答案。我們可以理解這種渴望，但他們越是用概念填滿自己的頭腦，就越是無法與生命保持連結。

這種情況的極端版本就是邪教。每個邪教都有一個要求成員嚴格遵守的世界觀。人們的價值是由他們的服從程度來衡量的。於是，概念的世界開始顯得真實，現實反而看起來像是一場夢。

在描述這種遠景鏡頭的概念框架時，我並不是在譴責宗教或形而上學，我所做的只是在幫助大家區分什麼是概念，什麼是真正的奧祕。對神的信仰，與理解到宇宙和生命中存在許多人類無從知曉之事，這兩者之間並沒有任何衝突。如果要說兩者有何不同，那麼信仰的本質是能夠暫時放下「奧祕必須有答案」的強求，而非執著於對某個「真理」的概念。

概念的角色

概念如何融入了我們的生活？這是下一個探討的重點（請見第十一章）。我們的世界充斥著各式各樣可以想像得到的概念，因此生活會被概念填滿也不足為奇了。在這個世界裡，概念被視為一種幫助理解的良好工具，我們一向被鼓勵去形成概念、採用概念、學習概念、辯論概念，賦予概念重要性、為概念爭執，並讓概念來主導我們的生活。只要看看電視上那群評論員，看著這些人每晚對他們毫無所知的事物展開激烈爭論的場景，就能了解到概念的世界已經變得多麼根深柢固。

在藝術領域，概念是觀察的敵人。概念會蒙蔽藝術家的視野，讓作家變得遲鈍，令作曲家和電影製作人流於陳腔濫調，讓演員失去生命力，使詩人變得平庸陳腐。

但是在藝術之外，概念經常被視為創造力的象徵。例如，在某項創造力的測試中，參與者被安排坐在一間房間裡，桌上擺著一個盒子。他們不知道接下來會發生什麼事，但突然間，盒子自己打開了。他們被要求描述出發生了什麼事。那些只單純描述盒子突然打開的人，會被認為是創造力較低；而那些推測盒子為什麼打開、如何打開的人，則被視為創造力較高。在某些教育圈裡，這類天馬行空的推測甚至被視為更高階的思維技能。但是在藝術領域，能夠不帶任何概念、偏見、理論或推測的濾鏡直接看見現實，是一種需要多年修煉才能掌握的能力。

要用各種內容填補我們理解上的空白，是一件很容易的事，任何舊觀點都可以，前提是它必須至少聽起來合情合理。越是貌似有理，理論就越容易被當成事實。

從技術上而言，概念上的馬虎草率會降低結構性張力，因為當前現實與我們希望創造的願景之間的關聯會變得不夠清楚，就像弓無法產生足夠的張力把箭射向目標。儘管在創造力測試中，作為測試對象的你，對於盒子為何打開的種種天馬行空看似很有創意，但是結構性張力的降低反而讓人更難把心思集中在真正目標上，還會不知不覺掉進自由聯想的陷阱，而非真正聚焦的創造。

概念框架的不足，最主要會顯現在我們生活中的結構動力。在下一章，將探討我們的概念化恐懼、理想與世界觀如何造成擺盪模式，使得成功的進展總是被逆轉，而每次的努力與進步常常成為一場徒勞。

CHAPTER 11
分析生活的結構

☺ ☻ ☺

生活中的結構,在很大程度上決定了我們的人生旅程。這些結構是什麼呢?它們是由多種元素之間的關係所組成的,例如我們的抱負、能力、天賦、環境條件、觀念和信念,以及價值觀。在本書中,我們一直在探討一種結構,它既是創造過程的基礎,也是建構人生的基礎——那就是結構性張力。隨著我們對這個主題的深入了解,我們已經知道最能夠帶來成功的結果、並在此基礎上持續成功的結構,來自於真正的抱負與價值觀,以及對當前現實的整體形態與模式的清楚認識。動態衝動與現實框架的「中景鏡頭」是這些元素最強而有力的安排。

但是,在這個結構中往往還內建了另一個元素,那正是我們在上一章探討過的「概念框架」,它在我們創造過程的最終成敗中扮演著關鍵的角色。

因果組合

　　當各種元素結合在一起時,它們會創造出一個完整的結構單元。每個元素本身都是一股獨立的力量,但結構力量的總和不只是簡單的個別力量加總,它們會彼此影響。還記得我們從電影《北非諜影》中舉的例子嗎?瑞克、伊莎和維克多三人共同組成了一個結構單元。在故事情節中,他們各自有自己的目標,但每個人的目標都與其他角色緊密相連。這正是我們即將探討的結構運作方式。在這種結構內,存在著三種截然不同的力量,它們雖然獨立存在,卻又對彼此產生深刻的影響。我們將這種結構單元稱為「因果組合」(the causal set)。

　　因果組合由「動態衝動」、「概念框架」和「現實框架」三者所組成。

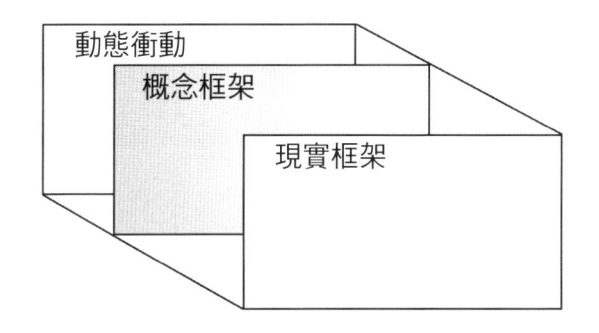

　　以下是一個典型的因果組合範例。此人的動態衝動聚焦在抱負上(她真心渴望獲得成就);概念框架則聚焦在自己想像中的負面結果恐懼(她認為成功會帶來危險);而她看待現實的方式,則是

從整體形態與模式的角度出發（她能夠從比較長遠的時間框架中，看出過去事件如何影響未來的結果）。

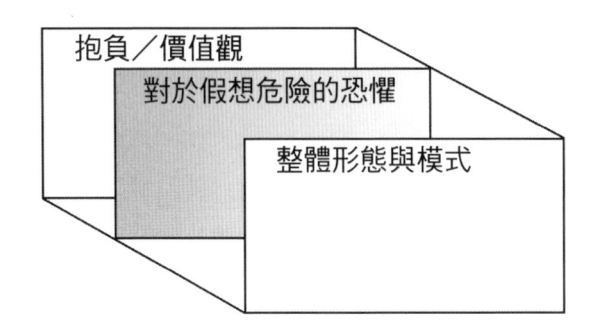

```
抱負／價值觀
    對於假想危險的恐懼
        整體形態與模式
```

讓我們更詳細說明上面這個結構，以便更充分理解因果組合的運作方式：有個人想要創辦一間新公司。她能客觀評估現實，掌握自己所處的商業環境，而且可以看出市場趨勢、挑戰、機會，以及自身的天賦與技能。然而，她在潛意識裡卻抱有一種恐懼，也就是她害怕成功可能會帶來危險，甚至認為如果自己太成功，有些不好的事情就會發生在她身上。

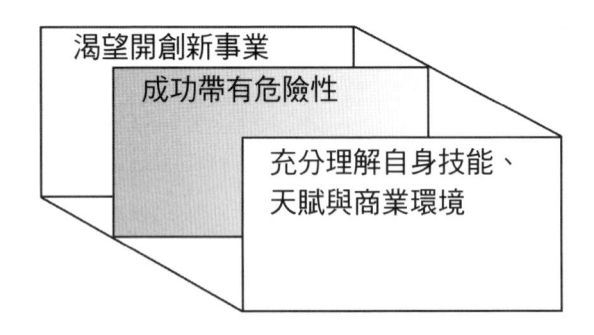

```
渴望開創新事業
    成功帶有危險性
        充分理解自身技能、
        天賦與商業環境
```

像上述這樣的結構,可預期地將會導向擺盪模式。為了理解實際的動態,讓我們結合兩條關於結構的基本法則:

- 張力尋求解決
- 結構尋求平衡

如同我們前面說過的,張力是由結構內部各元素之間的對立或差異所造成的。有些元素朝一個方向拉動,另一些元素則往相反方向前進。在上述例子裡,這個結構內部存在多重關係,而且必須一併處理。

其中一種關係,是「動態衝動」與「實際狀況」之間的張力。她想要創辦一間新公司,也清楚自己當前的起點位置。

一開始,這種張力會是最強烈的,因此,結構會驅動她採取有助於實現目標的行動,來支持她建立成功的事業。

但是隨著她越來越接近目標,某個轉變發生了。關於危險訊號或災難將至的概念,開始在結構中扮演越來越吃重的角色,尤其是在她取得越來越大的成功之後。這時,一股更大張力出現,來自於「成功的結果」與「她內心日益增長的危機感」之間的關係。

此人可能並不知道自己為何開始感到不安,特別是眼前一切進展明明都很順利。她可能會將這種感受稱為直覺,或是預感,或是對於親手打造的事業所產生的某種無法言喻的恐懼與焦慮

這股新的主要張力會尋求自身的解決之道,因為張力尋求解決,而因果組合尋求平衡。結構的目標並不是我們這位當事人的目

標。她想要成功的事業,而結構則想要製造平衡——讓系統內兩股張力的強度變得完全相同。

讓我們用橡皮筋的比喻來說明這個例子。我們的當事人站在一個房間裡,有一條橡皮筋從她的腰部連接到前方的一面牆壁。第二條橡皮筋則從她的腰部連接到後方的另一面牆壁。這兩條橡皮筋代表兩個相互競爭的「張力—解決」系統。

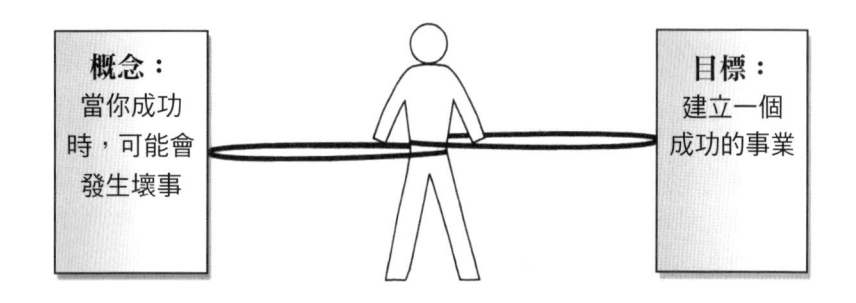

概念：
當你成功時,可能會發生壞事

目標：
建立一個成功的事業

當她開始朝著自己的目標前進時,前方的橡皮筋張力會放鬆,後方的橡皮筋則張力變得更緊繃。此時對她來說,遠離目標會變得更容易,因為結構會試圖解決當前系統中占主導地位的更大張力。

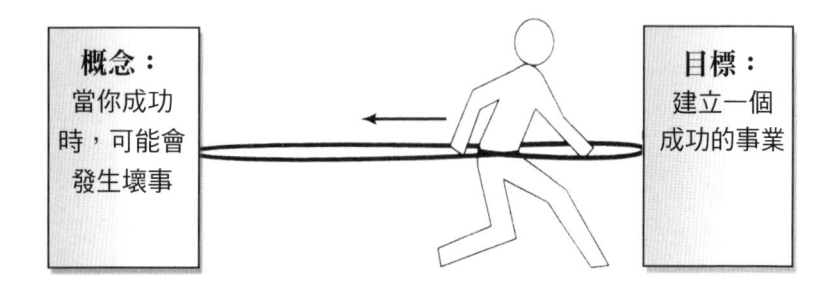

概念：
當你成功時,可能會發生壞事

目標：
建立一個成功的事業

一旦她開始遠離自己所創造的成功,拉著她後退的張力會開始減弱。

　　當這種逆轉現象降低了概念系統中的張力時,她的內心又會湧現新的渴望。當事人可能會突然萌生一個新的創業點子,新的主導力量轉變又發生了,她即將再次進入重複的模式。

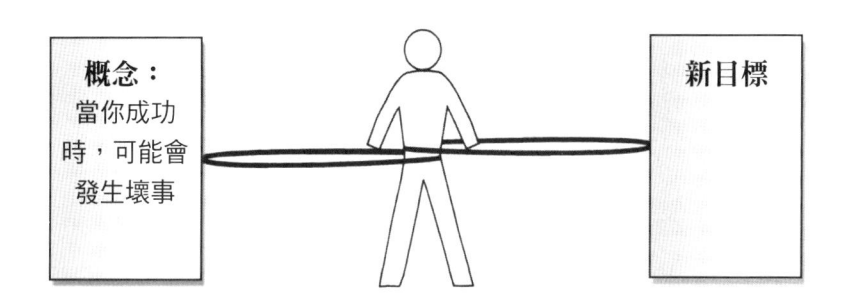

[圖:左方框「概念:當你成功時,可能會發生壞事」,中間人物,右方框「新目標」]

　　每個人在自己的人生故事線中,成功遭到逆轉的模式各有不同。有些人會在成功後感到無聊,有些人會製造一場危機,有些人會找到其他興趣而分散注意力,有些人則會經歷一連串的厄運。但是,重點不在於發生的事件本身,而是在於這些事件為什麼發生。在這種結構下,成功終將不可避免地遭到逆轉。

　　這並不表示人們會因自身的結構而注定失敗。但有件事是確定的:你無法在這種結構內到達任何你想去的地方,也沒辦法在最初的成功基礎上持續創造成功。在這個結構內,成功會一直遭到逆轉,換言之,如果從這種地方出發,你永遠無法到達目標。

　　首先,你必須先到「其他地方」,所謂其他地方就是另一種不同的結構。若能改變你生活中的潛在結構,就有機會徹底扭轉現

況,大幅提升成功的可能性,邁向真正圓滿穩定的成功模式。我們會在下一章深入探討這個概念。

在這種結構中,真正的平衡是不可能達成的,但是結構依然會努力達成它,並對最強烈明顯的張力做出反應。當它試圖解決這股張力時,其他張力又會開始占據主導地位,導致結構開始轉向緩解新的張力。這種不平衡的狀態會推動行動的發生——這些行動的目的只是為了降低當下最強烈的張力。

平衡循環

因果組合內部蘊含不斷變化的不平衡狀態。每一股主要的張力都會導致某些行動,以降低該張力。行動的出現,確實改變了張力的狀態,而當新的張力占據主導地位時,又會再次形成新的不平衡狀態,引起關注。這種情況造成了一種高度動態的擺盪循環。因果組合啟動了一套回饋系統。

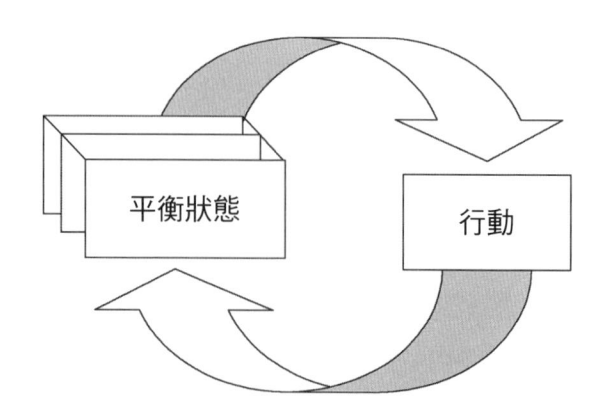

每當這個循環產生一個行動,都會改變其中一組「張力—解決」系統,進而改變平衡狀態的性質,然後導致另一個行動,如此不斷循環。

另一種因果組合

讓我們來看看其他可能的因果組合。在下個例子中,此人在動態衝動層面上(遠景鏡頭)只有模糊的願望,但是在概念框架中(中景鏡頭)擁有個人理想,而他看待現實的方式則是過度注重細節(特寫鏡頭)。

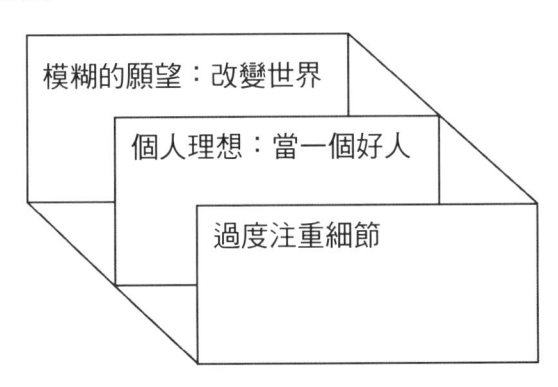

```
模糊的願望:改變世界
  個人理想:當一個好人
    過度注重細節
```

假設此人想讓世界變得更美好,但還不清楚要怎麼做,這個願景就是過於模糊,無法以此為基礎來組織行動。並不是說此人不真誠,而是他還不太知道自己實際上想要創造什麼。

再者,他認為自己是一個壞人,這是他的概念。為了補償這種信念,他塑造了一個自己要當好人的理想。這個理想包括好人應該要致力於幫助世界,處理重大議題,並被視為推動世界變得更美好的重要力量。

再加上他習慣用非常短的時間框架來看待現實，而且注重許許多多的細節，但這些細節卻缺乏背景或脈絡。與他討論時，我們可能會聽到他描述了大量關於世界人口、水資源供應、汙染、科技發展的統計數據，但這些細節並無法為他帶來對趨勢的理解。

綜合這些因素，這個結構可能會產生什麼結果？這個結構的主要張力來自於他的好人理想與現實之間的對比，而這個現實充斥令人疲於應付的大量細節。他想為改變世界出一份力的模糊願望又不夠明確，因此沒辦法在他的理想狀態與實際狀態之間創造出充足的張力。

在這種結構裡，此人主要是活在自己的想像世界中。他一直在原地打轉，產生一種自己似乎做了很多事情的錯覺。儘管耗費大量精力在一堆繁瑣的細節，卻無法帶來太多真正的實際行動。

這種人很常經歷強烈的挫敗。他會覺得自己明明一直在努力關注重要議題，卻無法發揮影響力。然後這種挫敗感可能會轉化為憤怒，世界對重大議題看似冷漠的態度，讓他產生反感。隨著時間過去，他也可能會變得憤世嫉俗。他的無力感、他對自我認同的關注，加上他無法看見現實中的整體形態與模式，使他難以看清自己是如何親手塑造了當前的生活樣貌。

他也經常思考自己在世界上的位置。在某種意義上，這就是此結構中的主要張力，一個永遠無法解決的張力。他心中潛藏的信念「我是個壞人」，是無法向任何人透露的，尤其是他自己。他的自我反思最終只會變成對細節的過度執著，並將「創造一個更美好世界的願望」與「努力證明我是個好人」緊緊捆綁在一起。

如同上述舉的這些例子，唯有結構的改變，才能促成真正的轉變。此人才有機會在生命的建構過程中重獲新生。但是，若潛在結構沒有改變，他就會一次又一次地重複經歷這些事情。

比爾・柯林頓的因果組合

因果組合一共有二十七種類型。每種類型都包含一個動態衝動、一個概念框架和一個現實框架。除此之外，許多人的結構會隨著循環產生回饋、試圖尋找最終平衡的過程中，在不同的因果組合之間轉換。

在整套循環的某個階段，一個人可能在看待現實時能清楚看見整體形態與模式，但是到了後來，此人可能會變得過度執著於細節。或者，一個人最初可能專注於抱負與價值觀，但後來隨著循環的進行，他的關注焦點可能會轉變為本能與欲望。在社會上這種轉變的例子屢見不鮮，某位身居要職的人，卻做了一件極其愚蠢的事，引發嚴重醜聞。許多人會納悶，為什麼像比爾・柯林頓（Bill Clinton）這樣聰明且政治手腕高超的人，會因為與實習生發生輕率的婚外情，而將自己的事業與總統功績置於險境？名嘴與政敵們將其歸咎於他的傲慢、自滿，或是對道德規範的藐視。然而，從結構的角度來看同一件事，我們會對其中牽涉的動態，產生完全不同的理解。

如果他的動態衝動從抱負與價值觀轉向欲望與本能，那麼內在體驗上會出現一個關鍵的變化，就是時間感的改變。在「中景鏡頭」下，時間是以較長的幅度來衡量的，一個人能夠看到過去是如

何影響現在，並進一步連結到未來。然而，當人處在「特寫鏡頭」中的欲望狀態時，時間是一種當下的體驗，對過去與未來的感知幾乎消失了。有時候我們會說一個人的「爬蟲腦」接管了他的行為，讓他做出了如同蛇或青蛙一般的原始反應。

　　至於在柯林頓的案例中，接管這名男士行為的是他的青少年腦。突然間，他不再以一個世上最有權勢之人的身分來思考，而是像個十七歲的男孩，停好車坐在他家汽車的後座，與女孩在情人巷中約會。這與他的聰明才智有多高、他有多傲慢，或是人們為他做出的任何解釋都無關。他處於一種擺盪結構中，在這種結構下，他的成功最終會遭到逆轉。這類醜聞早在多年之前就已經被大衛·馬拉尼斯（David Maraniss）在他那本出色的傳記《出類拔萃：比爾·柯林頓傳記》（*First In His Class: A Biography of Bill Clinton*）一書中預測到了。許多優秀的傳記作家都能夠看出他們筆下人物的行為模式，而馬拉尼斯非常敏銳，能夠在柯林頓發生醜聞之前，就準確指出他會以何種方式遭遇到逆轉。

　　柯林頓在醜聞爆發之後仍獲得廣大民眾的支持，這讓許多政治名嘴大感意外。他們原本以為，這個政治人物不出幾個星期就會被民眾的唾罵聲趕下台。然而，公眾似乎比這些名嘴更有智慧，讓他的支持率高居不下，甚至達到極高水準。這同樣也是他行為模式的一部分。

如何將結構從擺盪轉變為前進

若我們能改變內在結構的元素,就能促成潛在結構的改變。如果因果組合試圖在動態衝動、概念框架與現實框架之間尋求平衡,那麼消除其中的一個因素,就能改變結構的趨勢。舉例來說,如果你完全不想創造任何東西,也沒有任何渴望,那麼你的概念與現實之間就不會產生張力。你可能害怕某些概念上的危險,既然你沒有試圖去達成任何成就,那麼你大可選擇待在家裡,專心讓自己保持安全。

然而,由於我們擁有真切的渴望,並想要創造,這麼做是一個完全不可行的策略。

或者,我們還可以嘗試放棄對現實的理解。如果我們真的能做到這一點,便可以隨心所欲地建立各種虛構的概念,但這又能改變什麼呢?我們不會知道自己是否正在達成目標,因為我們不會理解現實。對大部分的人來說,這種策略也是不可行的,因為擁有理智是我們的詛咒。

然而,如果消除我們的概念,那我們還剩下什麼呢?

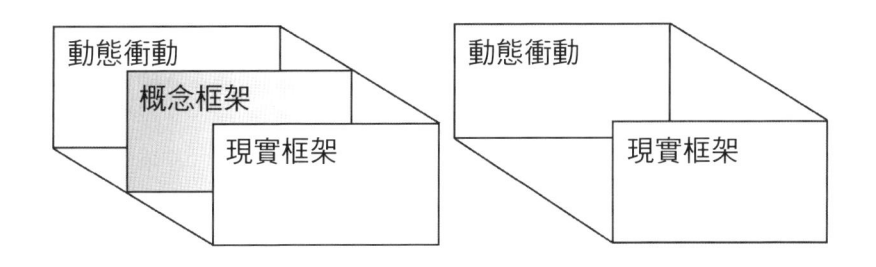

沒錯！結構性張力！

讓我們暫時用技術性語言來加以說明：如果我們從一組「包含三個元素，無法達到最終平衡狀態」的因果組合轉換到另一組「只有兩個元素，能夠達成最終平衡」的因果組合，那麼我們就從擺盪的結構轉變成解決張力或前進型的結構了。

要實現這樣的轉變，你必須先消除自己的概念。我們將在下一章探討如何做到這一點，不過先在本章結尾總結幾個能改變你人生的重點：

- 了解你想要創造什麼
- 認清現實
- 建立結構性張力
- 消除你建構在生活中的概念

當你真正實踐這些原則後，你就能開始實現各種真正渴望的人生目標。你會在成功的基礎上繼續進步，從錯誤中學習，並從一個創造前進到另一個創造。你會活得像個藝術家，專注於創造的行動，擁有生命最真實充沛的精神力量，充滿創造力，生氣勃勃，而且與你內在最高、最深處的自我保持緊密連結。

CHAPTER 12
重新解讀：無概念的結構

☺ ☻ ☺

並非所有的概念都是以相同的方式來處理。在本章中，我們會告訴你如何消除人們在因果組合內所建立的主要概念，也就是在第十章討論過的那些概念。本章的主要目的，是幫助你擺脫那些會導致生活出現擺盪模式的主導概念，並重新設計你的生活結構，使其得以穩定前進。

掌握這些內容的最佳方式，是先了解整體觀念，然後再設法實踐應用本章所討論的原則。

對假想危險的恐懼

在概念框架的特寫視角中，這種恐懼來自於擔心自己或至親之人可能會因為生活中的種種危險而遭遇負面後果。由於其他人似乎沒有覺察到這些潛在的危險，因此你覺得自己肩負重任，必須提

醒、保護你所愛的人。

對一個害怕假想危險的人來說，未知的事物等於是險象環生的。這種人總是時刻保持警惕，努力防止災難發生。他們習慣假設最壞的情況。如果你具有這種結構，那麼你的想像力大概經常發揮過頭了。

若是你屬於這種結構，你會發現自己常常想拼命控制那些看似有威脅性的情況，並發展出一套很難喊停的控制策略。

控制策略

這種結構最可愛的一點是，這些人都是心地善良的人，他們只是想保護至親好友免於不幸。所以，這些人無法理解為什麼那些受到他們的控制策略所影響的人，會抗拒他們的保護行為。諷刺的是，這種控制策略並非出於權力操縱、支配或權威心態，反而是以安全與保護為目的。這類控制型的人時常處於一種備受威脅的狀態，儘管有時候這種感覺很微弱。但是一旦威脅感增強，他們的控制策略就會變得更加嚴格。如果你屬於這種結構，那麼你很可能會限制他人提供意見，尤其是當他們反駁你對危險的觀點時。你可能會打斷他們、不讓別人把話說完，或是大聲講話壓過他們的聲音。也或許會藉由表現出煩躁情緒、威脅要離開現場，或是露出一副剛得知心愛小狗去世的受傷表情，來阻止別人表達自己的觀點。此外，另一件你可能會做的事情是，避免閱讀那些理性說明情況不如你想像中危險的文章，或不去看這類新聞報導。

價值觀的衝突

採用控制策略的人往往會與自己對「自由」的價值觀產生衝突。一方面，他們認為每個人都應該自由選擇自認適合的方式過生活，另一方面，他們又想要保護他人免於危險與傷害。

所有的價值衝突都可以透過階層順序解決。哪一個價值更重要？通常，當價值問題被搬上檯面時，採用控制策略的人會選擇自由而非控制。這個新的焦點轉移能讓他們放棄控制，轉而支持他人按照自己的方式生活。

那麼，我們能控制到什麼程度？

我們是具有創造力的生命體，只要有機會，天生就會想努力開創自己的人生。然而，生活中有許多面向是我們無法控制的，例如壽命、親人的命運，以及難以預測的意外事故。對於控制欲強的人來說，這並不是個令人愉快的事實，然而如果他們希望在現實生活裡遊刃有餘、應對自如，他們必須明白這個事實：

你無法控制那些你無法控制的事。

面對沒辦法控制的情境或領域，我們就必須停止**試圖**控制。生活確實可能存在著實際的危險，但如果這些危險是屬於不可控的範疇，那麼我們既無法保護他人，也無法保護自己免受其害。相信自己做得到，這是人性使然。同樣的，願意重新審視自己的處境現況，設法接受現實原本的樣子，並在這樣的理解基礎上盡力而為，

也是人類的一種本能。

有部《陰陽魔界》(*The Twilight Zone*)的電視影集貼切地說明了這個觀點。在某集故事中，一名男子反覆做著同樣的夢，夢見一架飛機墜毀在他的房子上。每天晚上他都會夢到相同的情節，而且細節一次比一次清楚。過一陣子之後，他甚至知道了飛機墜毀的日期、時間，甚至是該架飛機的編號。隨著劇情的發展，他打電話給機場，結果發現這個號碼是真的。於是他循線找到這架飛機的主人，試圖警告對方不要在他夢到的日期飛行，但對方只覺得他是個瘋子，便把他打發走了。命中注定的那個夜晚終於來臨了，這名男子決定離開家，搬到汽車旅館躲避災難。然而，就在他夢中所見的那個時刻，飛機墜毀，正好撞進了他的旅館房間。

儘管《陰陽魔界》是一部充滿諷刺和奇幻想像的經典影集，但它經常巧妙隱含一些耐人尋味的真理。這一集的節目完全可以命名為「你無法控制那些你無法控制的事」。

如何處理假想的危險？

現實包含了兩個處理假想危險的因素：

- 真實存在的實際危險程度
- 我們對無法控制之事的無能為力

如果你發現自己抱持這種概念，那麼只有一條路可走，那就是**回歸現實**。**實際的危險**是什麼？你怎麼知道的？在未知的情況下，

你實際上能做些什麼事？

不要假設你所想像的危險是真實的。檢視危險真正的可能性，而非一味想像最糟糕的情境——這些可能完全是你杜撰的幻想情境。你必須讓自己的思維過程從「想像」轉向「觀察」。與其假設，不如好好檢視。

即使你更精確地研究現實，可能依然會感到壓力和焦慮。你所感受到的不安是由你的「概念」所產生的，不要誤以為這種憂慮是來自於你的直覺、第六感或超感知能力。這種感受並非來自大家都有的人類本能，一切只是你的情緒反應模式在作祟。一段時間過去之後，這些情緒反應模式將會改變，而且隨著你對現實的覺察力逐漸提高，它們最終也會慢慢消失。

當你領悟到試圖控制那些其實無法控制的情況是徒勞無功的，也會明白這種行為對健康極具破壞性。它會加劇你的壓力和無力感，並導致長期的挫折感。

如果你不再試圖控制那些你無法控制的事物，並開始準確評估現實中的危險，你的潛在結構將會發生深刻的變化。你將從長期的擺盪模式轉變為另一種具有成就感、投入感與創造力的模式。

個人理想

許多人為自己創造出理想，但這些理想往往只是為了補償某種不想面對的信念。

理想的功能在於抵消這種信念，並將其隱藏起來。因此，我們

對自己最無法接受的信念往往是最難察覺的。如果你處於這種結構中，不妨進行一些偵探工作，找找看你內心不想面對的信念是什麼。接著，在結構動力學的脈絡下處理這個信念。

你的生活經驗會分成兩種類型：一種是你活出了理想中的樣子，另一種則是你未能達標的時刻。這兩種經驗都能提供我們重要的線索。以下是一些幫助思考的實驗：

回想一次你成功的時刻，然後問問自己，為什麼你會感到如此滿意？

當然，實現自己努力追求的目標是件好事，但是，如果你擁有一個個人理想，你的滿足感可能並非來自於成就本身，而是來自於你自己的表現有多好。你的焦點會放在你的身分認同，以及這份成功對你說了什麼。

在成功的時刻專注於自我的身分認同，這是一把雙面刃。有時候，比起理想所帶來的正面肯定，更重要的是成功有沒有否定或反駁了什麼事。它是否證明了你並非你害怕成為的那種人？如果這次你表現得特別出色，這是否能證明你並不愚蠢？如果你這次特別有用，是否能證明你不是沒用的人？如果這次你特別勇敢，這是否能證明你不是個懦夫？

回想一次你未能達到理想的時刻，然後問問自己，你當時對自己說了什麼？

如果你擁有一個個人的理想，那麼你就會把它視為極為個人的事，不時加以解讀。每個事件都會引發強烈的自我批評與自我審查。你的朋友或許會勸你不要對自己那麼嚴厲，但可惜的是，你根本聽不進去。

為什麼你會對自己如此嚴苛？因為你是在努力預防未來的失敗。失敗會揭露出你內心隱藏的信念。實際上，你是在說：「我絕不能變成我所害怕的那種人。」

從頭到尾，你關注的焦點始終都圍繞著身分認同。你是誰？你是什麼樣子的人？你如何看待自己？別人又如何看待你？

你可能會不斷思考，並反覆問自己：「怎樣的人才會做出我這樣的行為？為什麼我老是那麼失敗？我就不能學會把事情做好嗎？我到底哪裡有問題？」

如何處理這種結構

我們在結構動力學的研究中發現，處理這種結構的最佳方式與當今大眾心理學的標準做法截然不同。首先，我們會幫助此人發掘其隱藏的信念。接下來，檢視這個信念在他們生活的主要事件中所扮演的角色。

我們的方法與主流心理學的最大不同之處在於，我們不會試圖改變這種信念，也不會鼓勵他們建立更高的自尊、使用正向肯定句，或者用過去成功的生活經驗來證明這種信念其實毫無根據。

如同我們之前討論過的，這些方法雖然受歡迎，卻無法真正改變一個人的結構。這些技巧只是加劇了此人的擺盪模式。的確，使

用這些方法時,起初情況可能會有所改善,因為擺盪模式至少有時候是朝著目標前進的。但是反轉終將會發生,最終導致情況比以前更惡化。

我們在與那些有個人理想的人合作時,如果對方因為犯了一個錯而自我批評,我們可能會問他:「你犯錯了,這件事為什麼那麼重要?」這個問題可以有許多種回答的方式。然而,如果是置身於「理想—信念—現實」衝突之中的人,最終總會把問題歸結到這對他的形象有何影響。

一個典型的問答過程可能是這樣:

「你犯錯了,這件事為什麼那麼重要?」
「因為我不是那種會犯這種錯誤的人。」
「什麼樣的人會犯這種錯誤?」
「一個愚蠢的人。」

在這個例子中,我們的當事人或許認為自己很愚蠢。大多數人從小接受的教育是,有負面的自我評價是不好的事。因此,大多數人都會試圖改變自己的想法,例如「只是犯一個錯,並不表示我很愚蠢」。我們可能會舉出自己做過的聰明事蹟,甚至列出愛因斯坦一生中犯過的各種小錯誤。

處於「理想—信念—現實」衝突中的人,極度渴望被說服。他們最不想要的事情就是認為自己愚蠢。因此,他們會努力接受我們的論點。

然而,我們再怎麼努力也無濟於事,對他們並沒有幫助。試圖改變這種不想面對的信念,最終只會讓它像迴力鏢一樣反彈回來。畢竟,除了認為自己很愚蠢的人,還有誰會一直嘗試證明自己不是愚蠢的?

那麼,什麼才能夠推動信念的改變?

首先,我們要先認清一件事,如果一個人試圖改變某個自己無法接受的信念,最終問題還是會回到這個信念本身。

當然,人在一生中會改變許多對自己的看法。例如他們原本不會開車,後來學會了開車,他們對開車的信念可能就會改變。不過,這類型的信念改變與身分認同無關,而是基於事實的。

然而,關於自我看法的信念並不是基於客觀現實。世上根本沒有任何準確的方法來定義一個人。誰擁有絕對的權威來決定一個人是什麼樣子呢?

我們或許會把那個覺得自己很沒用的人,視為對社會極有貢獻的優良分子;我們可能會認為,那個認定自己是大壞人的傢伙,其實是個非常善良的人;或者我們相信,那個覺得自己微不足道的人,其實非常重要。不過,到頭來,我們的看法是什麼並不重要。

肯定句:徒勞無功的練習

試圖用肯定句來取代負面信念的練習,只是另一個徒勞無功的努力。

人們經常試圖用肯定語句來對潛意識進行「程式編寫」,希望潛意識能夠學習並表現出與肯定句暗示一致的行為。然而,潛意識

也能夠理解肯定句背後的動機。我們不會特別花時間去肯定那些本來就深信不疑的事情，例如住家地址、眼睛的顏色、有幾個孩子，或是身高等等。我們只會肯定那些抱有質疑的事，亦即那些我們內心並非真正相信的事。

這類方法通常會從一個放鬆技巧開始，然後重複某個肯定句，例如：「我是一個充滿愛、完整、有用且勇敢的人。」人們希望這樣說幾句話，就能重新編寫大腦的程式並依此行動，但實際上，大腦察覺到的是有一個重要且影響力強大的信念必須被阻止。肯定句的動機會產生類似迴力鏢效應的反效果，強化了兩個結論，一是那個不想面對的信念是真的，二是這個信念力量強大。因此，「我是一個充滿愛、完整、有用且勇敢的人」反而會被轉譯為：「我是個缺乏愛、支離破碎、無用且懦弱的人。」

最好的處理方法

在處理這種結構時，我們發現最好的方法是，先找出那個實際存在的信念是什麼，然後觀察它如何影響當事人的生活，最後消除它，讓它不再是影響結構的因素。

假設有人相信「自己是個不重要的人」，我們就會去觀察這種信念如何在她的生活事件中表現出來。

我們可能會觀察到，她經常試圖結識重要人物，但這麼做的目的是希望她自己也能沾上這些重要人物的光環，以此來反駁她的內在信念。

例如她很努力追求那些看似重要的目標。當我們追蹤她對這件

事的想法時，會發現比起對目標本身的興趣，她更在意這些目標所反映出的自我形象是什麼樣子。她可能會成為某個重要議題的世界級專家，並在個人領域取得傑出的成就，但是如果深入探查她的思維，就會發現她其實是在補償那個「覺得自己不重要」的信念。

像這類的補償策略十分常見。當我們追蹤一個人的內在動機時，就會發現他們本能地想極力避免那些自己不願面對與接受的信念，而且這種迴避傾向往往異常明顯。

認識這個信念

處於這種結構中的人最終會了解到，其實自己一直抱著某個不願面對的信念，並看到這個信念在人生中所扮演的重要角色。我們不會試圖改變這個信念，而是透過兩個步驟來處理。

第一步是認識這個信念，或是用我們的話來說，要能夠在這個信念中遊刃有餘、應對自如。

舉例來說，如果一個人認為自己很愚蠢，他可以深入認識這個信念。例如，回顧並研究一下過往的人生，稍微想想，當時自己為什麼會做出某些事情或決定？

起初，此人可能會發現，自己曾用各種方式來證明自己很聰明，或許他會回想起最近的一些事件，想起自己在這些事件中又故技重施了，試圖抹掉別人認為他很愚蠢的印象，努力想讓大家相信他其實很聰明。他可能也會開始重新思考人生中的重大事件，發現自己的作為其實都是為了補償他的信念，包括他努力追求的目標與成就。例如，他曾經刻意表現得很機智，讓所有人都知道他有多聰

明。或是拼命收集各種學位和證書，以顯示自己的聰穎。又或者會說一些機智風趣的話展現聰慧的一面，還有隨時掌握大量資訊的能力，以此證明自己並不愚蠢。

我們必須記住，此人的補償策略就是為了隱藏這個信念。因此，當這個信念越清晰明顯，他體驗到的內在衝突就會越來越強烈。這個信念越清楚，他的焦慮感就越強烈。隨著時間過去，這種經驗會慢慢有所變化，此人在探索的初期所感受到的情緒衝擊最終會消失退去。

否認

在下一個階段，當真正的信念輪廓變得清楚時，當事人會試圖否認它。他可能會透過迅速同意來淡化這個信念的重要性。例如：「對啊，我覺得自己很愚蠢。我知道了。我們不要再談這個了吧。」這時，此人的潛在結構並沒有發生變化，他所做的，只是對自己感受到的情緒衝突做出反應。他希望這突如其來的領悟能夠立刻消失，好讓自己感覺好過一點。

然而，「感覺好過一點」與「追求現實和真相」之間是互相衝突的。在這種情況下，我們無法判定這個信念本身是否真實，因為在自我評價的範疇內，一切都只是觀點，而非事實。因此，現實的重點並非這個人是否真的愚蠢、一無是處，或是個失敗者等等，而在於這個人「認為」此信念是正確的。

事實上，一個人越是試圖逃避面對自己的意見與想法，它在內在結構中的分量就越是重要。試圖改變這個信念，反而會讓它顯得

極為重要。如果想證明這信念是錯的，也會造成同樣的後果。就連舉出與此信念違背的經驗來反駁它，也會更加凸顯它的重要性。

通常，這時候人們會走到一個交叉口，面臨兩種相互衝突的需求：要讓自己的心裡舒服一點，還是看清眼前的真相？

這時，此人需要做出價值層面的選擇：

「對你而言，看清現實比較重要，還是感覺好過一點比較重要呢？」

幾乎所有人最後都會選擇看清現實，願意讓情緒順其自然表現，不再多加干預或掩蓋。

在這之後，他們將更能坦然直視現實，並逐漸看出自己思維中存在的重複模式與整體形態。他們也會開始明白，自己究竟有多麼厭惡這個關於自我的想法，以及這個想法在生活中產生了多大的影響力。

隨著我們繼續探索下去，此人會慢慢了解到自己到底相信了什麼事情。然後，在某個時間點，奇妙的事情發生了：這個人的信念本身並沒有改變，但是對於這個他不想接受的信念，之前自己加諸其上的所有情緒負擔卻完全消失了。過去，此人一直試圖掩蓋這個信念，因而產生了複雜的補償策略。然而，當祕密被揭露，他便再也沒有理由去隱藏這個信念了。從本質上來說，這個概念不再是因果組合裡的一環。他的狀態如何、他是誰，或者他是什麼樣子的人，這些問題在他的創造過程中都變得無關緊要了。

經歷過這番思維過程的人,會感覺到生活似乎出現了明顯的改變。他們變得高效率、學習能力更強、更能夠享受生活,而且更能專注在個人真正的抱負、價值觀與現實上。

這並不表示他們會開始喜歡那些與自我有關的信念,他們不會。他們可能依然不喜歡,但是「我有多聰明、多優秀、多重要、多有用、多有價值」這類的問題從此不再是影響他們生活的因素了。甚至,他們還會自創一種挖苦自己的幽默感。曾經認為自己很愚蠢的人,現在可以笑著說:「天啊,以一個這麼笨的人來說,我做得還不錯嘛。」

因探索而帶來的潛在結構變化,是一種真正的深刻轉化。生活突然充滿了新的可能性、新的機遇,以及煥然一新的生活展望。

社會理想

如果你懷有社會理想,你可以做的是將**價值觀**置於**概念**之前,與之共處。這時,一個值得反覆思索且有幫助的問題是:「人們是否有自由去按照自己的方式過生活?」

若我們將自由與主權混為一談,思考自由這個問題就會變得很困難。以下這句話就是這種混淆的典型例子:「人們沒有自由把垃圾丟在我的草坪上。」

把垃圾丟到別人的草坪上並不是個「自由」的問題,而是主權的問題。主權涉及所有權與管轄權。當這片草坪是「我的」時,我就有權力決定誰可以在這片土地上做什麼。沒有我的同意,沒有人

有權在這片土地上擅自做決定。

主權問題常會模糊了有關自由價值的更深層問題。我們是否認為，每個人都有權利按照自己想要的方式過生活？如果不這麼認為，那又是為什麼？如果有人決定努力成為一名偉大的雕塑家，即使她的天賦有限，她是否仍有自由安排自己的人生追求這個目標？更進一步說，即使她成功的機會微乎其微，她是否依然應該擁有這樣的自由？

大多數人都會回答「是」，而那正是關鍵所在。當我們為別人制定規則，並強迫他們遵守時，我們是在假設這些人沒有權利按照自己的方式自由生活。那我們憑什麼就有權力為別人制定規則？

那些擁有社會理想的人，在現實與理想互相違背時，通常會扭曲現實。這個理想成了衡量現實與個人抱負的標準。因此，這個概念往往會模糊了個人真正的抱負。一旦這個概念從結構系統中被移除，個人真實的渴望就會變得清晰，也能夠客觀地看待現實。正如我們在上一章提到的，當你從結構中消除了某個概念，新的結構就是結構性張力，這股張力將會成為人生的主導力量，引導你創造真正想要的生活。

存在的理想

如果你有這種概念，你會覺得必須證明自己存在的價值。有一個問題能夠幫助你好好看清這種想法的荒謬性：「你所做的事，如何能證明你的存在？有任何事物能證明你存在的正當性嗎？又要怎

麼證明?」

事實是,你存在。事實是,我們的生命並不需要任何的理由或正當性。我們可能想幫助他人、服務社群、發明治療疾病的新藥、開發新的科技等等。然而,這些抱負或許本身就是我們的真實渴望,並沒有試圖證明自己存在價值的隱藏動機。

即使你想要證明自己的存在,你也做不到。接受這個事實能讓你從「存在的理想」中解脫。

你或許需要一些時間反覆思考消化這個問題,讓提問的意義深入你的意識深處。如果你這樣做了,請再問自己一次同樣的問題。透過自問自答的過程,最終你會來到一個關鍵的轉捩點——屆時概念會自然消除,生活的結構性張力將重新定位。

奧祕得到解釋

擁有這種概念的人,經常想找出一套統一理論,試圖將人生的所有線索串連起來。然而,真正的奧祕終究屬於不可知的領域。與其不斷追求理解,不如認清,概念無法為人生的奧祕提供解答。因此,暫時放下這些問題吧,讓奧祕停留在奧祕。

沒有概念的生活

如果你不必整天避開任何概念性的危險、不必實現理想、不必遵循各種規則、不必證明自己的存在,也不必試圖理解人生的偉大奧祕,你會怎麼度過你的人生?最有可能的答案是:隨心所欲。

當概念不再是影響創造過程的因素時，你便能夠專注在真正想要的事物上。你不必變成某種特定的樣子才能實現目標，不必去理解所有的規則或理解這個世界。你可以選擇最美妙的方式過生活。此時，不僅你的人生結構會開始支持你的創造過程，你的生活也會如一件藝術品般，不斷發展、建構、成長，越來越耀眼成熟。

我所能給予的最誠摯建議，把人生過得更好的建議就是：**徹底擺脫你生活中的概念束縛。**

讓自己從概念中解放出來，你將體驗到真正的自由。你的生命模式將會不斷推進，在成功的基礎上，甚至是失敗的基礎上，持續發展、前進與成長。你會逐漸內化結構性張力，好讓全副心思專注於下次的創造、當前的現實，以及用來幫助你完成目標的策略上。

創造的行為發生於現實之中。我們越是活在現實裡，就越能夠觸及創造過程與自我的深層本質。如此一來，生活的模樣就會越來越接近我們想要創造的那件藝術品。

PART FOUR
行動中的藝術性

CHAPTER 13
你的生活載體

☺ ☻ ☺

　　國際級搖滾巨星瑪丹娜（Madonna）幾乎可說是「不斷重新創造自我」這個概念的代言人。每當大眾以為她的形象已經定型了，她便會再次改變。每一次改變，她都會創造出一個全新形態的瑪丹娜，從髮型髮色、服裝風格、音樂類型、風格形象到音樂內容，完全與以往路線截然不同的巨星瑪丹娜。她能輕而易舉從龐克搖滾女歌手變身拜金女孩、神祕的黑髮女子，再化身成牛仔女郎，以及各種百變絢麗的角色。然而，無論如何，她始終是那個真實的瑪丹娜，而她創造的每一種載體（vehicle），都是表現藝術的最佳形式。

　　在這個簡短的章節中，我們要探討的是如何在生活中創造表達的載體。你可以把「載體」想成是帶你行進的容器。就像汽車是一種載體，你的身體是一種載體，你的性格也是另一種類型的載體，還有你的穿衣風格也是一種載體。我們會發展出各種不同的載體來適應世界。

我們擁有的多種載體

多數人大概會有四到五種主要的載體,例如父母的角色、職業角色、朋友、家庭成員、社群領袖、子女的角色等載體。

在工作場合,我們可能會有特定的打扮、以特定的口吻說話,並遵循適合職場的社交慣例與禮儀。但一回到家就會立刻變回自己喜歡的衣著打扮、說話語氣、行為舉止與性格。

如果我們開始更有意識地定義並創造自己使用的各種載體,就能更有效率地駕馭自己的人生。

著手創造生活的載體之前,我們必須了解一件事,亦即每個載體都是一種真實表達自我的方式。我們並不是為了欺騙生活周遭的人,而創造出一個虛假的角色。在生活中有多種不同的人設和應對方式,也不表示我們不真誠。我們只是在做本來就會做的事,只是找方法把它做得更好而已。

你所創造的每個載體,都會與你的價值觀和抱負保持一致。同樣的,你的天賦、智慧、敏銳度、生活節奏等等,也都不會因此改變。當你創造一個載體時,你不是在假裝成另外一個人,而是在開發自我真實樣貌的更多可能性。你擁有多個不同的面向,不同的載體就是你展現不同面向的方式。

許多人在旅行的時候會啟動一種特殊的載體,他們知道該何時抵達機場、何時報到、在哪裡買雜誌、何時登機、機上應該吃什麼喝什麼等等。除此之外,當他們獨自旅行時,也會呈現出一種特定的模樣。而與家人一同旅行時,載體可能又與前述兩種情況有所不

同。去健身房運動時會換上一種載體,而去銀行申請貸款時,又是另一種載體。如果我們能多花些心思塑造適合自己的角色模式,就能更輕鬆地打造出理想人生。

繪製你的載體地圖

　　拿出一張紙,寫下你目前正在使用的各種載體。你可能需要花點時間思考這件事。有些載體顯而易見,很快就浮現在腦海中。當我在工作坊中與學員進行這項練習時,一開始他們通常會列舉一些與工作相關的載體、與人際關係相關的載體,還有一些和自身興趣有關的載體等等。有趣的是,這些人也常常有新的發現。例如,有一位女性突然意識到,在她的工作領域中自己其實是個核心領袖人物。在進行這個練習之前,她一直迴避這樣的想法,但是事實上,她所創造的職業成就已經把她放在這個位置上了。一直以來,她總是下意識地忽視自己的領導角色,因為她並未刻意追求這個地位,也不願意將自己視為權力很大的人。然而,一旦她認清自己確實擁有這個角色時,她便開始為自己構思一個更能發揮領導力的載體。為了當個稱職的領導者,她開始重新定義個人形象,並專注培養技能、專注力、性情與領導的藝術。這項練習幫助她成功把「自己」與「角色」區分開來,因此她才可以更有效率的集中發展領導力。

　　另一個學員例子則是,他發現原來自己喜歡當交易達人。在這之前,他從未想過這一點,但他確實熱愛房地產交易、商品授權交易、商業談判與合約協議。於是,他決定讓自己的「交易達人載

體」更加成熟、完善。

你所創造的每個載體都有一個共同點，不管載體形式如何新奇多元，都會有你的個人風格在其中。無論是在溜冰場玩樂、參加董事會議、在劇院看電影、家長會面談、購物買菜、修剪草坪、帶領產品團隊、享受浪漫晚餐或是玩橋牌，始終都是同一個你。

現在，寫下你在生活中最常使用的重要載體吧。

創造一個更好的載體

接下來，針對每一個載體，列出能幫助你打造強大載體的技能或特質。這些項目可能包括：你想要培養發展的能力、想要獲得的資源或工具、想要更上一層樓的才華，或是想要強化的天賦才能。也記下任何可能有助於發展載體的要點。

現在就動手吧。

練習，練習，再練習。

最後，實際使用這些載體時，你要不斷練習發展它們，使其日益完美成熟。在這過程中，你不僅會越來越上手，更重要的是，它會讓你明白：你就是生活的創造者。你是這些載體的創造者，而這些載體再反過來幫助你創造理想人生，實現每一個目標。

CHAPTER 14
成為學習者

☺ ☻ ☺

　　藝術家的共同點就是他們熱愛學習。對他們而言，這世界總有值得探索、精通、發展、尋找，以及親身實踐和親眼看看的事物。學習是一種深植於人類存在方式中的取向。當你處於學習模式，你不會假設自己無所不知，而是會假設自己懂的還不夠多。已知與未知之間的張力，正是一股帶領我們向前邁進的結構性動力。

　　如果說創造過程有什麼意義，那麼它就是一個學習過程。在你將生活當成藝術來創造的過程中，你必須成為的一種人——就是學習者。

每個人都要學習

　　學習是一種生活方式。雖然許多人純粹因為學習的快樂而喜愛學習，但學習最困難的部分往往並不有趣。當學習帶有娛樂性、休

閒性且吸引人時,是輕鬆容易的,不過當你必須面對尷尬、不適與苦惱時,學習可就沒那麼好玩了。

如果你熱愛學習烹飪新菜餚、種植有機蔬菜、航海、滑雪等,這類學習通常是愉快的。有兩個因素會激勵你去學習:你對活動本身的興趣,以及你在學習過程中獲得的樂趣。

此外,還有另一種類型的學習,並非總是那麼受人歡迎:那就是人生強加給我們的學習。艱苦、失望、失敗與不幸,確實是命運最嚴厲的導師,然而,我們往往也從逆境中學到最多東西,**擁有最深刻的成長**。

遇到低潮會迫使我們深入自己的內心,重新檢視自己最基本的信念,再次思考個人的價值觀,並尋找自身內在力量的泉源。

曾經歷意外事故而倖存的人經常說出類似這樣的話:「雖然這很可怕,但這是發生在我身上最好的事情之一。」他們之所以這麼說,是因為突如其來的事故迫使他們去面對那些自己原本不會正視的內在層面。

有時候,一場失敗的戀情會逼你重新思考「個人自由」的價值。你或許渴望自己所愛的人回應你的愛,但是對方沒有。那時你做了什麼?你可能試過各種操控的手段,從使勁施展魅力到搖尾乞憐博取同情。也許昨天你送了花給對方,今天卻嚷嚷著說下半輩子要過孤家寡人的出家生活,但這些方法全都不管用。一再的碰壁與枉費心機,或許最終能讓你明白了一些道理,因為你被迫回頭重新審視自己的價值觀。許多人表示,單戀是最偉大的老師,幫助他們邁向成熟並學會包容。

前幾天，我聽到一位退休飛行員在談論他被解雇的經歷。他當時染上酒癮，甚至在酒後駕駛飛機。被公司炒魷魚之後，他對公司所採取的行動心生怨懟，但這也迫使他誠實審視自己，好好正視自己變成了什麼樣子。

這種時刻往往會成為一個人重大轉變的催化劑。在這個案例中，他開始看清什麼才是對自己真正重要的事物。他戒掉了酒癮，找到了自我內在力量的泉源，改掉過往的不良行為，慢慢地重建事業，數年之後，他竟然被當初解雇他的公司重新聘用。後來，他在那裡繼續工作了很多年，最終以備受敬重的身分退休。儘管他在學習這些必要事物的歷程並不有趣，卻徹底改變了他的人生。

這裡有一個值得我們深思的問題：「我們能否在不經歷痛苦或災難的情況下，學會這些艱難的課題？」

或許可以，前提是（這是一個很大的前提）你願意主動尋找內在更深層的真理與智慧。在你的意識、靈魂或精神的深處，蘊藏著一股可以取用的智慧泉源。

如果上述這位飛行員在被解雇之前就開始進行自我探索，那麼他或許可以提前學會這些課題而戒掉酒癮，找到內在力量的泉源，慢慢重建生活並保住工作。他原本可以在不用經歷墮落的情況下，就學會這些教訓。

我並非在暗示說，如果你學會了高階的人生課題，就能避開生活的艱困時刻。而是說，即使遇上這樣的挫折事件，你也有足夠的內在力量去找到正確的方向，最終安然度過難關。

學習的過程

你的靈魂、精神或更高層次的自我,或說更廣闊的意識,是否正試圖教會你一些事情?如果是這樣,你敞開心扉去接受的意願有多高呢?

大部分的人都希望減少衝突。我們不願意掀起波瀾。然而,我們內在也有一種值得珍惜的本能,即使水面一片平靜,也想要看看井底到底是什麼樣子。我們同時擁有這兩種傾向,因此必須決定哪一種對我們來說更有價值。

如果你決定選擇學習人生想教會你的重要課題,那麼該怎麼做呢?以下是一些建議:

保持開放

想像你有一台無線電對講機,但你的通話鍵始終鎖定在「發送」模式。你一直在廣播,沒有在接收。保持開放的其中一種方式,就是讓自己處於「接收」狀態。你可以問自己類似這樣的問題:「我需要學習什麼?」「我如何成長?」「我的下一步是什麼?」「我需要改變自己的哪些地方?」然後,傾聽答案。

這類問題既是提問,也是一種宣告。問題的內容清楚且直接。你所傳達的宣告訊息是:「我願意學習我所需要學習的一切。」

建立張力

提出以上這類問題,但不試圖用自己的意見去回答,會形成一

種張力。想像你的頭腦裡有一部搜尋引擎,一旦你提出這些問題,它就會開始進入所有的資料庫搜尋答案。你的工作就是建立這種張力,大腦自然會做好它的工作,負責為你尋找解答。

最強大的學習動力,是來自結構性張力所產生的動力。學習的目的是為了達成某個目標,因此,學習過程是行動計畫的其中一個策略性環節。張力會建立起一種動態,讓學習承擔起一個特殊功能。它的作用就是解決張力,好讓我們實現目標。它是一個次要選擇,而主要選擇是實現我們渴望創造的那個結果。更進一步說,當我們立定一個學習目標,也能創造出結構性張力。我們想學習什麼、精通什麼、吸收什麼、獲得什麼呢?一旦我們了解自己的學習目標,接著便可以承認當前的現實狀況。只要結構性張力建立起來,我們就有動力了,無論過程多麼艱難,也願意經歷每一個必要的步驟,以達成我們的學習目標。

處於「不知道」的狀態

如果一個人認為自己早就知道所有的答案,那麼你無法教給他任何東西。即使你自認已經解決了這些問題,依然要回到「學校」,就像往日一樣。好好當一名學生,在學習人生要教給你的課題這方面,誠實評估自己當前處於什麼位置。與其處於「知道」的狀態,不如處於「不知道」狀態,這會讓你的學習變得更加輕鬆。

不要停下來

學習,尤其是這種形式的學習,是一個持續不斷、終其一生的

過程。不要在學到了最初的幾個課題之後就停止學習。要讓自己熱衷於當一名學生,開放人生課題自然來到你面前,讓它們豐富、充實你的生命。

學習風格

並非每個人的學習方式都相同。有些人要親自動手、實際參與才能學習得更好,而有些人則在開始行動之前要先一頁一頁把說明書全部讀一遍。有些人會事先準備,而有些人喜歡用實驗的方式。請注意你自己有什麼樣的學習風格。

若你能更熟悉自己的學習方式,你便可以順應自己的節奏和模式。以下是一些幫助你評估個人學習風格的問題:

- 對於喜歡學習的事物,你通常採取哪種模式?
- 對於不喜歡學習的事物,你通常採取哪種模式?
- 你透過他人的示範來學習的效果如何?
- 你透過親身參與來學習的效果如何?
- 在有時間壓力的情況下,你的學習效果如何?
- 在沒時間壓力的情況下,你的學習效果如何?
- 你從自己的錯誤經驗中學習的效果如何?
- 你從自己的成功經驗中學習的效果如何?
- 你從別人的錯誤和成功中學習的效果如何?

儘管我們每個人都有自己最常使用的學習風格，但有時也需要採用不同學習方式。你可能正在修習一門學習操作新電腦軟體的課程，而授課講師教的學習方法可能和你大不相同。在這種情境，你或許還能使用自己慣用的學習風格，若是如此，那當然很好。但是，也有可能你必須採用講師的教學方式才能學會該軟體，如果是這樣，那麼與其在課程期間抗拒，不如轉換心態，調整自己的思維去適應講師的學習風格。

將你的人生當成藝術來創造，就是進入一個不斷學習的世界，在這個世界裡，你會透過發現、犯錯、成功、實驗、指導、練習、探索、研究、分析與突破來學習。你不僅會直接從自身的經驗學習，也能間接從他人的經驗中學習。

學會提升自己的學習潛能，將讓你更有能力以藝術的方式創造精彩人生。

CHAPTER 15
健康是一切的基礎

☺ ☻ ☺

將生活視為藝術來創造,其中一個關鍵,在於讓自己成為那股主動塑造生活的創造性力量。因此,一起花點時間思考你的健康,因為想擁有足夠的精力創造理想的生活,你必須管理好自己的身體健康。

一切取決於你

我們生活在一個有趣的時代。一方面,越來越多人開始運動、注重飲食健康、留意工作與個人生活的平衡、定期健康檢查,並確保獲得足夠的休息與放鬆。但是同時,飽受糖尿病所苦的人口居高不下,肥胖問題也持續困擾我們,許多人養成了不健康的生活習慣、飲食不良、久坐不動,而且經常在生活中感受到壓力與焦慮,伴隨無力感,以及失去對生活的掌控。我想,任何時代都可以說它

是最美好的時代,也是最糟糕的時代,我們也不例外。

前幾天,我和一位年齡相仿的朋友聊天,我們都同意,在我們小時候似乎很少看到胖子。確實有一些胖大人,但幾乎看不到胖小孩。而現今,胖子遍布了各個年齡層。是我們記錯了,還是時代真的變了呢?

變胖本身並沒有什麼錯。聖誕老人就是胖胖的,而全世界的人都愛他。但是肥胖涉及了健康層面的問題。如果你體重過重,罹患疾病的風險就會更高。聖誕老人不用擔心這個問題,因為他是長生不老的,但對其他人來說,最好還是多多注意自己的飲食。

健康有其身體層面的影響。有些人無論怎麼努力,都無法擁有百分之百健康的身體,他們只能盡力而為。我想到像史蒂芬・霍金（Stephen Hawking）這樣的人,他是諾貝爾獎得主、物理學家,同時也是《時間簡史》（*A Brief History of Time*）、《胡桃裡的宇宙》（*The Universe in a Nutshell*）以及許多物理專業書籍的作者。霍金因罹患漸凍人症〔ALS,肌萎縮性脊髓側索硬化症。或稱盧・賈里格症（Lou Gehrig's disease）〕而全身癱瘓。然而,他依然有自己的工作重心,並以此建構人生,雖然有一部分依賴了科技的進步,但最重要的還是他堅毅不屈的意志。

另一個例子是克里斯多夫・李維（Christopher Reeve）,他因墜馬意外而癱瘓。意外發生後,起初他曾想過要自殺,但後來他選擇活下去。他當時原本可以選擇退休,放任餘生沉浸在自憐心態裡。

然而,他選擇重新成為一個真正的創造者。他全力支持全球的神經科學家,幫助他們對抗最複雜的大腦與中樞神經系統疾病。他

還執導電影、寫書、參與演出,並擔任自己創辦的非營利基金會董事會主席,同時也是「全國殘疾人組織」(National Organization on Disability)的副主席。他還協助參議員吉姆・傑福茲(Jim Jeffords)通過「工作激勵改善法案」(Work Incentives Improvement Act)等等,做了許許多多的事。他不僅沒有放棄,反而在藝術家的職業生涯之外,新增了行動主義者這一身分。

許多人都受限於自身無法控制的身體狀況,但他們仍然找到了方法,克服自身缺陷的限制,創造出屬於自己的人生。

如果我們有幸能夠改善自己的身體狀況,那麼為了成為更好的生活創造者,我們更應該把握這樣的機會。許多藝術家、音樂家、演員,尤其是舞者,常常會像個運動員一樣訓練自己。透過這樣的自我要求,為整體的創造力表現打下穩固的基礎。

飲食

身體健康包括你的飲食管理方式。大部分在速食與垃圾食物盛行之前長大的人,小時候並不需要特別考量飲食問題。當我還是個孩子時,我瘦得像竹竿,但是我可以盡情吃任何東西,而且想吃多少就吃多少。不過,步入三十歲後,我很震驚地發現自己的新陳代謝變慢了,現在我必須調整飲食習慣了。相信許多人都曾經有過這樣的體會。

雖然本書並非專門探討飲食的書籍,但是檢視你的飲食習慣會對你大有助益。市面上有許多優秀的飲食相關書籍可以參考瀏覽,

當然它們的觀點未必一致，因此選擇吸引你的內容就好，然後實驗看看。羅瑟琳和我曾經試過許多種飲食法，從巴瑞・席爾（Barry Sears）的「區域飲食法」（The Zone），到狄恩・歐尼許（Dr. Dean Ornish）的低脂飲食法，再到史都華（Steward）、貝蒂亞（Bethea）、安德魯斯（Andrews）和巴拉特（Balart）的「低糖飲食法」（Sugar Busters）。我們對「阿特金斯飲食法」（Atkins Diet）沒有特別感興趣，不過倒是認識一些人非常推崇此道。

大約三年前，我們嘗試了蘇珊・索默斯（Suzanne Somers）的飲食法，後來又發現了米歇爾・蒙提尼亞克（Michel Montignac）的研究，索默斯的飲食理念似乎受到了他的影響。這兩種飲食法是最適合我們的，各自成功減重超過十一公斤，而且直到撰寫這本書的此刻，已經成功維持體重三年了。

當然，關於飲食的看法眾說紛紜，所謂的常識或共識也會隨著時間改變。那麼，你該如何決定該怎麼做呢？選擇合乎情理的方法。可靠的醫學建議始終是個很好的標準，但是也要記住，不是所有的醫生看法都一樣，有些醫生的營養學知識並未與時俱進。

要找到一種既健康又可行的方法。許多理論上有益的飲食方式都會打亂日常生活方式與節奏，如此我們便難以持之以恆。方法越簡單，才越有可能長期實踐。

羅瑟琳和我喜歡目前遵循的飲食方式，因為對我們有效，採用這套方法後顯著改善了我們的整體健康狀態，而且無論是在家還是外出旅行都能輕鬆做到。由於我們經常旅行，所以「容易執行」對我們而言尤其重要。此外，米歇爾・蒙提尼亞克對他的飲食理念提

出了精闢的說明，蘇珊‧索默斯的食譜則是令人驚艷。

睡眠與做夢

睡眠具有修復功能。它能帶來生理層面的好處，也能透過夢境提供結構性的好處。

一整個白天，你的大腦不斷接收各種不同形式的資訊。其中有些資訊是你有意識理解的，有些則是在潛意識層次吸收的。

你透過所有感官接收來自外界各式各樣的訊息。你會看見、聽見、觸摸、嗅聞、品嘗。你擁有各種感官體驗，也有思想、情感、直覺，並使用各種概念作為架構來感知世界。你還擁有對過去的記憶，以及對未來的想像。

數以萬計的因素融匯在一起，形成錯綜複雜的線索。你的大腦會把這些複雜線索全部保留，並試圖整理統合。這些線索並不會自動編織成一個完整圖像，反而像是一個設計不良的拼圖，那些小圖塊永遠無法契合。然而，你的頭腦卻渴望解決這些分歧與混亂。

頭腦希望讓一切有條有理，想從混亂中建立秩序。因此，當你進入睡眠時，頭腦便會開始透過夢境來解決這些分歧，嘗試處理其中的矛盾。

夢境就像是一部電影，拼不起來的部分會在夢裡被安排在一起互相作用。頭腦的奇妙之處在於，它所放映的這部電影不一定要符合現實。奇怪的關係、荒謬的事件、不可能的物理法則，以及難以置信的情節，都能夠在夢境中自然而然地推動。它的劇情不必符合

電影敘事或任何其他觀點的邏輯，它唯一要做的就是暫時舒緩一些混亂。

夢境有多種形式。有時候你的夢具有預示性，能幫助你為未來做好準備。有些夢境甚至能預測尚未實際發生的事件。有些夢表達出焦慮的形式，有些夢則與性有關。

幾乎所有的夢，無論夢境性質為何，都是頭腦試圖解決內在張力的方式。這種張力有時屬於情緒層面的，但更重要的是，它也屬於結構性層面。請記住，結構是一個完整的整體，有各種因素在其中彼此影響。如果它們之間無法契合，就會在內部產生摩擦，形同彼此交戰。因此，頭腦會希望能終止這些衝突、達成和解，恢復內在秩序。

頭腦這種試圖解決張力的傾向，正是為何當你建立起結構性張力時，便會變得創造力與發明力十足的原因。一旦你成功讓頭腦的力量參與其中，它就會為你產生源源不絕的點子與巧思，協助你解決這種結構性張力。

但是，你的生活不只是關注「自己想要什麼」和「自己擁有什麼」這麼簡單。你不斷受到各種刺激的轟炸。在多重資訊量、快速切換、同步感官體驗到並行的知覺處理這幾個方面，MTV比起你的頭腦根本不算什麼。然而，過了一段時間之後，頭腦也需要從這種持續的騷動喧囂中稍作喘息。夢境可以幫助我們在每天密集的資訊轟炸中，創造一個暫時的歇息處。

有時你在一場惡夢裡發生了最可怕的事情，但第二天早晨醒來時，整個人反而感到神清氣爽。因為惡夢會帶出你內心最深層的恐

懼，即便這場夢的劇本情節是你最不願意見到的解決方式，但它仍提供了一種解決之道。這種解決與夢的內容沒有關係。惡夢的內容總是可怕又令人不安，而且幾乎是懸而未決的。真正被解決的是「夢的結構」。在夢中，各個部分被重新拼湊運作，就像被釋放出來自由活動，各自發展自己的方向與節奏，在相互碰撞與混亂中產生了前進與推動。透過這場心靈自導自演的電影，一些相互競爭的張力得到了釋放。也因為如此，惡夢常常能帶來如釋重負與煥然一新的感覺。

當然，我們討厭惡夢。但幸運的是，我們的頭腦並不在乎，當內在混亂的喧囂過於強烈時，它還是會持續製造惡夢。

至於其他比較愉快的夢，也能幫助我們解決腦袋累積的各種張力。不過，如果我們無法做夢，會發生什麼事呢？

我們會開始感受到壓力。人會變得疲憊不堪、透支、心力交瘁且提不起勁。一場沒有夢境的睡眠無法幫助到我們，我們需要做夢，才能讓頭腦有機會梳理雜亂的萬千思緒。

如果你有睡眠問題，請試著找出克服的方法。現今有許多相關資源能幫助你，例如睡眠診所、書籍、專門探討睡眠的網站，以及醫學療法等。安眠藥並非總是最佳選擇，因為它們往往會抑制夢境。因此，想辦法讓自己做夢吧，做夢是健康且讓人恢復精力的重要睡眠功能。

心理健康

要擁有心理健康,就要培養真正的興趣,接受智力上的挑戰、鍛鍊心理紀律,在主動與被動之間保持良好的平衡,具備嚴肅感,同時又不失幽默感。

當然,這並不是全部,但這是一個很好的基礎。心理健康和其他形式的健康一樣,必須透過你的行動來提升。運用你的思維,重新思考一切。閱讀那些你不認同的書籍,也廣泛閱讀那些觀點各異的書籍。最近,我同時讀了達賴喇嘛和沙特(Jean Paul Sartre)的書。一位是佛教徒,一位是存在主義者,這種組合十分有趣。閱讀這兩種截然不同的觀點時,我並沒有特別要去判斷誰對誰錯,而是純粹欣賞卓越的觀點如何並置在一起。當然,沙特是無神論者,達賴喇嘛不是。兩人都極具說服力。我喜愛他們思維,欣賞他們彙整個人觀點的方式,以及各自方法的豐富性。對我來說,這就像是與這兩位傑出人物共度一段美好時光。我並不打算將他們的世界觀融入自己的觀點中,我只是單純想要「與他們相處」,多虧了文字的存在讓我們得以有此等特權。

如果你感到沮喪、憂鬱,你可能對大部分的事物都不太感興趣。如果你開始培養興趣,你可能還是會感到憂鬱,但至少,比起只是忍受痛苦,多了一種打發時間的好方式。在此我並不是指臨床上的憂鬱症,那是需要專業協助的狀況。我指的是,每個人偶爾會經歷到的普通鬱悶心情,彷彿會催生出藍調音樂的低沉情緒。類似「我的男人離開了我,我的心情跌到谷底」這種歌詞的憂鬱。

尋找興趣的過程會出現一種「推拉效應」（push-pull effect）。一開始，你需要推動自己，主動為興趣發動引擎，但隨著投入時間增加，你會慢慢開始受興趣的吸引力所牽引。

有時，最值得培養的興趣，就是那些類型不同於你平時習慣做的事。如果你是個熱衷身體活動的人，不妨嘗試一些藝術或知性的活動。而如果你平常是個偏向知性或藝術型的人，那就嘗試一些需要動一動的體能類活動。

我是個藝術兼知性類型的人。我喜歡創作攝影作品，也會在我那間很棒的電子音樂工作室裡花上數小時作曲，我會拍攝電影、寫書、閱讀詩集、參觀藝術展覽等等。我也熱愛閱讀好書，以及我最喜歡的《紐約客》（The New Yorker）雜誌。因此，冬天我會去滑雪，夏天則去游泳。游泳與滑雪能讓我從思緒中抽離，出去走走對我的腦袋大有助益，因為每當我回到藝術創作的生活時，總能感到煥然一新。

改變，是恢復活力的本質。如果你平常是坐在辦公桌前工作，那麼休假就去冒險吧。去野外探險、與海豚共游、爬山，或是騎自行車穿越英格蘭鄉村。如果你的日常生活已經很活躍了，不妨選擇悠閒的方式放鬆身心，例如在夏威夷的海灘上消磨時光、去健康水療中心放鬆，參加靜修營，或是乾脆連續追劇一兩個星期。做什麼其實不重要，重要的是，要把自己放在一個不同於日常的環境，藉此為自己「充電」。

我們偶爾都需要這樣的生活調劑。如果你不刻意將它納入行程安排裡，它很可能就不會發生。

幽默感也是不可或缺的。幽默建立在幾個重要因素之上，其中一個就是視角的轉變。幽默能顛覆我們所有建構的理論、假裝的姿態與固有的觀點。另一種類型的幽默則為我們展示了諷刺的精髓，讓我們能笑看自己，從而釋放來自於追求完美的錯誤觀念所帶來的壓力。

對心理健康最有益的幽默類型，是我們可以大方自嘲，視自己不過也是眾生之一的幽默感。而對心理健康較無助益的幽默，則是以犧牲他人為代價的笑話，這類笑話往往透過嘲笑、奚落他人的弱點來抬高自己。

笑話是一種小型的「張力—解決」系統。笑話的鋪陳引導我們產生某種預期心理，那就是張力，但笑點在我們意料之外，那就是「解決」。不過，研究顯示，即使大多數人都能預測笑點是什麼，他們仍會發笑。這是因為笑話有一個非常好的結構。已經聽過的笑話也會讓我們再次發笑，為什麼呢？當然並不是因為笑點令人意外，我們之所以笑，是因為我們欣賞笑話的結構，並喜歡在笑話的瘋狂世界裡享受當下的片刻放鬆。聽一則好笑有梗的笑話，即便是我們多年來早已熟知的笑話，也會有點像是在聆聽莫札特的音樂。笑話的結構如此精彩美妙，我們因而願意一次又一次地去聆聽。

開玩笑是非常健康的行為。有些人認為開玩笑是一種防禦機制，用來保護自己不被這個充滿敵意和威脅的世界所傷害。有時的確是如此，但更多時候，它是一種道出生活中荒謬和矛盾之處的方式。我與羅瑟琳關係中最美好的一部分，就是我們都很喜歡開玩笑。往往，只有我們彼此才能真正理解對方的笑話。感謝上天讓我

們擁有彼此。

當我們開了一連串的玩笑後,世界似乎變得更美好了,我們更加享受彼此的陪伴,更共享了一種難以言喻的親密感。我們感覺和彼此更親近,也更貼近這個世界。每個人至少都有一個自己知道怎麼講才好笑的笑話,我的祖母就有一個。她每年都會在家庭聚會上講個三、四次。至今我依然能清晰回憶起她講笑話時臉上開心的表情。以下就是我祖母常為家人帶來歡樂時光的笑話:

有兩個兄弟,每個星期六都會去釣魚。他們會釣上一整天,但總是哥哥釣到魚,弟弟連一條小魚都沒釣到。多年過去了,在一個星期六,哥哥生病了,沒辦法去釣魚,這次弟弟終於逮到機會了。他划船前往他們平時釣魚的位置,拋下錨,架好釣線,滿懷希望地開始釣魚。他從清晨一直釣到黃昏,卻連一條小魚都沒有釣到。垂頭喪氣的弟弟拉起錨,開始將船划回岸邊。就在他要離開的時候,一條小魚從水面探出頭來,問道:「喂,你哥呢?」

每次祖母講這個笑話,她都會大笑不止,我們也會笑個不停。我們早就聽過這個笑話了,但仍然非常樂於再聽她講一次,並在她講笑話時與她同樂。

制定一個健康策略

如今,許多健康領域的專家都將結構性張力應用在工作上,其

中最著名的一個例子就是國際知名的氣喘專家彼得‧博格斯醫師（Dr. Peter Boggs）。他習慣與患者一起使用結構性張力圖表來確立健康目標、當前現實，以及有助於達成健康目標的行動計畫。他取得了傑出的成就，其研究也在氣喘領域發揮重大的影響力。

茱蒂絲‧博伊斯醫師（Dr. Judith Boice）是一位自然療法醫師與針灸師，同時也是《但我的醫生從沒告訴我這些！一輩子健康的祕密》（*But My Doctor Never Told Me That! : Secrets for Creating Lifelong Health*）一書的作者。她很鼓勵患者去探究自己為什麼想要健康，並明確定義出個人對健康的願景。在她的診療過程中，她會向患者介紹結構性張力，作為幫助他們實現健康願景的方法。她巧妙地將「創造健康」與「創造過程」連結起來。以下是博伊斯醫師對這個過程的描述：

> 我對新患者提出的第一個問題是：「你對健康感興趣嗎？」許多患者會一臉疑惑地望著我，然後回答：「當然了，否則我怎麼會來這裡？」
>
> 對大多數的人來說，健康是實現人生真正重要目標的必要前提。若沒有健康，他們就無法將自己的願景化為現實。然而，並非所有人都真的關心健康這件事。有些人只想要緩解症狀，有些人則是想逃避自己害怕的疾病，還有少數人是為了取悅配偶或父母而追求健康。
>
> 你選擇健康的動機，會直接影響你創造健康的能力。為了有益於自己的生活願景而選擇健康，與僅僅是為了避免疾病、解決問題

或取悅他人而選擇健康,在根本上完全不同。

如果有人想要健康,我接下來的問題是:「對你來說,完全的健康是什麼樣子?」我無法提供一個適用於每個人的健康通用標準。對某位患者來說,健康意味著每年參加兩場「鐵人三項」比賽。而對另一位患者來說,健康則是可以對生活抱持正面態度(她多年來一直飽受憂鬱症所苦),並在下班後仍有足夠精力去從事園藝活動。每一個願景對當事人而言都是能帶來力量的,但不一定適用於其他人。

我很鼓勵患者盡量提供足夠的細節,如此他們才能更準確判斷出何時能達到自己渴望的健康狀態。例如「我想讓血壓降下來」,這樣設定的結果十分模糊,若是「我希望每週有五天血壓維持在125/80」,這就是一個十分明確的目標。

下一個步驟,是釐清他們當前的健康狀態,並將焦點放在與個人健康願景相關的細節。大多數醫生的問診都是從當前的症狀開始,而不是從病人的健康願景出發,這種作法的目標只是在消除症狀,並沒有創造健康。

對於那些真正渴望健康的人,我會鼓勵他們正式選擇出屬於自己的健康願景。許多人雖然遵循了各式各樣的健康養生法,卻沒有真正選擇成為健康的人。往往,他們甚至不確定「健康」對自己而言意味著什麼。如果沒有夠清晰的健康願景,他們怎能判斷自己的行動是否足夠,太多或太少?又要如何評估現在的日常習慣究竟是在改善健康狀況,還是增加損害?

釐清並選擇你的健康願景,這個過程能幫助你聚焦努力方向,

也可以讓你更準確地評估成果,例如你的飲食和運動計畫是否能有效幫助你減少脂肪,同時維持住肌肉量?現在的飲食調整是否有將總膽固醇降低到兩百以下?生理回饋治療是否減輕或消除了你的頭痛症狀?當然,這些問題的具體內容會取決於你對健康的定義而有所不同。

你可以針對你的健康目標、健康品質以及整體健康狀況建立結構性張力,然後採取相對應的行動,以利於實現理想的健康願景。若能以結構性張力為基礎付諸行動,你更能在長期過程中持續推進所需的改變。

健康的基礎

許多希望改善健康的人,常會將注意力放在維生素、礦物質、草藥和順勢療法上。雖然這些營養補充品確實在恢復和維持健康方面有重要作用,但它們無法取代良好的生活習慣。你每天所做的決定,才是你建立出來的健康基礎:你吃什麼、是否有規律運動、是否有為自己保留放鬆的時間,還有生活和工作環境如何。以下是由博伊斯醫師提供,一些能幫助你創造健康的關鍵因素:

營養

- 選擇最接近天然狀態的食物。你見過長在樹上的美國奶油夾心蛋糕或流淌成河的可口可樂嗎?

- 選擇當地、當季的農產品。食物的成熟週期與人體的季節性需求相匹配，例如冬天時，肝臟需要更努力工作，因為我們通常會吃較不易消化、較油膩的食物來保持溫暖。而春天出現的苦味蔬菜（例如蒲公英和芝麻葉）能夠清理肝臟、增進其功能。
- 盡可能選擇有機食物。研究顯示，有機食物的營養含量比傳統種植的食物高出約百分之七十。此外，有機農作法還能改善土壤健康，減少環境汙染（詳見下文「環境健康」部分）。
- 水果應與其他食物間隔至少一小時食用。水果在消化道的移動速度很快，通常一到兩個小時內就能消化完畢，如果與其他食物一起食用，水果的消化速度會減慢，導致其在腸道內腐敗，產生氣體、引起脹氣，甚至有時會引發痙攣。瓜果類消化得最快，應單獨食用。綜合以上敘述，回頭檢視典型的夏日野餐組合，漢堡、涼拌高麗菜沙拉、馬鈴薯沙拉，再加上一塊西瓜，其實是一份導致消化大災難的菜單！
- 選擇**真正適合自己**身體的食物。你可以找專家合作，根據你的具體需求來幫助你調整飲食。例如，極高蛋白的飲食可能對某些人有益，卻會嚴重危害另一個人的健康，造成很大的負擔。

運動

- 一個完整的運動計畫應該包含：有氧運動、肌力訓練、伸展運動，以及敏捷訓練。

- 剛開始運動時，先不要太拼！請務必做「少」一點，比你自認可以做到的負荷程度再「少一些」！許多人會在一開始進展太過迅速，結果造成拉傷或肌肉撕裂傷，導致酸痛好幾個星期，無法活動，最後只能一瘸一拐發誓：「我再也不運動了！」幫自己一個忙吧，身體鍛鍊要循序漸進。如果你已經多年沒有運動，就從每天步行五分鐘開始吧。沒錯，就是每天五分鐘。每隔一週再增加二至三分鐘，以這種保守的方式慢慢建立基礎，長期下來，你會獲得回報的。
- 有氧運動能增強心血管系統並提升耐力。最低標準是每週三次，每次二十分鐘，以維持有氧體能。
- 肌力訓練，例如徒手健身操、輕量負重訓練等，都能增加肌肉量。如果你久坐不動，三十五到四十歲之後，每年會流失將近大約半公斤的肌肉，並增加超過半公斤的脂肪。在休息狀態下，大約半公斤肌肉每天可燃燒三十二卡路里。半公斤脂肪每天只能燃燒兩卡路里。肌肉流失、脂肪囤積，你的新陳代謝速率（熱量燃燒速度）就會越來越慢！你可以藉由每週三到四次、每次十分鐘的肌力訓練來扭轉這個趨勢。年紀越大，肌力訓練越重要！
- 伸展運動能保持肌肉柔軟，潤滑關節。伸展運動還能向拉傷或受損的肌肉組織發出信號，幫助它們正常修復。如果不伸展，肌肉在修復時會形成一團混亂的疤痕組織，長期下來會影響肢體靈活性與活動範圍。
- 敏捷訓練，例如單腳站立或走過一根圓木，這能提高平衡感

與協調性。
- 將注意力放在你喜歡做的事情上！我曾問一個病人最享受做什麼活動，她說自己超熱愛跳舞，於是我就鼓勵她把跳舞納入例行運動裡。她驚訝地問道：「跳舞也算運動嗎？」沒錯，凡是你喜歡的身體活動，都算是一種運動。

放鬆

- 人體有兩個神經系統，分別是交感神經與副交感神經系統，兩者同步在你的身體內運作。交感神經在壓力狀態下占據主導地位，讓身體準備好進入「戰鬥或逃跑」狀態。副交感神經系統則是在你放鬆和平靜時占據主導地位，此時身體會啟動修復與再生。
- 不妨在白天安排幾次短暫的放鬆時段。三到五分鐘深呼吸，或是一場放鬆身心的淋浴時光（從頭到腳徹底釋放肌肉緊張）。這麼做能讓身體趨向平衡，轉向副交感神經系統，幫助身體的療癒與恢復。

環境健康

- 健康的人需要健康的生活與工作環境。你若一直在呼吸有毒氣體、飲用受汙染的水、整天在日光燈下工作，便無法期望自己保持良好的健康狀態。
- 避免接觸「環境荷爾蒙」（xenoestrogens）。英文裡的 xeno 意味著「外來的」，因此環境荷爾蒙是在體內模仿雌激素作

用的外來物質。雌激素對細胞送出的基本訊息是「分裂、分裂、再分裂」。在正常的量之下，雌激素能促進生長，一旦過量就可能引發腫瘤的形成。乳癌、子宮癌、卵巢癌、睪丸癌和前列腺癌的流行，正是反映出悲哀的環境荷爾蒙汙染。那麼，這些在體內模仿雌激素作用的物質是什麼呢？主要是氯和含氯的化學物質，例如殺蟲劑、農藥，以及塑膠材料釋放出的氣體。其中，已知最強的致癌物質是戴奧辛（dioxin），這是一種以氯為基礎的有毒化學物質，常用於漂白紙張過程產生。

- 投資一個高品質的濾水器，確保它能過濾掉氯、溶劑和重金屬，讓你每天都有乾淨的飲用水。

- 每天至少花二十分鐘曬太陽！松果體需要全光譜的陽光照射（不戴眼鏡或隱形眼鏡），才能刺激血清素的生成。血清素能穩定情緒、調節碳水化合物的代謝，並讓睡眠週期保持穩定。「季節性憂鬱症」（Seasonal Affective Disorder），是一種出現於秋季、並在春季有所改善的憂鬱症狀，發作時機就與光照減少及血清素生成的降低有關。短時間的曬太陽對身體有益，但過量可能導致皮膚癌。請在臉部、頸部、手部及其他暴露的部位適當使用防曬乳。目前的防曬產品都會標示「防曬係數」（SPF），要計算防曬乳能提供多長時間的保護，請將在未受防護下不會曬傷的時間（對於不習慣日曬的白皙皮膚者，通常為 10 至 15 分鐘）乘以防曬係數（SPF），再除以 2。舉例來說，如果你使用 SPF 8 的防曬乳，計算方式

為：10（分鐘）×8（SPF）÷ 2 = 40 分鐘的安全防曬時間。請注意，在 40 分鐘結束後重新塗抹防曬乳，並無法延長總防曬時間。要記得，你的雙唇也需要保護，請選擇包裝上標有 SPF 級數的護唇膏來使用。

- 如果你有慢性呼吸道問題，例如過敏性鼻炎、鼻竇炎、氣喘等，建議購買一台品質良好的空氣清淨機。你無法完全消除引起過敏反應的原因，但至少可以減少空氣中的花粉、灰塵及其他刺激物的含量。
- 選擇居住在遠離高壓電線、電視或廣播電台、微波通訊電信塔至少八百公尺的地方，因為這些設施會干擾人體自身的電磁場。此外，電熱毯也會產生有害的電磁場，並與白血病的增加有關，特別對兒童影響更大。

說到底，你的身體是地球的一部分，而你負有最直接的責任。你的身體就是你的地球，這個非凡的載體在許多方面都是這顆星球的縮影。地球越健康，你的身體就能越健康。這個段落提到的許多資訊，都是為了幫助你自我保護，免受環境的傷害，例如過濾飲用水，避免接觸有害化學物質等。然而，最根本的解決之道是守護地球的健康，這不僅是為了環境的利益，也為了我們自身健康的長期利益。

這是誰的工作？

我們常常把身體當成像汽車一樣的東西來看待，出了問題就送到修車廠，請技師修理一下。習以為常地把健康責任丟給醫生，而不是自己承擔。總認為平常可以隨意對待自己的身體，等到需要修理時，再送進修車廠（醫療中心），然後對醫生說：「這是你的工作，幫我修好吧。」這是一種愚蠢輕率的態度。

傑瑞・布朗（Jerry Brown），這位特立獨行的政治人物和前加州州長，曾對公共衛生問題發表過一些意見，那是我聽過最有趣的評論。當他被問及對公費資助的醫療保健有何看法時，他說：「你抽煙、吃糟糕食物、不運動，整天過著不健康的生活方式，然後還要我為此買單？」我在本書不打算討論公共政策，雖然我覺得社會幫助那些無力負擔龐大醫療費用的人是有些道理的，但我也認為傑瑞・布朗提出了一個很有趣的論點。究竟誰該負責我們的健康？我們在創造健康這件事情上，扮演著什麼角色？如果我們不積極參與創造健康的過程，會發生什麼後果？在這個過程中，我們該採取什麼行動？當我們需要醫療照護的那一天真的來臨時，也許就是我們長年累月生活習慣造成的結果。

創造健康好過於治療疾病。這並不是說醫療科學的進步有什麼錯，只是提出一個答案很明顯的反問句：「過一個能邁向更好、更健康道路的生活，難道不是更好嗎？」

CHAPTER 16
你這一生所遇到的人

☺ ☻ ☺

　　當我們把生活視為一門藝術來創造時，固然必須脫離當前環境的束縛與限制，但如果能為自己營造一個富有支持感的生活氛圍，這條路會走得更輕鬆。這種正向的生活氛圍包括有正確合適的工具、沒有干擾的工作條件，以及愉快的氣氛。

　　在理想的生活氛圍和工作條件中，最重要的特徵之一就是我們生活周遭的人。事實上，每個人都是他人環境的一部分。

　　這些人是誰？是否支持我們，還是抱持中立態度？也許他們反對我們正在努力實現的目標，或是對我們本身就懷有敵意。

　　即使我們身處中立甚至是有敵意的環境，依然能創造出那些對我們而言真正重要的事物。歷史上有太多傑出的人物，即便飽受他人敵意，也從未讓創造之路停下腳步。

　　貝多芬寫下了弦樂四重奏《大賦格》（Grosse Fuge），被公認是他最偉大的作品之一。當初，原本要演奏這首曲子的人表示難度太

高而拒絕演奏時,他只說了一句:「這首音樂是我為未來而寫的。」如今,這首作品是他最常被演奏的弦樂四重奏之一。

巴克敏斯特・富勒(Buckminster Fuller),身為那個時代最傑出的天才之一,大半生都在孤獨的狀態中工作。直到人生後期,觀眾才開始被他極具原創性和遠見的作品吸引。然而在此之前,他不得不學會自我創造和自立自強,才有辦法在一個無法理解、甚至不欣賞他創作的時代裡,獨自完成他最創新、最具影響力的作品。

笛卡唱片(Decca Records)曾經拒絕了披頭四樂團。

羅伯特・佛羅斯特直到四十多歲才在美國出版個人作品。他不得不遠赴英國才能出版第一本書。

伽利略被教會強迫放棄自己的研究成果。

管理巨擘愛德華・戴明(W. Edwards Deming)也是一位先知,直到他離開自己的國家後,他的理念才開始流行。他的方法在西方並未受到重視,反而是日本人在製造過程中納入他的品質管理理論,在全球市場中取得重大進展。

許多成就卓越的男性或女性,在獲得認可和讚譽之前,都經歷過被拒絕的日子。

也許你正在創造的東西,能夠理解的人並不多。如果是這種情況,那麼你就必須學會為自己建立一套與你有共鳴的支持系統,為你的創造歷程提供力量與滋養。

一個實用的經驗法則

這是許多創作者領悟到的經驗之談：**讓自己身邊圍繞著支持你、認可你所做的事，並會真心為你的成功加油打氣的人。遠離那些不支持你、不理解你、不喜歡你、不看好你，甚至巴不得看你摔個四腳朝天的人。**

你的世界是由三種人組成的：支持你的人、持中立態度的人，以及不支持你的人。你希望邀請誰來參加你的人生派對呢？

有些人的角色像電影導演，有些人則像影評人。影評人經常對導演和劇組指指點點，說他們哪裡做得不對。電影導演和製作團隊從來不會邀請影評人來到片場。電影是由導演和劇組創作的，而不是影評人。這個道理在人類潛能運動中有句話表達得很清楚：「上場比賽的是選手，旁觀者請離開場地。」

跟那些只會看熱鬧、不願下場的人一起打球，光想就很荒謬。旁觀者不僅不幫忙，還礙手礙腳占空間，根本是場上的累贅。所以，清楚分辨出誰是參與者、誰是旁觀者，是一件很重要的事。

如果放任那些對我們的成功不感興趣的人占據我們的心理、情感、思維和精神空間，就等於是在汙染自己的內在環境。

這並不是說批評我們創作的人就一定不支持我們。有時候，朋友一針見血的批評就是最佳支持的表現。但我們必須選擇信得過的人來扮演這個角色，亦即那些真心希望我們成功的人，而不是那些冷眼旁觀等著看笑話的人。

這是史蒂芬・金（Stephen King）在傑作《史蒂芬・金談寫作》

（*On Writing*）一書中提到的觀點。當他著手進行一個新的寫作計畫時，只會讓極少數的人閱讀他的作品，他的妻子和一些非常信任的朋友。他學會了不把作品展示給那些不了解他或不支持他的人。他需要第三方意見，但是這些意見必須是能幫助他達成目標，並對其創作過程有所助益的那種好意見。

仔細挑選出哪些人可以進入你的創造過程，是非常重要的。他們必須真誠，但光有誠意還不夠，他們還必須能提出有價值的見解，以幫助你調整、改進、成長，並大幅提升效率。而且他們要站在你這一邊。

最難能可貴的，是讓那些喜歡你本來模樣的人陪伴在身旁，他們不會試圖改變你、修正你、操控你、或是急著拯救你。他們純粹喜歡真實的你。

這裡有一條界線。在界線的一邊，是那些會告訴你真實消息的人，無論是好消息、壞消息、還是無關緊要的消息。他們關心你，也關心你的成功。

在界線的另一邊，是那些實際上根本不在乎你的人，他們的動機並非出於真正的支持。也許你的成功讓他們覺得自己在生活上應該做得更多。也許你創造目標的方式與他們的世界觀、對世界運作的理解或人生經歷全都互相衝突。

雖然這條界線乍看之下細微難辨，但只要仔細觀察，就會發現這條線其實寬大又明顯。之所以不容易辨認，是因為這兩組人的行為表現幾乎相同。這裡的關鍵詞是「幾乎」。當你與那些不支持你的人在一起時，事後常會感到很空洞。你不會感受到動力、能量、

成長感、動能或活力，反而會感到有些疲憊。然而，當你與真心挺你的人在一起時，即使他們對你所做的事情吹毛求疵，你也會感受到一股明確的推動力。他們的話語具有支持的力量，因為這些話的出發點都是希望「你可以實現自我目標」而說的。

做出艱難的選擇

有時候，你需要重新思考哪些人有資格待在你的生活圈。沒有必要讓那些巴不得看到你失敗的人整天圍繞在你身邊。

每段關係的數學邏輯其實很簡單：需要兩個人都說「好」，關係才能成立。但只要有一方說「不要」，關係就可以宣告結束了。也許是時候了，你該對某些人說「不」。不再讓這些人留在你的人生中，在建立理想生活這件事上，可能是主要選擇之後一個重要的次要選擇。

我知道這是個艱難的建議。牽涉到生活中親近的人時，你可能有很多情感上的糾結與矛盾。你可能很愛他們、喜歡他們、希望他們成功、想支持他們，也想當一個好朋友，但是如果他們在某些非常根本的層面上無法支持你，那麼，你可能需要減少與他們見面的次數。

這麼做，不是因為不喜歡他們，而是因為你更重視自己的人生，想好好對自己負責。

有時候，你需要勇敢一點，站出來支持自己。有時候，你需要重新選擇陪伴在你身邊的角色。這或許是你在人生成長旅程中，為了自己的幸福所能做出最具策略性的選擇之一。

生命的緣分與交會

許多人在我們的人生來來去去。他們在恰當的時機出現，然後又悄悄離去。也許只停留了短暫片刻，卻在我們心中留下了深刻印象。即使我們再也不會相見，這些人仍會在我們記憶中閃爍著耀眼的光芒。

我常想起在美國和加拿大露營時遇到的旅人，那些我們會在荒野中的營火旁遇到的陌生人。譬如我們遇到一對退休夫婦，他們把一輛搬家卡車改造成露營車，當時市面上露營車還不多，他們將這部車登記在佛羅里達州，因為當時那裡的居住成本最低。而且這部車裡竟然有電視，還有浴缸（不是淋浴間，而是貨真價實的浴缸）。當時我們只有一頂小小的登山帳篷，對我們來說，他們過的簡直是富裕奢華的生活。我們只和那對夫婦相處了一個下午和一個晚上。那時，他們談到兩人來自威斯康辛州，以前是中產階級專業人士，當他們不再需要為生計奔波賺錢之後，便決定在美國各地遊歷。他們是現代遊牧者，像風一樣自由，彼此快樂相伴，樂於在秋季涼爽的懷俄明州夜晚，圍著營火與陌生人暢談人生智慧，即使當時我們只有二十多歲，卻能深刻體會他們所說的話。那晚，年齡的代溝不存在，只有兩對心靈富足的流浪者，一老一少，彼此的生命短暫交會，享受人與人之間最溫柔的交流，然後繼續各自的旅程。

奇妙的關係

人們還有另一種進出我們生命的方式，那就是在我們建立結構

性張力時。當我們對想要創造的結果具備清晰的意識與堅定的意願,能夠因應現實的變動而靈活調整,同時在理想狀態和實際狀態之間保持張力時,往往會開始發生一些奇妙的事——那些能在我們的創造過程中扮演關鍵角色的人,會悄然現身。

在第二章中,我們談過創造過程中有時會出現一些無法解釋的超常經歷。奇怪的巧合、神奇又幸福的意外、突如其來的非凡事件等,彷彿一切都在默默幫助我們實現目標。其中最常見的一種,就是有些人不知怎地就進入了我們的人生,很自然地加入這個創造過程。幾乎每位創作者都有這樣的故事:某個「對的人」不知從何而來,正好在對的時機帶來關鍵的拼圖,使整個創作進度得以向前推進。許多專業創作者隨著經驗累積,也逐漸開始信任這種現象。他們不知道那個人會是誰,也不知道對方會以什麼方式出場、扮演什麼角色,或者停留多久,但他們知道這些對的人總會在對的時機出現。果然,事實也是如此。

約瑟夫・賈渥斯基(Joseph Jaworski)在他的著作《領導聖經》(*Synchronicity*)一書中說過:「來到你身邊的人正是你需要的那些人,與你的承諾有關。大門開啟,一種流動感油然而生,你會發現自己正置身於一個協調的場域中,周圍的每個人可能彼此都互不相識。此時,你不再是個別行動,而是順應著一股正在成形的創作力量共同前行。這便是隱含秩序中未曾斷裂的整體性,看似不相關的獨立事件都會呼應著這個秩序自然發生。從這一刻起,你的人生就會成為一連串可預見的奇蹟。」

讓奇蹟發生在你身上吧。容許更多精彩的可能性參與你的創造

過程，進入你的人生，超越眼前所見。但是，要明白這些奇蹟不是單靠被動的等待、希望某些事發生，就會從天而降。奇蹟並非透過「放手」而來，而是因為你擴展了創造過程，把你可以控制的、還有你可以影響但無法直接控制的事物一併納入其中。同步性的現象並非獨立於你的行動之外，而是你行動激發出來的間接結果。如果你從未付諸行動，那場奇蹟也無從被喚起。一旦你真正啟動了創造過程，某些超越你控制、卻又始終受你影響的層次，就會開始以驚人的頻率出現在眼前。生命將充滿與我們在創造片刻中交會的人們。他們之中，有些人會成為你一輩子的朋友。也有些人在完成任務後便悄然離去，前往屬於他們的下一段旅程。

生命中的每個緣分來來去去，我們也在他人的生命裡走走停停。我們常會覺得應該跟對方保持聯絡，也努力這麼做了，但隨著時間流逝，我們也無可奈何，終究免不了彼此疏遠的結局。我們沒有辦法，這也不是誰的錯，而是我們共同的人生階段已經結束了。如果我們執意想留住那段特別的時光，通常只會讓一切變得非常彆扭又不自然。

放手是沒有關係的。這不是我們平常會有的想法。我們總認為如果彼此曾經如此親密，這份關係就應該永遠不變。如果關係結束了，那這段時間的親密感好像不過是一場空。其實，這樣的想法欺騙了我們。我們曾經一起度過的時光是真實存在且美好的。即使它只屬於那段特定的時刻，即使那時光已經過去，也無損於它曾經的意義與價值。

我和大多數的人一樣，生命中遇過很多非常特別的人。有些人

只是短暫的過客,有些人則年復一年陪伴我到現在,成了彼此最好的朋友。

有些人,即使相隔數個月、數年,甚至數十年未曾見面,我們依然會覺得親近如昔,再次重聚也完全不會感到陌生或勉強,彷彿昨天才見過面那般熟悉。雖然我們各奔東西,過著各自的人生,但似乎有某種永恆不變的連結感存在於彼此之間。即使生活中的聯繫斷斷續續,那份關係的親密感仍會一直延續下去,並且不斷昇華。

我們是彼此生命中的借宿者。真正的奇蹟,是在這段有限的時光中,我們竟能如此深刻地參與彼此的生命。

選擇的自由

我們一直在談的這個現象,其實與我們所擁有的「自由選擇」這份禮物息息相關。我們選擇全心投入自己的創造之中。這個選擇會啟動一段旅程,在這過程中可能有些人會走進我們的生命中。一旦他們出現,我們就要做出選擇,選擇要不要繼續投入、要不要讓他們參與創作過程,是否願意讓他們在其中扮演某種角色。我們可以說「不」,這是一種選擇;也可以對他們說「好」,那也是另一種選擇。無論如何,我們都必須做出一個選擇。

我很喜歡一個古老的故事,故事主角是一個堅定相信神的人。當洪水來襲、水位不斷上升時,他被迫爬上自家的屋頂。民防隊派了一艘救生艇要救他,他拒絕登船,並告訴那些人他對神很有信心,一切會沒事的。接著他又拒絕了試圖營救他的直升機。水位繼

續上升，終於將屋頂完全淹沒，他幾乎無法把頭保持在水面上呼吸了。在最後一次的救援行動中，海岸巡防隊派來了一艘小潛艇試圖拯救這個溺水的男子。這個人依然揮手拒絕，並奮力說道：「別擔心，我相信神。」說這句話時，他嘴裡的氣泡甚至多於聲音，然後他就溺斃了。他醒來後發現自己站在聖彼得的大門前。意識到自己的所在之處後，他非常生氣。「我對神充滿信心，結果祂做了什麼？竟然讓我溺死了！」聖彼得搖搖頭，笑著對那個男人說：「神派了一艘救生艇，一架直升機和一艘潛艇給你，你還想要什麼？」

有人想提供幫助時，我們可以決定接受這份支持，或是選擇拒絕它。這讓我想起霍華·霍克斯（Howard Hawks）的電影《逃亡》（*To Have Or Have Not*），洛琳·白考兒（Lauren Bacall）第一次親吻亨佛萊·鮑嘉的經典台詞。鮑嘉問：「你為什麼這麼做？」白考兒低聲說道：「我想看看我是否喜歡。」鮑嘉再問：「那你覺得呢？」白考兒回答：「我還不知道。」她再次親吻他，然後移開並說：「如果你能幫我，會更好。」在人生中也是如此，如果我們能讓別人幫忙會更好。但是要記住，不是每個人都願意幫忙。

當我們只允許那些真正支持我們的人參與創作，就是在為奇蹟的發生預留空間。如果我們的生活中塞滿了一堆不同陣營的人，就沒有空間留給那些願意真心支持我們的人了。這也是為什麼選擇要讓誰走進你的人生，變得格外重要。讓那些願意與你一起創造的人進來。選擇創造者，而非批評者。選擇那些能為創作過程增添價值的人，避開那些只會拖後腿的人。選擇那些能讓你充滿能量的人，避開那些讓你容易心累的人。這樣一來，對的人就會在對的時間出

現在你生命中。

若我們選擇攜手合作,便創造出一個真正的社群。正如湯瑪斯・傑弗遜(Thomas Jefferson)所教導我們的,社群是由強大、自由、獨立的個體所組成的,他們聚在一起所能建造出的事物,比任何單一個體所能建造的都要更偉大。但是這一切的核心是「自由的選擇」。我們並非被迫聚在一起,而是出於對共同利益的渴望而選擇彼此合作。這個原則也適用於我們在日常生活中所建立的社群。你的生活如同藝術,可以由一群願意一起努力、互相支持夢想的人共同構成,在彼此的創造過程中扮演重要角色。

這裡有兩個重點:讓你的身邊圍繞著真正支持你和你的事業的人,排除只會潑你冷水的人。還有,開放那些可能在你的創造過程中扮演關鍵角色的人走進你的生活。

這兩個原則之間的關係是:當你只選擇與支持你的人同行時,就等於為那些真正渴望參與你人生旅程的人敞開了大門,而他們將會在最完美的時機出現。

CHAPTER 17
將生活當成藝術來創造

☺ ☻ ☺

　　我的朋友大衛・貝內洛（David Benelo）本身就是一件行走的藝術品。他是一名髮型師，在蒙特婁經營一間頗具特色的髮廊。大衛將髮廊設計成帶有歐洲風格的咖啡館，擺滿小桌子和椅子。這間咖啡館會供應最美味的可頌、濃縮咖啡和卡布奇諾。店內懸掛著費里尼（Fellini）的《生活的甜蜜》（*La Dolce Vita*）等電影海報，或是克勞黛・卡蒂娜（Claudia Cardinale）、馬切洛・馬斯楚安尼（Marcelo Mastroiann）與蘇菲亞・羅蘭（Sophia Loren）的劇照，整個空間散發出一種如同劇院般的氛圍與魅力。你聽到的音樂可能是古典、爵士、搖滾或新浪潮，總是極具格調品味且符合潮流。這並非刻意營造的效果，而是因為大衛對音樂瞭若指掌，他打從心裡熱愛音樂。

　　踏進這間髮廊的那一刻，你就等於一腳進入大衛的宇宙，它不僅散發出國際化的氛圍，還是個文化大熔爐，來自世界各地的人同

時聚集在此,大家都知道那會是一場熱鬧又歡樂的相遇。聯合國若在大衛的髮廊待上一小時,或許還能從中獲得一些寶貴的啟示。

由大衛操刀設計頭髮,你得到的遠遠不會只是一個新髮型⋯⋯還有獨到的見解、樂趣、溫暖與光芒。

身為摩洛哥裔猶太人,大衛與家人在整個一九六〇年代飽受日益嚴重的偏見與歧視。後來,他選擇移民到加拿大,並在時尚界掀起一股風潮,他所創立的髮廊成為蒙特婁最具時尚指標的場所之一。最終,他也成功把全家都接到加拿大,遠離了危險與不安。

大衛曾受邀在我們電視節目擔任嘉賓。我們帶著攝影團隊來到他的髮廊,由羅瑟琳在他剪髮的同時對他進行訪談。拍攝過程中,電話響了。大衛接起電話,以流利的法語與對方交談,但他的雙手也沒有停下,繼續以大師級的自信手法為羅瑟琳剪髮。他說了幾聲「oui, oui, oui」(是,是,是)之後,便掛斷了電話。

以下是大衛繼續為羅瑟琳剪髮時,兩人的一些對話片段:

>羅瑟琳:「當你講電話時,你總是對每個人說『是』⋯⋯」
>大　衛:「說『是』比說『不』容易多了。當你說『是』的時候,是為某件事的發生創造了理由。當你說『不』時,就等於把一切的可能性都切斷了,沒有參與,沒有延續。所以當你說『是』,你就給了某件事情一個機會讓它發生。」
>羅瑟琳:「那麼,你對創造過程的想法是什麼?包括髮型與你的生活?」

大　　衛：「我不追隨潮流，我創造潮流，這兩者是不同的。我會看著這個人，然後告訴她：『你的髮型應該這樣設計。』當客人第一次來找我時，她可能有自己的想法，但我會為她展示我心目中的構想，讓她看見我想為她打造的美好畫面。」

羅瑟琳：「也就是說，如果你的顧客同意，你完全知道自己想要創造什麼囉？」

大　　衛：「如果客人願意信任我，我有百分之九十九點九的把握，他們會喜歡我為他們設計的髮型。我最美好的回報，就是有機會給他們一些不一樣的東西⋯⋯當然包括髮型，但也想讓他們對生活有所領悟。」

「我遇過許多顧客坐在椅子上一言不發。這時，我會先觀察他們的狀態，也尊重他們原本的樣子，偶爾我會拋出幾句話，試著了解對方真正的精神世界⋯⋯這真的很有趣⋯⋯有時，你幫一個人剪完頭髮後，會突然發現他們其實對自己並不滿意。這時，我會試著在他們的心裡激出一些東西——某些能讓他們快樂起來的東西。」

「剪頭髮不光是剪頭髮那麼簡單，剪髮是一回事，但是讓人們感到快樂，或是讓客人可以帶著快樂的心情離開髮廊，才是最美好的事情。我一直在尋找能

夠透過髮型來創造的東西。」

「這正是它迷人的地方。總有東西能讓我們彼此連結。每個人都是獨一無二的，但很多時候你會發現，彼此之間其實有某種相通的地方。那是一種內在的靈性感受，它會從臉上自然流露出來，綻放成一抹最好看的微笑。」

我們的相遇就以大衛俊美的臉部特寫畫面，為節目畫下句點。

直到有一次，我在執導一部電影時，有位演員頂著一個完全不適合角色的髮型來片場報到。那天是星期天，而我們隔天就要開拍了。當下我馬上想到大衛，趕緊打電話請他來幫忙。一接到電話，大衛和他的妻子西爾瓦娜（Silvana）、西爾瓦娜的母親，還有另外兩位朋友，二話不說立刻跳上車，開了五小時趕到佛蒙特州的拍攝現場。他不但為那位演員設計了完美符合角色的髮型，還對兩位女主角和另一位男主角施展了他的魔法。問題解決後，我們邀請他們一行人留下來，想住多久就住多久，但是大衛和他的家人毫不拖延，很快又跳上了車，再開五小時的車原路返回蒙特婁。我甚至還得懇求他接受酬勞，因為他原本打算將這筆錢捐出去。我可以確定的是，這趟往返的旅程對大衛的團隊來說肯定是一段有趣的經歷，因為無論發生什麼事，大衛總是能把它化為一場充滿驚喜的冒險。

大衛這個人就是將生活本身活成藝術的典型例子。他在極為艱難的處境中，親手創造出如今的生活。他的工作對他而言充滿意

義。他被滿滿的愛包圍——來自家人和朋友的愛，還有來自客戶和熟識朋友的關懷。他總是熱衷於某些事物，例如一張新專輯、一部新電影、一種新的靜心冥想方法、一本剛讀過的書、一家想嘗試的新餐廳，或是一種全新的髮型設計方式等等。他為自己打造出一個獨特迷人的環境，一個專屬於他的世界。在他的世界裡充滿了人與人之間的親密與歸屬感，有樂趣，有參與感，有活力、樂觀、希望與連結，最重要的是，創造過程形成一股生機勃勃的生命力，貫穿在他的生活之中。

我們或許會認為大衛是個受到上天祝福的人。在某種程度上，他確實是。「祝福」的其中一個定義，就是**在一個處境中能發揮出最高潛能，淋漓盡致。**

你的生命也是受到上天祝福的。即使眼前的情境艱難且不完美，你依然擁有把握機會、激發潛能的可能性。生命賦予我們的祝福，從不是完美無瑕的成品，而是等待我們加以創造的原始材料。你想要創造什麼？如何在當前的環境下，發明出實現願景的方法？有哪些機會可以讓你真正參與生活？時間，本身就是我們所擁有的祝福。

時間的對位

我們在時間的對位中前行。

當我寫下這些文字時，我活在這個當下，而當你讀到這些文字時，我書寫的那一刻已成過去。所以，當我在這裡寫作（對你來說

是過去,對書寫的我來說是當下),我其實也活在你未來的某一刻(也就是你現在閱讀的這一刻)。抱歉,這可能會讓你有點困惑。即使這個概念對我來說十分清楚,但要表達出來卻不太容易。我簡單歸納一個重點:我在經歷這些文字創作的當下,就已經知道這些文字將在未來被閱讀。

我們在當下進行創造,但這些創作往往要在未來才能開花結果。我們並非被困在眼前這一刻,也並非是一個全憑衝動、對未來毫無概念的創造者。儘管我們的創作發生在此時此刻,但創作的主題,通常需要歷經時間淬煉醞釀,最後才會在未來某個時刻成熟、實現的事件或情境。因此,每當我們創造,其實我們是同時活在兩個時間維度之中,既活在現在(當下的現實),也活在未來(我們的願景)。我們此刻的行動,是未來創造的起點。現在,就是我們與未來連結的時刻。如果我們希望自己的未來是創造過程的產物,那麼現在正是實現願景的開端。現在這一刻,就是建立「結構性張力」的時刻,這股推動力會引導我們一步步邁向心中理想的未來。

對我們來說,時間經常是創作的媒介。這裡有個故事能夠簡單說明這個觀點。我曾參加過一家企業客戶主辦的策略規畫會議。當天上午討論的重點主要是市場趨勢、競爭情勢、組織發展與商業策略之間的關係,以及各部門的角色與責任分工等議題。坦白說,這些東西實在令我非常著迷。沒有什麼事能比得上與一群資深高管在專業領域的巔峰狀態下共同規畫未來,這可以說是令人無比興奮又極具創造性的腦力激盪。經過一番激烈的討論後,我們稍作歇息,喝杯咖啡。

會議地點位於舊金山某間酒店的二樓，站在窗戶旁就可以俯瞰街道。我從會議室望向窗外時，無意間看見了一幅迷人的畫面——行人走在街道上，低垂的晨光灑落，使他們的身影在地面上拉出一道道悠長的紫色陰影，緩緩滑動，彷彿光影之舞，融合了抽象的設計感、優雅的線條感、動感與戲劇張力。

　　最近，我開始對數位攝影產生興趣。傳統的底片相機與暗房從來沒有真正吸引過我，因為我對機械與化學類的事物並沒有太多特別的感覺，反而對數位和電子技術倒是比較敏銳有感。因此，數位相機一上市，我和羅瑟琳就給自己買了一份聖誕禮物——全新的 Canon PowerShot G1 相機、一台可列印 13×19 英寸照片的 Epson 印表機，還有一套超棒的 PhotoShop 軟體，讓我們有各種神奇的方法來編輯影像。

　　前往舊金山旅行時我剛好帶著這台相機，便順手從電腦包拿出來拍幾張。起初拍的幾張照片，時機都不太對。我的相機有個特點，沒辦法一按下快門就立刻拍照，必須先按住快門，讓相機對焦，然後感覺像是過了十分鐘的漫長等待後，才會成功完成拍攝。然而事實上，從我按下快門到相機做出反應，這中間只有一點點的時間延遲，但就足以讓我的拍攝時機全部不對了，所以我有很多張照片都是空蕩蕩的人行道。

　　於是我開始嘗試抓準拍攝時機，必須在行人走進構圖畫面之前就按下快門。拍了大約二十張照片後，我終於掌握到節奏了。抓到手感後，我又拍了十五張有趣的照片，這些照片完全符合我想像中的效果，成功捕捉到動感、抽象構圖、紫色陰影映襯著金黃色陽

光,有些人匆匆趕著去某個地方,路上打情罵俏的情侶,剛結束購物行程的女士,正抽著煙的遊民,拎著公事包的商務人士,穿著寬褲和夏威夷襯衫的年輕人。每一張照片都捕捉到了一個動作的瞬間,彷彿時間在那一刻凍結,凍結在那個最富戲劇性、最具構圖美感、最令人心動的瞬間。

這次的拍攝經驗就像是把我帶進了另一個不同的時區。每張照片同時存在於「我按下快門的當下」與「相機實際做出反應的未來那一刻」。為了拍出想要的效果,我必須同時活在兩個時區中。

我們在創作時,其實也經常是活在兩個時空中:現在與未來。透過「現在」,我們得以觸碰原本無法到達的未來。而「結構性張力」正是一種將「現在」與「未來」策略性連結起來的方式。當我們處於這種張力中,就同時存在於這兩個時空裡。

另一個時間維度

當我們沉浸在創造過程時,經常會體驗到另一個時間維度,我們會把那種感覺形容為「永恆」、「恆久不變」或「超越時間」。我們的專注力如此強烈,我們的投入如此全然,以致於時間似乎暫停了。當你下一次看向時鐘時,可能已經過去了好幾個小時,但你卻覺得好像才剛剛開始。

這種永恆、恆久不變或超越時間的體驗,就像是走進了生命的另一個維度之中。對許多人而言,這是一種和更高層次存在的親密連結,像是與生命能量(Prana)或某種神聖力量的接觸。而對另一

些人來說,則是全然的專注、全然的投入,完全的精神、能量與意識徹底集中。它雖然神祕,卻非艱深難解;它是靈性的,卻不是宗教的;它既是平凡的,又是非凡的。

這種體驗從來無法靠刻意追求來喚起,我們絕不能將其視為目標。它只是創造過程自然產生的副產品,而非產品本身。不過,當我們全心投入創造過程時,就會遇見這樣的時刻,這些時刻會改變我們,也改變我們的生命。就像是從現在穿越到未來,透過那扇永恆的時間之門,我們得以在短短的瞬間接觸到時間的偉大奧祕。

藝術化的生活

人們經常問一個古老的問題:「是什麼使藝術成為藝術?」馬塞爾・杜象(Marcel Duchamp)用一個自行車輪回答了這道問題,他將這個車輪指定為雕塑,並將其他的普通物品定義為藝術。他稱這些物品為「現成物」(readymades)。杜象是一位繪畫與雕塑大師,他飽受批評的作品《下樓的裸女二號》(*Nude Descending a Staircase, No. 2, 1912*)曾在二十世紀初引起轟動。

那麼,為什麼一個能隨心所欲畫出或雕塑出任何作品的人,會選擇從廢品堆中挑選出一件東西,將它放在畫廊,然後稱之為藝術呢?因為這個特定的自行車輪是藝術品。他的眼光能穿透平凡,直視事物的藝術本質。而我們常在生活的匆忙與奔波中忽略了這樣的觀察。不過,就像所有視覺藝術家所做的那樣,我們也可以訓練自己的眼睛。更重要的是,我們可以訓練自己的感知能力,好讓自己

真正地看見事物的本質。藝術創造了眾多的宇宙，讓我們能生活在其中。當我們觀看一部精彩電影時，便活在了那部電影的宇宙裡；當我們聆聽一首精彩的搖滾歌曲時，就是沉浸在那首歌的宇宙裡；當我們凝視一個自行車輪時，我們也活在它所開展出來的宇宙裡。

每一個宇宙都是獨特的，各自有其自己的運作原則、節奏、感知方式和氛圍。在我們的生命中，會同時活在眾多不同的宇宙裡。有些是我們親手創造的，有些只是短暫造訪。有些讓人感到受困的不適，有些則帶來喜悅、自由、平靜或興奮。那麼，在這些不同的宇宙裡，我們是誰？我們可以是創造藝術的藝術家。我們也可以是杜象，在尋常之物中看見非凡之美。

然而，杜象不只是把一個自行車輪為藝術，他還改變了「藝術家是什麼」的概念。他曾經在二手商店買了一幅廉價的達文西《蒙娜麗莎》複製畫，然後在畫作上添加了一撇小鬍子，然後簽上自己的名字，後來他又買了一幅同樣的廉價複製畫，這次他沒有添加鬍子，只是在畫上簽了名，將其命名為《蒙娜麗莎 —— 剃鬍後》（Mona Lisa—shaved）。他曾說過一句最具爭議性的叛逆名言就是：「藝術家就是在東西上簽名的人。」

當然，他這些古怪的舉動有其精彩的喜劇效果，但其中也蘊含著更深層的洞見：我們透過自己的視角來創造藝術。我們透過自身的定義來創造藝術。創造藝術的形式有很多種，不限於繪畫、寫劇本、作曲或編舞。我們自己的生活方式本身，也是一種藝術。

不過，藝術並不是隨便看見某個東西，就能稱之為藝術。杜象不是隨意為之，而是經過深思熟慮，非常刻意、謹慎地挑選物件，

然後把這些物件移到新的位置，才重新定義它們為藝術。他並非在暗示「你目光所及之處，一切皆藝術」，而是精心挑選物件，選出在視覺或功能設計上有其趣味性的物件。他有能力在別人容易忽略的地方，看見藝術的存在。藝術不是哲學，它是創造過程的結果。它是某種非常人性化的東西之具體展現——深藏在我們心底那股渴望創造的本能與衝動。

我們能夠創造的「某樣事物」，就是我們的生活。這不是簡單一句說完「我的生活就是藝術」就能輕易做到。杜象從一堆廢棄物中拿出一個自行車輪，放進藝廊裡，為它創造了一個舞台。究竟是輪子本身，那個舞台，亦或是杜象的創造過程，讓它蛻變為藝術品呢？答案是三者缺一不可，因為它們彼此緊密相連。

本書目的不是要你把生活冠上藝術之名，然後就期望它會因此更接近你渴望的樣子。本書的重點是，探討所有藝術家在創造過程中必須掌握的原則。透過你的行動、學習、想像、渴望、實驗、觀察、自律、清晰的思維與努力，你可以改變自己的生活。唯有當你的生活成為你的創作時，你才能真正體會到它是一件藝術作品，而你自己就是創造它的藝術家。

正確的生活方式是否存在呢？答案是否定的。你必須自己去創造你想過的生活方式。你可能一直都是沒有自覺的隨意過日子，然後無意識地創造出現在的生活，從未真正深思熟慮做出選擇，也錯過了很多大好時機。如果是這樣，你很可能會對自己一手造就的結果感到不滿。

然而，如果你願意採用創造藝術的原則，你將更有能力塑造你

的人生,就像雕塑家雕刻石頭、作曲家構思樂曲主題,建築師設法在建築的功能、風格、場地、氣候、材料、資金和建築規範之間取得平衡一樣。

你可以不斷精進練習,努力創造自己的人生,就像藝術家畢生追求對創造過程的熟練與掌握。你會有一些想實現的目標,但那只是整幅畫中的一小部分。真正的創造存在於你與自我、他人、社會、世界,乃至於整個宇宙之間的關係。你與人生之間的關係,完全可以像畫家與畫布、作曲家與樂譜、建築師與建築物一樣,深刻而緊密。

創造過程的操作機制、取向和精神,三者共同構成了一股深具生命力的原動力,這種力量能轉變你的人生,豐富充實生命的每一刻,使其圓滿且有意義,並引領你實現靈魂、思想與精神最深層的渴望。你的人生,就是一門藝術。

致謝

許多人貢獻了自己的才華、見解、智慧與精力，才有這本書的誕生。我對他們衷心感激。

感謝 Jacques de Spoelberch，我的朋友兼文學經紀人，謝謝你對我的工作與著作不懈的支持。這麼多年來，你的智慧與指導一直是我的力量與光明的來源。

感謝 Charles Dorris 擔任本書出版計畫的資深編輯。這已經是你擔任編輯指導的第三本書了，謝謝你幫助我塑造了這本書，並修潤我的文字。

感謝 Norma Kelsey，我的朋友與初稿讀者。你的支持與洞見至關重要而且無比珍貴。為你喝采。

感謝 Jennifer Thornton 負責書籍的排版，並提供了很多具體且中肯的建議。

感謝 Bill Brunelle 進行了全面的逐行編輯。

感謝 Father Paul Wicker，你給予我最適當的指引與支持。你是我的朋友、精神導師，也是我摯愛的夥伴。感謝 Judith Boice，你對本書的健康章節的貢獻極為寶貴。

此外，我還要感謝羅勃・弗利慈公司（Robert Fritz, Inc.）的團

隊成員 Frank Newton 和 Lisa Delmar。你們對這本書的奉獻與孜孜不倦的努力令人讚歎。

感謝 Beth Massiano 為本書進行的研究工作。感謝 Bruce Bodaken 提出的挑戰與洞見。感謝 Peter Senge，謝謝你的支持、你的創造力，以及為了創造更美好的世界所做的不懈努力。

我也感謝我的兒子伊凡，謝謝你在這個計畫進行期間給予我的支持。你為我帶來了很多幫助，包括電腦技術支援到想法建議，還有那種令為父者深深感激，卻又訴諸言語的支持。

我還要感謝羅瑟琳，我摯愛的妻子，我生命的中心，我的朋友、愛人、同事、夥伴、共同創作者、共同發現者、共同探索者。我們在一起的生活即是藝術，洋溢在本書的每一個書頁裡。

你的人生就是藝術
Your Life As Art

作　　者	羅勃・弗利慈（Robert Fritz）
譯　　者	蔡孟璇
主　　編	林玟萱

總 編 輯	李映慧
執 行 長	陳旭華

出　　版	大牌出版 / 遠足文化事業股份有限公司
發　　行	遠足文化事業股份有限公司（讀書共和國出版集團）
地　　址	23141 新北市新店區民權路 108-2 號 9 樓
電　　話	+886-2-2218-1417
電子信箱	streamer@bookrep.com.tw
郵撥帳號	19504465 遠足文化事業股份有限公司

封面設計	FE 設計 葉馥儀
排　　版	新鑫電腦排版工作室
印　　製	中原造像股份有限公司
法律顧問	華洋法律事務所　蘇文生律師

定　　價	450 元
初　　版	2025 年 8 月

有著作權　侵害必究（缺頁或破損請寄回更換）
本書僅代表作者言論，不代表本公司/出版集團之立場與意見

Your Life As Art © Robert Fritz
Complex Chinese translation rights arranged through The PaiSha Agency.
Complex Chinese translation copyright ©2025 by Streamer Publishing House,
a Division of Walkers Cultural Co., Ltd.
All rights reserved.
Images (Paper Plane icon)：Flaticon.com

電子書 E-ISBN
978-626-7766-04-0（PDF）
978-626-7766-03-3（EPUB）

國家圖書館出版品預行編目資料

你的人生就是藝術 / 羅勃・弗利慈（Robert Fritz）著; 蔡孟璇 譯 . -- 初版 .
-- 新北市：大牌出版，遠足文化發行，2025.08
328 面；14.8×21 公分
譯自：Your life as art
ISBN 978-626-7766-05-7（平裝）

1. 人生哲學　2. 創造力　3. 自我實現

191.9　　　　　　　　　　　　　　　　　　　　　　114009049